编委会名单

2024

CHINA JOURNALISM AND COMMUNICATION JOURNAL

中国新闻传播研究

中华文化传播力影响力研究

高晓虹◎主编
刘宏 赵淑萍 曾祥敏 秦瑜明◎副主编

中国传媒大学出版社
·北京·

目录 >>>>CONTENTS

中华文化传播力影响力研究

中华文化国际传播网络研究 廖圣清 崔晓晓 高根茂/ 3

守正与共通:中华文化国际传播的挑战及影响力提升路径 郭 可 姜 绳/ 25

以符号为方法:提升中华文化在青年群体中的传播力影响力 漆亚林 孙鸿菲/ 38

重新发现界面:作为国际传播的中华文化街头表演研究 张 磊 宋奕杉/ 54

短视频社交可供性影响下在华外国留学生的跨文化适应与地方依恋 邓秀军 董筱姗 别明蔚/ 69

论新时代我国边疆地区数字国际传播能力建设 吴 喜 何涵虚/ 87

中华民族共同体视域下我国城市品牌传播研究 牛艳艳/ 100

铸牢中华民族共同体意识视域下融合传播的四个维度 高永亮/ 113

新闻传播理论与历史

智能新闻学发展的全球图景:平台分流、区域差异与中国路径 吴炜华 苗琨鹏/ 129

镜子·玩具·桥梁:算法身份的建构机制研究 毛湛文 张佳颖/ 144

媒介技术前沿

元宇宙视野下虚拟主播的虚实互动与文化建构 栾轶玫 鲁 妮/ 167

舞台在云端:文化艺术网络演播的媒介演进与审美特性 丰 瑞/ 182

媒介与社会

深度媒介化视域下的传播权力的重构与共治 高贵武 欧阳睿豁/ 195
县级融媒体中心舆论引导的内在逻辑:历史语境与生态特征 付晓光 苏日古嘎/ 207

视听传播

结构、演进与特征:优秀传统文化视听传播20年研究图景的可视化分析
刘 俊 翁旭东/ 223
从内容生产到情感传播:可供性视角下B站跨年晚会的创新路径研究
别君红 胡辰敏/ 240

青年视点

新闻情感性的历史考察:中西比较的视野 王卫明 米雅璐/ 255
"人工智能+"背景下主流媒体自建平台的社会嵌入逻辑与实践面向 刘日亮/ 268

中华文化传播力影响力研究

中华文化国际传播网络研究　廖圣清　崔晓晓　高根茂

守正与共通：中华文化国际传播的挑战及影响力提升路径　郭　可　姜　绳

以符号为方法：提升中华文化在青年群体中的传播力影响力　漆亚林　孙鸿菲

重新发现界面：作为国际传播的中华文化街头表演研究　张　磊　宋奕杉

短视频社交可供性影响下在华外国留学生的跨文化适应与地方依恋　邓秀军　董筱姗　别明蔚

论新时代我国边疆地区数字国际传播能力建设　吴　喜　何涵虚

中华民族共同体视域下我国城市品牌传播研究　牛艳艳

铸牢中华民族共同体意识视域下融合传播的四个维度　高永亮

中华文化国际传播网络研究*

Research on the International Communication Network of Chinese Culture

◎ 廖圣清　崔晓晓　高根茂

Liao Shengqing　Cui Xiaoxiao　Gao Genmao

摘要：本研究基于世界体系理论，探讨了全球媒体关于中华文化的国际报道情况，通过LDA主题建模、情感分析构建主题共现网络与情感相关性网络，分析了中华文化的国际传播特征及其影响因素。研究发现，中华文化国际传播具有小世界特性、多样性，整体情感具有积极倾向，但缺乏统一的主题叙事框架。国际媒体对中华文化的报道具有多样性，但国家/地区分布不均，影响力有限，缺乏积极情感领导者。影响因素分析显示，民众态度、语言亲近性和地理距离是关键变量，而经济因素的影响较为有限。该研究为增强中华文化的国际影响力提供了新视角，强调了优化网络结构和情感引导的重要性。

关键词：中华文化；国际传播；世界体系理论

Abstract: Based on the world-system theory, this study explores the global media's international coverage of Chinese culture, and analyses the characteristics of Chinese culture's international communication and its influencing factors by constructing thematic co-occurrence networks and sentiment relevance networks through LDA thematic modelling and sentiment analysis. The study finds that the international communication of Chinese culture is specific to small-world identity and diversity, and the overall sentiment has a positive tendency, but lacks a unified thematic narrative

* 本文系2022年度国家社科基金重大项目"建强新时代国际传播专门人才队伍研究"（项目编号：22&ZD315）、国家社科基金重大项目"中华文化经典符号谱系整理与数字人文传播研究"（项目编号：23&ZD211）的阶段性成果。

framework. International media coverage of Chinese culture is diverse，but unevenly distributed by country/region，with limited influence and lack of positive sentiment leaders. Analysis of the influencing factors shows that positive attitudes，linguistic proximity and geographical distance are key variables，while economic factors have a more limited impact. This study provides a new perspective for enhancing the international influence of Chinese culture，emphasizing the importance of optimizing network structure and sentiment leadership.

Keywords：Chinese Culture，international communication，World-System Theory

一、研究背景与研究目的

随着中国经济和政治实力的不断增强，中华文化的全球影响力也在不断提升。2022年，党的二十大报告中提出，要加强国际传播能力建设，全面提升国际传播效能，形成同我国综合国力和国际地位相匹配的国际话语权。① 随着中外交流日益频繁，加强国际传播能力建设，深化文明交流互鉴，成为新时期面临的新文化任务。

中华文化国际传播过程中，媒体报道是主要的信息传播渠道，通过探究国际媒体视野下的中华文化形象，能够快速全面地了解中华文化在国际传播中的状况，从而增进国与国之间的文化交流与理解。在文化传播的过程中，媒体作为联系不同文化群体的重要媒介，媒体报道形成的信息网络体系作为全球体系的一部分，具有“中心—边缘”的结构属性特征，对国际媒体报道的方式、态度倾向、报道网络等的梳理，有利于了解信息跨国流动情况，描绘全球传播网络，应对复杂多变的外部局势。

本研究以世界体系理论为基础，通过对中华文化国际传播主题网络和情感网络进行分析，探索影响中华文化传播网络的因素。研究结果对进一步明确中华文化国际传播方式和策略、促进文明交流互鉴，不断提升中华文化影响力具有重要意义。

---

① 习近平.高举中国特色社会主义伟大旗帜 为全面建设社会主义现代化国家而团结奋斗：在中国共产党第二十次全国代表大会上的报告[EB/OL].(2022-10-16) [2023-02-20].https://www.gov.cn/xinwen/2022-10/25/content_5721685.htm.

二、文献综述与研究问题

已有关于媒体报道与中华文化国际传播的研究，一方面，从媒体内容特征入手分析中华文化传播的文本类型特征①、叙事特征②和国家共现特征③。另一方面，从社会网络视角展开的研究，分析中间人、结构洞等网络位置属性在中华文化国际传播中的重要性④，研究主要关注主体和内容之间的关系，没有涉及不同报道主体之间的互动关系。本研究从世界体系理论视角出发，将中华文化国际新闻报道视作一个信息网络体系，不同报道主体对于中华文化的报道形成一个互动网络，各个主体在互动中不断建构自己的位置和角色，以此观察中华文化国际传播在全球的传播现状。

世界体系理论源自依附理论，认为社会、民族或国家是更大的社会体系中相互关联的一部分，它们根据自身在体系中的角色影响着体系的结构，同时受到这个体系的影响⑤。从结构上看，不同民族/国家间的政治、经济和文化关系具有“中心—半边缘—边缘”的关系特征⑥。越来越多研究开始关注该理论在国际信息网络中的应用⑦，认为国际媒体报道所形成的信息系统，是全球体系的一部分，具备传播网络特征⑧。在这个网络中，媒体报道被视为国家/地区之间的新闻交流活动，国家/地区之间因为媒体报道活动而建立彼此之间的关系⑨。

世界体系理论从独立社会体系角度，考察国家作为一个社会组织所发挥的功能以及与其他国家的关系⑩。本研究将中华文化国际新闻报道视为独立的信息体系，这个

---

① 徐翔.中国文化在国际社交媒体传播的类型分析：基于共词聚类的研究[J].现代传播（中国传媒大学学报），2015,37(10):38-45.

② 袁丽媛，王晓雨.中华文明国际传播视域下主流媒体构建中国叙事体系的实践探索：以党的二十大报道为例[J].新闻爱好者，2023(1):24-26.

③ 金苗.中华文化国际传播与影响力提升路径：基于“一带一路”合作国家新闻报道的数据分析[J].南京社会科学，2023(1):102-112.

④ 徐翔，靳菁.社交网络中中介角色与信息位置的关联性研究：基于中国文化在推特传播的实证分析[J].北京邮电大学学报（社会科学版），2019,21(1):1-8.

⑤ STRAUSSFOGEL D. A systems perspective on world-systems theory[J]. Journal of geography, 1997, 96(2): 119-126.

⑥ ROBERTSON R, LECHNER F. Modernization, globalization and the problem of culture in world-systems theory[J]. Theory, culture & society, 1985, 2(3): 103-117.

⑦ GOLAN G J, HIMELBOIM I. Can world system theory predict news flow on Twitter? The case of government-sponsored broadcasting[J]. Information, communication & society, 2016, 19(8): 1150-1170.

⑧ HOPKINS T, WALLERSTEIN I. The age of transition: trajectory of the world system, 1945－2025[M]. London: Palgrave Macmillan, 1996.

⑨ HUR K K. A critical analysis of international news flow research [J]. Critical studies in media communication, 1984, 1(4): 365-378.

⑩ WALLERSTEIN I. The modern world system[M]. New York: Academic Press, 1974:7.

信息体系可以根据媒体内容即主题之间的关系构建,也可以因情感连接而形成,分别形成了主题网络体系和情感网络体系。国家在体系中相互作用,形成了不同节点中心性和网络位置特征,呈现不同的网络结构。不同中心性和位置的国家占据的报道资源不同[①],形成不同的权力关系,也在一定程度上反映了中华文化国际传播状况。同时,这种网络结构受到系统性因素的影响,即政治、经济、文化等因素决定了哪些节点在网络中处于有利位置。研究为中华文化有效传播提供新见解。

(一)媒体报道与中华文化国际传播主题网络

1.研究主题

主题指从文本内容中寻找的关键词集合[②]。已有中华文化国际传播主题研究,主要从中华文化符号、文化传播过程以及历史发展等维度出发,多基于"一带一路"新闻报道的内容分析[③],或者社交媒体文本如用户发帖、知识问答文本等,通过词频统计或共现聚类探究中华文化内容特征[④],其所形成的网络是基于词频共现,形成共现网络。

已有研究发现,国际社交媒体中具有良好传播效果的中国文化主题主要有:中国文化主题类、地方与空间文化类、生活与社会文化类、政治文化类、情感体验类、现代与历史文化类、日本相关文化类、美国相关文化类、语言文化类、韩国文化相关类、现代商业与都市文化类、欧洲相关文化类、其他类[⑤],仅针对社交媒体,尚未全面分析全球媒体的中华文化新闻报道主题。由此,提出研究问题一:中华文化国际新闻报道的主题有哪些?

2.以媒体和以国家/地区为节点的主题共现网络

从全球国际传播格局来看,中华文化的国际传播依托媒体对外报道,而媒体报道是一种社会互动,从结构上看具有网络的特征,同时,基于文本产生的主题相互联系,

---

① GOLAN G J, HIMELBOIM I. Can world system theory predict news flow on Twitter? The case of government-sponsored broadcasting[J]. Information, communication & society, 2016, 19(8): 1150-1170.

② GUO L, VARGO C J. Predictors of international news flow: exploring a networked global media system[J]. Journal of broadcasting & electronic media, 2020, 64(3): 418-437.

③ 金苗.中华文化国际传播与影响力提升路径:基于"一带一路"合作国家新闻报道的数据分析[J].南京社会科学,2023(1):102-112.

④ 徐翔.中国文化在国际社交媒体传播的类型分析:基于共词聚类的研究[J].现代传播(中国传媒大学学报),2015,37(10):38-45;邱凌,穆静.国际知识问答社区对中华文化的认知维度及协作生产:基于 Quora 平台的分析[J].现代传播(中国传媒大学学报),2023,45(6):49-56.

⑤ 徐翔.中国文化在国际社交媒体传播的类型分析:基于共词聚类的研究[J].现代传播(中国传媒大学学报),2015,37(10):38-45.

对媒体报道联系进行网络分析有利于更好理解文本内容和结构①。与此同时，报道主体可以从国家/地区、媒体层面理解②，已有研究多关注国家/地区在网络中的特征，但是忽略了对媒体作为节点所构成的网络的考察。因而，本研究分别以国家/地区和媒体为节点构建网络，不仅能够了解国家/地区之间的互动关系，而且能了解具有重要影响力的媒体节点，为中华文化国际传播提供参考。

以媒体为节点的主题共现网络，将媒体实体作为节点，以这些媒体报道中主题的共现情况作为边。这种共现能够表明两个媒体实体在内容选择、报道焦点或舆论引导上存在的相似性或关联性，可以揭示特定主题或议题是如何在不同媒体实体之间传播的，以及哪些媒体在该过程中扮演关键角色。以国家/地区为节点，以媒体报道的主题共现为边的网络，每个节点代表一个国家/地区，边代表不同国家/地区媒体报道中主题的共现关系，这种共现关系可以反映不同国家/地区在议题的相似度和相互影响情况，了解哪些国家/地区在中华文化新闻报道中起到桥梁或中介作用。

对网络结构特征的考察，已有研究从凝聚性、中心性、传输性等角度进行分析③，对于国际新闻网络结构，还考察了节点属性④。为全面了解中华文化报道的以媒体和以国家/地区为节点的主题共现网络，本研究考察网络凝聚性，以发掘不同国家/地区或媒体在中华文化主题报道中的关联程度及集群化倾向；考察传输性等网络指标，以明确不同国家/地区或媒体在报道主题上相互影响的速度和范围；计算节点的中介中心性，发现可能影响或控制信息流的关键中介节点；计算特征向量中心性，了解不同节点的综合影响力和重要性。由此，提出研究问题二：中华文化报道主题共现网络具备怎样的网络结构特征？有哪些媒体、国家/地区节点处在核心位置？

(二)媒体报道与中华文化国际传播情感网络

1.报道情感

报道情感是媒体报道中所表达的情绪倾向，反映了媒体对于特定事件、话题或个体的态度和看法，这种情感倾向可以通过语言的选择、报道的角度、引用的内容等多种

---

① LEIFELD P, HAUNSS S. Political discourse networks and the conflict over software patents in Europe[J]. European journal of political research, 2012, 51(3): 382-409.

② NG Y M M, TANEJA H. Mapping user-centric internet geographies: how similar are countries in their web use patterns? [J]. Journal of communication, 2019, 69(5): 467-489.

③ 廖圣清，方圆，李晗，等.中国新闻网站的网络传播结构及其影响力研究[J].新闻大学，2019，1：75-89，119.

④ KIM K, BARNETT G A. The determinants of international news flow: a network analysis [J]. Communication research, 1996, 23(3): 323-352.

方式表现出来。先前的研究发现,由于语言和文化差异,西方媒体在报道时会产生不确定性和焦虑感,在态度上以负面为主[①]。人们对于一个国家的整体看法,会影响他们对该国关联事物的观点与态度。[②] 皮尤中心 2022 年全球态度调查数据显示,目前,世界上很多国家的民众对中国持负面态度,并且处于或接近历史最高水平[③]。由此看来,国外公众或许对中华文化更多持消极抵触态度。但同时,研究发现,"一带一路"共建国家对中国的情感态度更加正面[④],而情感态度倾向又会对中华文化的践行产生影响[⑤]。因此,需要把握当下国际媒体对中华文化报道的态度倾向。由此,提出研究问题三:国际媒体对中华文化的报道情感态度如何?

2. 以媒体和以国家/地区为节点的报道情感相关性网络

情感网络是指基于对社交网络中个人对各种主题的观点和态度等主观信息的分析,探究文本数据的情感或情绪基调。对中华文化情感网络的研究,对于了解中华文化传播过程中的公众情绪互动模式、意见形成和信息传播动态具有重要意义。以媒体为节点,以媒体报道的情感相似度为边的网络,每个节点代表一个媒体实体,两个节点之间的边表示两个媒体实体在报道中所表达的情感倾向的相似度度量;以国家/地区为节点,以媒体报道的情感相似度为边的网络,每个节点代表一个国家或地区,两个节点之间的边表示这两个国家或地区媒体报道情感相似度度量,构建上述网络可以揭示哪些媒体或国家/地区在报道情感表达上呈现出相似性,并识别报道情感如何在不同媒体、国家/地区之间传播,以及哪些媒体或国家/地区在情感引导上扮演关键角色。网络凝聚性,反映了全球媒体对中华文化报道情感的互联程度,以及不同国家/地区、媒体报道情感的集群化趋势,传输性表明情感态度在全球媒体网络中传递的速度;计算节点的中介中心性,明确连接不同情感倾向的媒体、国家/地区的关键节点,计算节点特征向量中心性,明确在全球中华文化报道情感网络中重要和有影响力的节点。由此,提出研究问题四:中华文化报道情感相关性网络具备怎样的网络结构?有哪些媒

---

① 徐明华,王中字.西方媒介话语中中国形象的"变"与"不变":以《纽约时报》十年涉华报道为例[J].现代传播(中国传媒大学学报),2016,38(12):56-61.

② LAROCHE M, PAPADOPOUCOS N, HESLOP L A, et al. The influence of country image structure on consumer evaluations of foreign products[J].International marketing review,2005,22(1):96-115.

③ SILVER L, HUANG C, CLANCY L. Negative views of China tied to critical views of its policies on human rights[EB/OL].(2022-06-29)[2024-02-20]. https://www.pewresearch.org/global/2022/06/29/negative-views-of-china-tied-to-critical-views-of-its-policies-on-human-rights/.

④ 宣长春,林升栋.文化距离视野下的"一带一路"倡议:基于 4918 篇英文新闻报道的情感分析(2013-2019 年)[J].新闻与传播研究,2021,28(6):24-43,126.

⑤ 彭雨晴,谢颖.以侨搭桥:马来西亚华裔粤语媒介使用对中华文化认同的影响[J].现代传播(中国传媒大学学报),2022,44(11):82-91.

体、国家/地区节点处在核心位置?

(三)中华文化国际传播网络的影响因素

国家/地区之间基于媒体报道形成了一个相互联系的网络,受到内部和外部报道因素的影响,国家/地区产生不同的媒体报道行为,形成信息互动,影响着国家/地区在信息系统中的位置,进而影响网络结构①。

网络中节点的中心性和节点位置是考察网络结构的指标。中心性反映了节点的重要程度。网络位置用二维坐标来表示,反映报道主体的位置关系,从而有助于人们更好地理解不同国家/地区和媒体的空间分布特征。

已有关于中华文化国际传播网络的影响因素研究,通过对社交媒体中关于中华文化的帖子的实证分析,证实了信息距离即网络行动者离传播内容距离对网络传播结构的影响②,并认为网络行动者的不同属性会对信息传播产生不同程度的影响,重点关注了事件相关的内部因素对网络结构的影响。然而,国际传播网络影响因素可以从事件相关的内部因素,以及情景相关的系统性因素③两个视角出发,世界体系理论认为,政治、经济、文化等外部系统性因素对媒体在网络中的位置具有更重要的影响。④ Sakurai 的研究指出,文化、政治等结构性因素影响报道的相似性⑤,不仅可以影响媒体网络中的新闻流动,还会对基于报道形成的网络结构(即网络议题结构和网络情感结构)产生影响⑥。同时,已有研究发现,中华文化在国际社交媒体网络中的呈现与国际政治和文化意识形态相关联⑦,但没有实际数据支持。由此,提出研究问题五:影响中华文化主题网络的节点中心性和节点位置的政治、经济、文化因素有哪些?

---

① PARK H W, BARNETT G A, CHUNG C J. Structural changes in the 2003-2009 global hyperlink network [J]. Global networks, 2011, 11(4): 522-542.

② 徐翔,靳菁.社交网络中中介角色与信息位置的关联性研究:基于中国文化在推特传播的实证分析[J].北京邮电大学学报(社会科学版),2019,21(1):1-8.

③ CHANG T K, SHOEMAKER P J, BRENDLINGER N. Determinants of international news coverage in the US media[J]. Communication research, 1987, 14(4): 396-414.

④ WU H D. Systemic determinants of international news coverage: a comparison of 38 countries[J]. Journal of communication, 2000,50(2): 110-130.

⑤ SAKURAI T. Cultural factors in the flow of international news: a review of the literature[C]//SHS Web of Conferences. Paris:EDP Sciences, 2017:1-7.

⑥ VAN DIJK T A. Discourse, power and access[M]//Texts and practices. London:Routledge, 2013: 93-113.

⑦ 徐翔.中国文化在国际社交媒体传播的类型分析:基于共词聚类的研究[J].现代传播(中国传媒大学学报),2015,37(10):38-45.

1.民众对华态度

对华态度,指国外民众对中国的好感度[①]。外国民众对华态度是国际政治关系的重要表征。[②] 已有研究发现,媒体在选择新闻时往往会选择与自身意识形态或价值相似的国家/地区进行报道,强化自身的政治立场和文化属性[③]。而外国民众对华态度,会对媒体内容选择、媒体报道行为产生影响,以至于影响国际传播网络结构,因而会对节点中心性和节点位置产生影响。由此,提出研究假设一:民众对华态度会显著影响中华文化国际传播网络的(a)节点中心性和(b)节点位置。

2.国家/地区经济发展水平

国家/地区经济发展水平,指一个国家/地区的收入水平和增长率情况。[④] 人均国内生产总值(GNP per capita)是反映国家/地区经济水平的重要指标[⑤]。已有研究认为,报纸和期刊交易量在一定程度上反映了国家之间的贸易往来,是影响国际新闻网络结构最重要的因素[⑥]。并且无论国家的发展水平如何,国家之间的贸易都会影响新闻流[⑦],新闻流动关系到网络结构,因而国家/地区经济发展水平会对节点中心性和位置产生影响。由此,提出研究假设二:国家/地区经济发展水平会显著影响中华文化国际传播网络的(a)节点中心性和(b)节点位置。

3.语言

文化是社会群体互动产生的集体表征[⑧],作为文化传播发生的前提[⑨],语言被认为

---

① 苏林森.美国人眼中的东方巨龙:涉华新闻关注与美国人对中国的认知、态度的关系[J].国际新闻界,2018,40(5):98-111.

② 关天如,袁冉东,吴恺帆.社会认同如何影响国际传播:一项改善美国民众对华态度的实证研究[J].新闻大学,2022(5):105-116,123.

③ AL-RAWI A. Facebook as a virtual mosque: the online protest against innocence of Muslims[J]. Culture and religion, 2016, 17(1): 19-34.

④ 郭建万.经济发展水平差异的解析:制度与经济增长研究的最新进展[J].江苏社会科学,2008,2:56-61.

⑤ 薛珑,甄号召,王健.经济发展水平、生育政策与生育率[J].统计与决策,2023,39(15):79-84;殷雄,王浣尘.信息化发展水平与经济发展水平相关性研究[J].科技进步与对策,2004,1:116-117.

⑥ KIM K, BARNETT G A. The determinants of international news flow: a network analysis [J]. Communication research, 1996, 23(3): 323-352.

⑦ WU H D. Homogeneity around the world? Comparing the systemic determinants of international news flow between developed and developing countries[J]. Gazette (Leiden, Netherlands), 2003, 65(1): 9-24.

⑧ BARNETT G A, SUNG E. Culture and the structure of the international hyperlink network[J]. Journal of computer-mediated communication, 2005, 11(1): 217-238.

⑨ 孙子荀,马琛."当代与传统:中国文化影响力生成"国际论坛综述[J].现代传播(中国传媒大学学报),2019,41(2):167-8.

是文化接近性的重要指标[①]，是影响国际新闻报道网络的重要文化因素。语言不仅决定了个体之间的沟通习惯和方式，还体现了个体与全球信息系统连接的情况[②]。当语言差异较大时，自身的语言和国际通用语言间进行的意义协商，影响着表达的内容以及社会互动的形式；反之，语言差异较少时，会更频繁地进行跨国与跨媒体的交流，从而影响国际新闻网络，由此影响节点在网络中的位置和中心性。由此，提出研究假设三：语言会显著影响中华文化国际传播网络的(a)节点中心性和(b)节点位置。

4.地理距离

地理距离指新闻事件或新闻事件所属国家或地区之间的距离[③]，它从地理意义上阐述了文化接近性，是影响国际传播网络的文化因素之一。[④] 已有研究认为，距离越近，越有可能因国家/地区距离而形成互动关系；距离越远，关系维护成本，如技术成本等，越容易影响互动的频次和效率[⑤]，进而影响国际传播网络结构[⑥]，并由此影响节点在网络中的位置和中心性。由此，提出研究假设四：地理距离会显著影响中华文化国际传播网络的(a)节点中心性和(b)节点位置。

三、研究方法

(一)数据来源

本研究在 ProQuest 的新闻数据库中以“Chinese Culture”为关键词、以英文为检索语言，对 2013 年 1 月 1 日至 2023 年 12 月 31 日收录的新闻报道进行检索，字段包括：新闻标题、出版媒体、出版媒体所在地以及出版年份等，经人工复核，剔除书评、演讲等不相关内容，去除重复数据后，共获得 3546 条新闻报道数据。

---

① CHANG T K, SHOEMAKER P J, BRENDLINGER N. Determinants of international news coverage in the US media[J]. Communication research, 1987, 14(4): 396-414.

② BARNETT G A, CHOI Y. Physical distance and language as determinants of the international telecommunications network[J]. International political science review, 1995, 16(3): 249-265.

③ ROSENGREN K E. International news: intra and extra media data[J]. Acta sociologica, 1970,13(2):96-109.

④ SAKURAI T. Cultural factors in the flow of international news: a review of the literature[C]//SHS Web of Conferences. Paris:EDP Sciences, 2017:1-7.

⑤ MCCULLOH I, ARMSTRONG H, JOHNSON A. Social network analysis with applications[M]. Hoboken: John Wiley & Sons, 2013.

⑥ MARKOWITZ J N, FARISS C J. Power, proximity, and democracy: geopolitical competition in the international system[J]. Journal of peace research, 2018, 55(1): 78-93.

(二)数据处理

本研究的数据处理主要运用文本挖掘中的主题建模、情感分析方法。

本研究使用 Python 语言,调用 Spacy 库对标题文本进行文本预处理,去除标题文本中的标点、数字、停用词,并将文本字母统一为小写,进行词形还原;调用 Gensim 模块,采用 LDA 主题模型对 3546 条新闻标题所属的主题进行识别,通过模型评估确定模型参数为:主题数=13,吉布斯采样(Gibbs sampling)迭代数=50。LDA 主题建模认为,"文档是由多个主题混合而成的,而主题是特征词的一种概率分布"①,一篇文档可能属于多个主题。据此,本研究获得了每条新闻报道标题不同主题的概率分布。

同时,本研究使用基于词典的方法对标题文本进行情感分析,调用 Vader 库,包含一个预先定义的、带有情绪强度的词典。这个词典中的每个词都被赋予了一个情绪强度分数,以此为依据分析标题文本,通过标准化的方式综合了句子中所有单词的情绪强度,[0.05,1]为积极情感范围,[-1,-0.05]为消极情感范围,[-0.05,0.05]为中性情感范围。② 据此,本研究获得了每条新闻标题的情感属性。

(三)变量测量

本研究使用 Ucinet 进行社会网络分析,使用 SPSS 进行回归分析。

1.中华文化国际报道主题网络

中华文化国际报道主题网络的测量包括以媒体为节点的主题共现网络、以国家/地区为节点的主题共现网络两个部分。

媒体为节点的主题共现网络。首先确定了 3546 条新闻所属的 50 家媒体报道的 13 个主题的概率分布,随后构建一个 50×13 的二模矩阵,每行为新闻媒体,每列为主题,每个单元格为报道一个主题的平均概率分布,最后转换为 50×50 的一模媒体共现矩阵。为了聚焦更显著的报道行为,只有两家媒体对同一主题的报道概率都超过 0.075,本研究才认为它们共同关注一个主题。

国家/地区为节点的主题共现网络。首先确定了 3546 条新闻所属的 19 个国家和地区报道的 13 个主题的概率分布,随后构建一个 19×13 的二模矩阵,每行为国家/地

---

① BLEI D M. Probabilistic topic models[J]. Communications of the ACM,2012,55(4):77-84.

② SINGH M, DHILLON H K, ICHHPUJANI P, et al. Twitter centiment analysis for COVID-19 associated mucormycosis[J]. Indian journal of ophthalmology,2022,70(5):1773-1779.

区，每列为主题，每个单元格为报道一个主题的平均概率分布，最后转换为 19×19 的一模国家/地区共现矩阵。只有两个国家/地区对同一主题的报道概率都超过 0.075，本研究才认为它们共同关注了一个主题。

2.中华文化国际报道情感网络

中华文化国际报道情感网络的测量包括以媒体为节点的报道情感网络、以国家/地区为节点的报道情感网络两个部分。

以媒体为节点的报道情感网络。首先确定了 3546 条新闻所属的 50 家媒体报道的情感属性，随后计算获得每个媒体情感报道的比例，再计算每一对媒体在情感报道比例上的皮尔逊相关系数，得到一个 50×50 的相关性矩阵，将其转化为报道情感共现矩阵。为了聚焦更显著的报道行为，两家媒体的报道情感属性显著相关（$r>0.80$）才在两家媒体之间建立联系。采用同样的方法，得到以国家/地区为节点的 19×19 报道情感共现矩阵，即以国家/地区为节点的报道情感网络。

网络结构特征的分析指标，包括凝聚性和传输性两方面①。凝聚性，使用密度和聚类指数来测度；密度反映了报道主题或情感的一致性程度，聚类系数反映了聚类成团的情况。传输性，采用平均距离指标，意味着不同媒体或国家/地区在报道共同主题或情感时信息传输的效率。

连接中心性的分析包括中介中心性和特征向量中心性两个指标。中介中心性，表示一个媒体或国家/地区的网络影响力如何；特征向量中心性，表示媒体或国家/地区在网络中的重要性。

3.中华文化国际传播网络的主要影响因素

中华文化国际传播网络的主要影响因素包括报道议题网络指标、报道情感网络指标、民众对华态度、国家/地区经济发展水平、文化因素、地理距离四个部分。

报道议题网络指标、报道情感网络指标，包括网络的节点中心性和网络位置；节点中心性使用接近中心性和特征向量中心性数值，表明节点的重要程度；网络位置使用节点的多维标度坐标，表明节点拥有的信息资源和影响力。

民众对华态度。数据来源于 2023 年皮尤研究中心 24 国民意调查报告和 2016 年非洲 36 国公民对中国的态度调查报告。如果态度评价在 50%以上，本研究认为是积极态度，编码为 1；低于 50%，则认为是消极态度，编码为-1。

---

① 廖圣清，方圆，李晗，等.中国新闻网站的网络传播结构及其影响力研究[J].新闻大学，2019，1：75-89，119.

国家/地区经济发展水平。使用人均国内生产总值,取标准化后的数值为测量值①。

文化因素。考察报道国所使用的语言,创建英语使用变量,如该国不使用英语则编码为0,少部分人使用英语则编码为1,多数人使用英语则编码为2。

地理距离。数据来源于法国国家经济研究中心CEPII数据库统计的各国首都与中国首都北京之间的距离。

四、研究结果

(一)国际媒体关于中华文化新闻报道的基本情况

本研究获取2013年至2023年,有关中华文化的新闻报道共3546篇,平均每年报道322篇。2013年是提出中华文化国际传播战略的开局之年,这一年国际媒体关于中华文化的报道为331篇,占比9.3%;随后,报道数量波动上升,在2018年达到峰值605篇,占比16.9%,2019年开始大幅下降,跌至2020年的151篇后缓慢回升,2023年报道数量为190篇,占比5.4%,五年跌幅达68.6%。

11年间,共有来自19个国家/地区的50家媒体发布有关中华文化的新闻报道,报道中华文化新闻的媒体、国家/地区数量相对稳定。发文量排在前5名的国家是:中国(1550篇)、泰国(647篇)、美国(590篇)、英国(241篇)、新加坡(89篇);发文量排在前5名的媒体是:《中国日报》(*China Daily*,1548篇)、《亚洲新闻观察》(*Asia News Monitor*,647篇)、《纽约时报》(*New York Times*,253篇)、《金融时报》(*Financial Times*,152篇)、《华尔街时报》(*Wall Street Journal*,网页版,139篇),上述媒体发文数量共占比77.2%。

(二)中华文化国际新闻报道主题共现网络

1.研究议题

如表1所示,通过对3546篇新闻报道标题进行LDA主题建模,可识别出中华文化报道的13个主题。最受关注的主题是“农历新年”,占比11.6%,其余主题报道占比均未超过10%,国际媒体对中华文化的报道没有明显的主题偏好。

---

① KIM K, BARNETT G A. The determinants of international news flow: a network analysis [J]. Communication research, 1996, 23(3): 323-352.

表 1　2013—2023 年中华文化新闻报道主题(n=3546)

序号	议题	报道频次	百分比	序号	议题	报道频次	百分比
1	农历新年	413	11.6	8	文化经济	239	6.7
2	文化创新	349	9.9	9	文化庆典	222	6.3
3	地缘关系	338	9.5	10	文化探索	208	5.9
4	文化往来	327	9.2	11	文化传承	206	5.8
5	文化融合	308	8.7	12	文化危机	205	5.8
6	元首外交	298	8.4	13	文化政治	193	5.4
7	文化多样性	240	6.8				

2.以媒体为节点的主题共现网络

研究发现,以媒体为节点的主题共现网络拥有 50 个节点,1864 条边,网络具有较高的网络密度(0.757),这表明网络中媒体节点之间有非常高的互连程度;较高的聚类系数(0.872)表明媒体间不仅广泛连接,而且这些连接呈现出明显的聚集倾向。网络平均距离(1.243)显示出良好的传输性,这表明该网络中信息传播和共享的效率较高。综合来看,该网络具有较高的凝聚性,媒体机构倾向于报道彼此相似或相同的新闻主题。

数据显示,网络中介中心性排在前三的媒体是《艺术报》(25.183)、《基督科学箴言报》(11.531)和《金融快报》(7.712),上述媒体在网络中具备桥梁作用,具有较强的影响力。特征向量中心性排名前三的媒体是《亚洲华尔街日报》(0.231)、《华尔街日报》在线版(0.229)和《华尔街日报》(0.220),这表明其报道往往被广泛关注和引用,《华尔街日报》的系列出版物在中华文化主题共现网络中与其他核心媒体形成了紧密的关系。

表 2　2013—2023 年中华文化国际新闻报道主题共现网络总体情况

项目		以媒体为节点的主题共现网络	以国家/地区为节点的主题共现网络
网络结构指标	节点	50	19
	边	1864	294
	密度	0.757	0.860
	聚类系数*	0.872	0.901
	平均距离	1.243	1.140

续表

项目		以媒体为节点的主题共现网络	以国家/地区为节点的主题共现网络
连接中心性指标**	中介中心性	《艺术报》(25.183)	新加坡(2.582)
		《基督科学箴言报》(11.531)	中国香港(2.582)
		《金融快报》(7.712)	英国(2.582)
	特征向量中心性	《亚洲华尔街日报》(0.231)	美国(0.324)
		《华尔街日报》线上版(0.229)	英国(0.323)
		《华尔街日报》(0.220)	中国(0.317)

* 主题共现矩阵经二值化处理。

** 报道数量大于10篇的节点,中介中心性、特征向量中心性取排名前三。

3.以国家/地区为节点的主题共现网络

研究发现,以国家/地区为节点的主题共现网络拥有19个节点,294条边。网络具有较高的凝聚性,较高的网络密度(0.860)和较高的聚类系数(0.901)表明不同国家/地区的媒体在关注和报道中华文化时存在较高程度的相互关联和互动,国家/地区间在中华文化媒体报道上存在着高度的集群化倾向,报道兴趣相似。良好的传输性(平均距离1.140)表明如果一个国家/地区的媒体开始报道某个主题,该主题便得以高效传播;良好的连接性(连通性为0.892)表明即使某些国家/地区的媒体停止报道某些主题,其他国家/地区仍然可以维持这种共同报道的网络结构。

研究结果显示,中介中心性排名前三的国家/地区是,新加坡(2.582)、中国香港(2.582)和英国(2.582),这意味着这些国家/地区的媒体在网络中扮演着关键的中介角色,在中华文化报道中成为主题分发枢纽;特征向量中心性排名前三的国家是美国(0.324)、英国(0.323)和中国(0.317),这表明了上述三个国家的媒体在中华文化报道中居于核心位置,一方面,它们与其他国家媒体有着广泛的联系,另一方面,它们在报道上具有权威性和领导力。

(三)中华文化国际新闻报道情感相关性网络

1.报道情感

本研究通过对3546篇新闻报道标题进行情感分析发现,最常见的报道情感为中性情感,共1684篇,占比47.5%;其次为积极情感报道,共1444篇,占比40.7%;负面情感报道最少,共416篇,占比11.7%。

2.以媒体为节点的报道情感相关性网络

研究发现,以媒体为节点的报道情感网络共有 50 个节点,882 条边,具有中等的密度(0.360),但拥有较高的聚类系数(0.571),这表明媒体倾向于形成较紧密连接的群组,这些媒体群组倾向于持有相似的立场或表达相似的情感倾向,网络平均距离为 2.038,表明媒体之间的情感报道可以通过较少的中介步骤传递。在该网络中,《澳大利亚金融评论报》《基督科学箴言报》《亚洲华尔街日报》的中介中心性、特征向量中心都比较高,这意味着上述媒体不只是广泛连接其他媒体,而且这些连接发生在影响力大、中心性高的媒体之间,强化了它们在传播特定情感或情绪内容方面的核心作用。

表 3　2013—2023 年中华文化国际新闻报道情感相关性网络总体情况

项目		媒体报道情感网络	国家/地区报道情感网络
网络结构指标	节点	50	19
	边	882	156
	密度	0.360	0.456
	聚类系数	0.571	0.441
	平均距离	2.038	1.551
连接中心性指标*	中介中心性	《澳大利亚金融评论报》(80.555)	新加坡(9.966)
		《基督科学箴言报》(61.280)	巴林(9.966)
		《亚洲华尔街日报》(61.280)	澳大利亚(9.24)
	特征向量中心性	《澳大利亚金融评论报》(0.225)	新加坡(0.328)
		《基督科学箴言报》(0.220)	巴林(0.328)
		《亚洲华尔街日报》(0.220)	中国(0.310)

* 报道数量大于 10 篇的节点,中介中心性、特征向量中心性取排名前三。

3.以国家/地区为节点的报道情感相关性网络

研究发现,以国家为节点的报道情感网络拥有 19 个节点,156 条边,网络密度为 0.456,国家间情感报道联系相对紧密,但聚类系数为 0.441,这表明,国家间并不像媒体间那样形成紧密连接的群组,平均距离为 1.551 表明,国家间的相互影响和互动较为直接。中介中心性和特征向量中心性排名前三的以亚洲国家为主,表明了新加坡、巴林以及澳大利亚在连接不同国家或国家群体情感报道方面的重要作用,也体现了中国作为情感传播的重要角色。

(四)中华文化国际新闻报道网络的影响因素

如表 4 所示,民众对华态度在国家/地区主题、情感网络中均值为 0.26,标准差为 0.99,在媒体主题、情感网络中均值为- 0.44,标准差为 0.91。这说明,在国家/地区层面,民众对华呈现积极态度,在媒体层面,民众对华则呈现消极态度;不同网络的民众对华态度存在一定的差异。不同国家/地区、媒体英语使用情况的均值分别为 1.32 和 1.7,中等人群使用英语,且不同网络之间存在较大差异(标准差分别为 0.95、0.71),这与各国家/地区推行的官方语言有关。人均国内生产总值、地理距离取标准化后,均值都为 0,标准差都为 1,这表明,数据分布较为均匀,没有明显的异常值或离群点。

表 4　中华文化国际新闻报道主题共现网络和情感相关性网络的影响因素描述统计

变量 \ 指标值		国家/地区主题网络(N=19)				媒体主题网络(N=50)				国家/地区情感网络(N=19)				媒体情感网络(N=50)			
		最小值	最大值	均值	标准差	最小值	最大值	均值	标准差	最小值	最大值	均值	标准差	最小值	最大值	均值	标准差
因变量	多维标度坐标 1	−0.29	1.54	0.54	0.52	0.43	2.72	1.52	0.58	−1.07	1.44	0.35	0.86	−1	1.62	0.3	0.92
	多维标度坐标 2	−0.29	1.64	0.7	0.51	−0.58	1.77	0.64	0.56	−1.09	1.59	−0.81	0.8	−0.39	2.55	0.85	0.85
	接近中心性	18	27	20.53	2.46	49	88	60.92	9.23	29	90	40.63	18.13	101	371	143.76	71.56
	特征向量中心性	0.06	0.32	0.21	0.09	0.01	0.23	0.13	0.06	0	0.33	0.21	0.11	0	0.23	0.12	0.07
自变量	民众对华态度	−1	1	0.26	0.99	−1	1	−0.44	0.91	−1	1	0.26	0.99	−1	1	−0.44	0.91
	人均国内生产总值	−1.28	2.11	0	1	−1.81	1.84	0	1	−1.28	2.11	0	1	−1.81	1.84	0	1
	英语	0	2	1.32	0.95	0	2	1.7	0.71	0	2	1.32	0.95	0	2	1.7	0.71
	地理距离	−1.95	1.68	0	1	−2.24	0.95	0	1	−1.95	1.68	0	1	−2.24	0.95	0	1

如表 5 所示,民众对华态度、语言和地理距离可能会对中华文化国际传播网络的中心性和位置产生影响;而国家/地区经济发展水平没有对中华文化国际传播网络的中心性和位置产生影响。

具体来说,民众对华态度对媒体情感网络节点的特征向量中心性具有显著正向影响($\beta=0.032$, $p<0.05$),对其他中心性均没有显著影响。民众对华态度对国家/地区节点情感网络的多维标度坐标 1 具有显著负向影响($\beta=-0.539$, $p<0.05$);对媒体节点情感网络的多维标度坐标 1 具有显著负向影响($\beta=-0.425$, $p<0.05$)。同时,民众对华态度对国家/地区节点主题网络的多维尺度坐标 2 具有显著正向影响($\beta=0.346$, $p<0.05$);对媒体节点主题网络的多维尺度坐标 1 具有显著正向影响($\beta=0.323$, $p<0.05$)。结果部分支持了研究假设 H1。

表 5　中华文化国际新闻报道主题共现网络和情感相关性网络的影响因素多元回归结果

因变量	国家/地区主题网络中心性				媒体主题网络位置		国家/地区情感网络位置				媒体情感网络中心性		媒体情感网络位置	
	多维标度坐标 1		多维标度坐标 2		多维标度坐标 1		多维标度坐标 1		多维标度坐标 2		特征向量中心性		多维标度坐标 1	
自变量	β	SE	β	SE	β	SE	β	SE	β	SE	β	SE	β	SE
常数项	0.238	0.206	0.526*	0.197	1.259***	0.230	0.936*	0.348	0.177	0.323	0.077**	0.026	0.554	0.354
民众对华态度	0.255	0.128	0.346*	0.123	0.323*	0.127	−0.539*	0.217	−0.039	0.202	0.032*	0.015	−0.425*	0.196
英语	0.178	0.124	0.065	0.118	0.238	0.139	−0.341	0.209	−0.188	0.194	0.035*	0.016	−0.258	0.213
地理距离	0.286*	0.130	0.195	0.124	0.191	0.135	−0.198	0.219	0.488*	0.203	−0.015	0.015	−0.280	0.207
R^2	0.363	0.414	0.149	0.348	0.353	0.217	0.189							
F	1.997	2.469	1.963	1.866	1.908	3.122	2.622							
p	0.150	0.093	0.117	0.172	0.165	0.024*	0.047*							

* $p<0.05$，** $p<0.01$，*** $p<0.001$

研究发现，无论是在报道主题网络还是在报道情感网络中，国家/地区人均国内生产总值未对网络中心性和网络位置产生影响。研究假设 H2 不成立。

研究进一步发现，在以媒体为节点的中华文化国际传播情感网络中，语言对媒体节点的特征向量中心性具有显著正向影响（$\beta=0.035$，$p<0.05$）。但无论是报道主题网络还是报道情感网络，语言均未对节点的网络位置产生影响。因此，该结果部分支持了研究假设 H3。

本研究还发现，无论是在报道主题网络还是在报道情感网络中，地理距离均未对节点的中心性产生影响，但可以显著影响国家/地区节点主题共现网络的多维标度坐标 1（$\beta=0.286$，$p<0.05$）；可以显著影响国家/地区节点情感网络的多维标度坐标 2（$\beta=0.488$，$p<0.05$）。研究假设 H4 得到部分支持。

五、结论和讨论

本研究以世界体系理论为基础，聚焦全球媒体关于中华文化的国际报道，通过构建中华文化国际传播的主题网络与情感网络，分析了传播网络的主题特征、情感特征及其影响因素。研究显示，中华文化国际传播主题网络具有小世界特性，网络中不同国家/地区和媒体的活跃度和影响力不一致，但从情感属性上看以积极正向为主。

(一)中华文化国际传播网络基本情况及其影响因素

1.中华文化国际传播主题网络的基本情况

本研究发现，涉华文化报道量在2018年之后明显减少。这与已有研究的观点不同。以往研究认为，“一带一路”合作国家同类议题的报道规模在十年间相差不大①。这可能是因为，由于地理位置和经济合作关系的影响，中国与“一带一路”合作国家产生情感和认知共情，构建了积极的文化认同②；而由于地缘政治的影响，特别是新冠疫情的暴发，网络中具有重要影响力的美、英等国家一味抹黑中国，对中华文化报道产生负面影响，从而引发报道量的骤减。

已有研究侧重于“一带一路”报道或者社交媒体文本，通过词频聚类对主题进行归类③。本研究，通过LDA归纳与中华文化相关的报道主题，并在此基础上分别构建国家/地区、媒体主题网络以显示主题和主题之间的共现关系，揭示报道主题的结构特征。研究发现，中华文化国际传播报道主题类型多样，有助于中华文化触及不同背景的国际受众，但主题之间的较小差异未能形成有力的叙事框架，这可能影响中华文化的传播深度和持久力。报道主题和兴趣点的相似性促成了国家/地区和媒体维度上高凝聚、高效率的信息传播网络，加速了中华文化影响力的扩散。从国家/地区与媒体网络的节点看，全球报道中华文化的媒体数量较多，但是涉及的国家/地区数量有限。这说明，国际媒体在报道中华文化时具有多样性，但国家/地区分布不均，中华文化传播影响力相对有限，仅在少数国家/地区之间传播。

以媒体作为节点的网络的集中度(0.757)，显示了媒体在推广中华文化方面的积极作用，媒体利用收集、整合和传播信息的能力有效地将中华文化介绍给全球民众。数据显示，《中国日报》作为连接数最高的本土媒体，报道量最多，但是由于与其他媒体节点网络距离较远，共同主题较难产生。由此看出，本土媒体在积极设置中华文化传播议程、消解文化误解方面发挥了积极作用，但这种作用是一种以我为主的信息扩散，在改变国际媒体对中华文化的认知和态度方面作用有限，还不能发挥中华文化关键传播中介的作用。

然而，以国家/地区为节点的主题网络呈现一定的核心边缘特征，美国、英国、中

① 金苗.中华文化国际传播与影响力提升路径：基于“一带一路”合作国家新闻报道的数据分析[J].南京社会科学，2023，1：102-112.

② 窦书棋，赵永华.全球本土化与地方文化的国际传播[J].中国出版，2024，2：9-14.

③ 李晓霞，宣长春.海外英文媒体“一带一路”新闻报道情感倾向研究[J].新闻大学，2022，6：62-74，121-122.

国、中国(香港)、澳大利亚等处于较中心位置,其他国家在网络中分布相对分散。这说明,在与西方媒体的竞争过程中,我国的媒体正努力消除和反转海外受众由于西方媒体长期宣传所形成的对中国的偏见和负面固定观念。此外,网络中"一带一路"合作国家的数量占比为50%以上;它们的连接能力较强,在中华文化报道网络中较活跃,但传播力还有待增强。这提醒我们继续重视"一带一路"这一合作平台,由点及线,由线及面,通过多元的合作,充分发挥在塑造中华文化认同,构建全球人类命运共同体方面的积极作用①。

2.中华文化国际传播情感网络的基本情况

已有的中华文化传播网络研究,尚未就情感网络进行实证分析②。赛博空间是赋予情绪记录和存储的场所③,情绪不断积累并形成集体记忆④,带来长期稳定的主观认知。本研究构建中华文化传播情感网络后发现,全球媒体和国家/地区对中华文化的报道大体持中性或积极态度,这与"一带一路"共建国家/地区的正面报道相呼应⑤,突出了中华文化在国际传播中的积极形象和影响力。

民族情感蕴含在国家/地区之间,即国家/地区更愿意诉诸民族情感以达到国家/地区稳定、社会和谐,民族情感和一般情感相比,更容易引起共鸣,中华文化作为一种特殊的民族情感载体,承载了中华民族文化的积淀。从网络位置看,情感网络中国家/地区和媒体的分布呈现空心状态,缺乏情感领导者;不同的国家/地区和媒体聚类形成情感共同体,较均匀分布在网络的四周;这说明,在中华文化国际报道中,中国未来需要积极争取情绪主导权,通过文化传输,情绪感染、共鸣,影响其他国家的报道情绪。此外,以国家/地区为节点的情感网络中,与中国相连接的国家/地区(美国、新加坡等)在情感报道方面也具有非常重要的影响力,未来需要积极发挥它们的作用。

3.中华文化国际传播网络的主要影响因素

研究证实,民众对华态度、语言和地理距离是影响中华文化国际传播网络的可能

---

① 赵永华,刘娟.文化认同视角下"一带一路"跨文化传播路径选择[J].国际新闻界,2018,40(12):67-82.

② 金苗.中华文化国际传播与影响力提升路径:基于"一带一路"合作国家新闻报道的数据分析[J].南京社会科学,2023(1):102-112.

③ BEN-ZE'EV A. Privacy, emotional closeness, and openness in cyberspace[J]. Computers in human behavior, 2003, 19(4): 451-467.

④ BAR-TAL D, HALPERIN E, DE RIVERA J. Collective emotions in conflict situations: societal implications[J]. Journal of social issues, 2007, 63(2): 441-460.

⑤ 宣长春,林升栋.文化距离视野下的"一带一路"倡议:基于4918篇英文新闻报道的情感分析(2013-2019年)[J].新闻与传播研究,2021,28(6):24-43,126.

性因素;而国家/地区经济发展水平则不会产生影响,即在中华文化的国际传播过程中,民众对华的积极态度,通用语言的使用程度,与中国地理距离的远近,这些对于增强媒体情感网络中的中心角色和优化主题共现网络结构具备关键性,同时也表明经济发展在这一过程中的影响较为有限。

以往研究证实了经济因素在信息网络中的核心重要性,认为越富有的国家/地区越处于网络的核心,在网络中起着重要作用①。本研究结论与之相反,在文化信息所构建的传播网络中,经济因素淡化,并不是主导网络结构的关键变量。然而,民众对华态度对传播网络具有重要影响。对华态度越正向,越可能连接有影响力的节点,在网络中的功能越重要。主题网络中,对华态度较负面的国家/地区,在网络中的位置相对聚集;持正面态度的国家/地区,在网络中的位置相对分散,并且多处于边缘位置。与之相反,情感网络中,持正向态度的国家/地区分布较为聚集,持负向态度的国家/地区分布较为分散,并多处于网络的边缘位置。此外,对华态度负面的国家/地区在主题网络中的联通性和中介性较强,或因其强大的传播体系与能力,对中华文化正面国际形象的传递具有一定的抑制作用。而无论是在主题网络还是在情感网络中,正向情感的媒体和负向情感的媒体均匀地交叉分布在网络中。

同时,与已有研究一致②,语言对文化网络的中心性产生影响。通用语言的使用,减少了交流障碍,越容易在网络中处于核心位置。地理距离在主题网络和情感网络中的影响不同。与中国的地理距离越近,在主题网络中的位置离中国较远,即邻国报道的主题与中国的主题取向不一致,通过对新闻文本的研究发现,《中国日报》英文版的主题选择多为回应西方媒体对中华文化的片面报道,起到消除误解、引导话题的作用。但情感网络不同,与中国的地理距离越近的国家/地区在网络中的位置也越近,即倾向于具有相同的报道情绪倾向。

(二)讨论

本研究分析了全球媒体对于中华文化的报道,聚焦于中华文化在过去 11 年中的变化和发展,不仅包括了“一带一路”伙伴国家/地区的媒体,也扩展到了全球其他国家和地区。同时,本研究通过论证中华文化在国家/地区媒体话语中的主题特征和情感

① KIM K, BARNETT G A. The determinants of international news flow: a network analysis [J]. Communication research, 1996, 23(3): 323-352.

② BARNETT G A, CHOI Y. Physical distance and language as determinants of the international telecommunications network[J]. International political science review, 1995, 16(3): 249-265.

特征，描绘了当今中华文化国际传播态势。此外，本研究从实证层面对传播网络中国家/地区间的相对位置进行描述，打破了以往二元论或单极格局的刻板印象①，验证了国际传播能力与地缘政治、地缘文化等之间的复杂关系②。

本研究引入世界体系理论，从国家、地区和民族的社会体系结构中考察中华文化国际传播研究。与世界体系理论的中心-边缘格局不同，中华文化国际传播在主题网络和情感网络方面表现出不同的特征。主题网络具有一定的中心-边缘格局特征；情感网络是一个缺乏核心的空心分布格局。作为中华文化国际传播的重要窗口，中国及其媒体在网络中占据重要位置，但是影响力和传播力尚未充分发挥。这在一定程度上受到网络结构的影响，即国家/地区之间的相互依赖会导致发展的不充分③，容易造成对中华文化乃至中国国家形象的刻板印象，加剧现有的不平等结构④。因而，丰富文化报道的主题，缩短与各个国家/地区的网络距离，对于增强中华文化的文化认同具有重要意义。

本研究从网络视角入手，分析中华文化在全球国家/地区、媒体网络中的主题和情感的空间结构变化，以及不同主体之间的互动作用，打破了过往以时间为主的二维视角。网络中的国家/地区、媒体不再是单一的传播主体，而是在不断地互动中建构角色和空间位置。尤其是，在国际传播过程中，网络的发展加剧了媒体之间的竞争，加速信息流动，也推动着网络结构的不断变化⑤。

本研究揭示了全球媒体在传播中华文化信息时，不同媒体和国家/地区如何共同塑造情感倾向，这为理解中华文化信息的全球传播复杂性提供了情感新视角。同时，这证实了情感在中华文化国际传播中的重要性，中华文化依托各个国家/地区和媒体平台，通过文化报道、社交群体沟通等，通过深层次的价值观潜移默化地引导国际受众达到情感认同。本研究的结果与皮尤研究中心等国际研究机构过往关于中国形象的报告有显著差异：一方面，以往的报告主要关注中国的政治形象，如宗教、人权、国际事

---

① HONGFEI L, GUANG T, TIAN K. Super strong versus group strong countries: China's role in development and changing world pattern[J]. Global journal of emerging market economies, 2018, 10(1-3): 39-51.

② NIKITENKO V. Philosophical concept of the relationship between geovalues, geoculture and geopolitics as factors of global world formation[J]. Humanities studies, 2021,8(85): 29-39.

③ KIM K, BARNETT G A. The determinants of international news flow: a network analysis [J]. Communication research, 1996, 23(3): 323-352.

④ JOST J T, HAMILTON D L. Stereotypes in our culture[A]//DOVIDIO J F, GLICK P, RUDMAN L A. On the nature of prejudice: fifty years after Allport. Malden, MA:Blackwell, 2005:208-224.

⑤ ALIPOUR S, DI MARCO N, AVALLE M, et al. The drivers of global news spreading patterns[J]. Scientific reports, 2024,14(1):1519.

务的参与等方面,而对经济和文化的形象关注不足。另一方面,皮尤研究中心长期以来被认为倾向于民主党,这种倾向性也会影响它呈现中国形象的方式,这侧面反映了部分国际主流研究机构在展示中国形象时存在片面性①。

本研究受到已有数据限制,网络中的节点数较少,回归分析的样本量较少,未来需要结合更多节点数据分析中华文化传播网络的动态变化过程及其影响因素。此外,研究发现,一些专业性的媒体如《投资者商业日报》(*Investor's Business Daily*)在网络中发挥着重要的衔接作用,这些政府机构会对传播网络结构产生影响②;未来的研究需要进一步考虑媒体属性对于网络结构的影响。

〔廖圣清,复旦大学新闻学院教授、云南大学新闻学院(南亚东南亚国际传播学院)院长;崔晓晓,复旦大学新闻学院博士研究生;高根茂,复旦大学新闻学院博士研究生〕

〔特约编辑:付晓光〕

① 汪罗,王乐怡.2019—2020年中国国际传播/跨文化传播研究新趋势[J].跨文化研究论丛,2023(1):50-63,148.

② GOLAN G J, HIMELBOIM I. Can world system theory predict news flow on Twitter? The case of government-sponsored broadcasting[J]. Information, communication & society, 2016, 19(8): 1150-1170.

守正与共通:中华文化国际传播的挑战及影响力提升路径*

Upholding Integrity and Seeking Common Ground: Challenges and Paths to Enhance Influences of Chinese Culture in International Communication

◎郭　可　姜　绳

Guo Ke　Jiang Sheng

摘要:在全球化大背景下,中华文化作为一个融合众多民族文化的集合体,其独特的延续性特征和整体性内涵,也构成了国际传播场的独特魅力。然而,由于国际政治的复杂因素以及西方主导的国际舆论场对中华文化的偏见,中华文化的延续性和整体性面临挑战、遭到歪曲。为有效应对这些挑战,本文认为需要从理论和哲学的角度深化对中华文化延续性和整体性的理解和认知。在国际传播策略上,应通过构建完善国际传播生态系统并建立"官方-民间"共通传播机制,最终形成立体的国际传播渠道和具有中国特色的报道风格及叙事框架,使中华文化成为世界文化的重要组成部分。

关键词:中华文化;国际传播力;守正与共通

Abstract: In the context of globalization, Chinese culture, as a collection of native ethnic cultures, is characterized by its continuity and holistic connotation, which form its unique charm in international communication. However, due to complicated factors in international politics as well as biased attitudes towards Chinese culture in a Western-dominated international public opinion sphere, the continuity and integrity of the Chinese culture face challenges and distortions. To address these challenges, this paper argues that it is necessary to deepen the perceptive understanding of the continuity and integrity of the Chinese culture. In terms of international communication

* 该成果为2023年教育部哲学社会科学研究重大课题攻关项目"中国式现代化的国际传播路径研究"(项目号:23JZD033)阶段性成果。

strategy, it proposes constructing a comprehensive international communication ecosystem and establishing a government-civil two-tier communication mechanism, ultimately forming multi-dimensional communication channels and journalistic styles with Chinese characteristics, along with a narrative framework, to make Chinese culture an integrated part of the world culture.

Keywords: Chinese culture, international communication, upholding integrity and seeking common ground

中华文化的五千年发展史源远流长,以开放包容的胸怀与世界文明交流对话,为人类文明的进步作出了巨大贡献。在当下世界百年未有之大变局下,文明交流互鉴再次以其深刻内涵成为一个新的全球性话题。

党的二十大报告强调,要增强中华文明传播力影响力,要"坚守中华文化立场,提炼展示中华文明的精神标识和文化精髓,加快构建中国话语和中国叙事体系,加强国际传播能力建设,全面提升国际传播效能,形成同我国综合国力和国际地位相匹配的国际话语权。深化文明交流互鉴,推动中华文化更好走向世界"①。2024 年国务院《政府工作报告》也指出,要深化中外人文交流,提高国际传播能力。②

上述报告的话语内涵说明了三个基本问题:一是在当前国际环境下,全球文化交流呈现前所未有的复杂性和严峻挑战。中华文化的国际传播力和影响力已经不仅仅是一个单纯的文明交流问题,而是一个事关中华文明复兴和民族发展的政治问题。二是中国需要向世界(尤其是西方社会)阐明中华文化从根本上说是一种崇尚谦和包容、追求和平发展的文化,并需要推动全球认同。三是中华文化的国际传播力有待提升,远没有达到应有国际传播效能,因为中华文化在国际传播中尚存在诸多被误解、歪曲的"失真"现象。

针对这样三个问题,本文认为先要梳理中华文化的延续性文脉和整体性内涵及特性,探讨中华文化国际传播"走出去"的"应然"和"实然"的挑战,这样才能有效探索中华文化融入世界文化的共通模式和机制,使之成为世界文化重要组成部分,同时也能提升中华文化的传播力和影响力。

---

① 习近平.高举中国特色社会主义伟大旗帜为全面建设社会主义现代化国家而团结奋斗:在中国共产党第二十次全国代表大会上的报告[EB/OL].(2022-10-25)[2024-03-10].https://www.gov.cn/xinwen/2022/10/25/content_5721685.htm.

② 最全!50 个动态场景看 2024《政府工作报告》全文[EB/OL].(2024-03-05)[2024-03-09].https://www.gov.cn/yaowen/liebiao/202403/content_6936260.htm.

一、中华文化的延续性文脉和整体性内涵

中国是一个拥有56个民族的统一的多民族国家，各族人民共同铸就了璀璨夺目的中华文明。中华文化既是包含五千年历史的老文化，又是具有延续性的现代文化，也体现了中国56个民族的文化整体性。

2023年6月，习近平总书记在文化传承发展座谈会上，提出了中华文明五个突出特性——连续性、创新性、统一性、包容性、和平性。[①]中华文化的连续性主要彰显了中华文化的标本，体现为中华文明历史悠久；创新性则展示了民族振兴的灵魂，体现为中华文明能不断创新和创造；统一性坚定了华夏文明的信念，体现为中华文明在时间和空间上统一性；包容性阐明了文明互鉴的结晶，体现为中华文明通过交流融合形成了多元一体；和平性昭示了持续发展的法宝，体现为中华文明历来倡导和平、和睦、和谐，主张以道德秩序构造一个群己合一的世界。[②]

本文认为中华文化在国际传播过程中，尤其需要梳理好基于五大特性的两个特色，即延续性文脉和整体性内涵。这对中华文化应对复杂多变的国际格局，提升传播力影响力，显得尤其重要。

(一)中华文化的延续性，体现在对传统文化元素的继承和新时代对历史元素的诠释和发展上。中华文化跨越五千年历史，形成了一个多元而延续的文化体系，构建了中华文化的独特文脉

基辛格在《论中国》一书中写道："中华文明不是作为一个传统意义上的民族国家，而是作为一种永恒的自然现象在历史上出现。"[③]在中国五千年历史长河中，发展历程跌宕起伏、战乱频繁，政权更迭无数。但中国朝代无论如何更替，中华文化的文脉从未断裂，中华文化精神得到不断演化、始终保持着核心理念和价值观念，如中华文化的奋斗精神。习近平总书记指出："我们的国家，我们的民族，从积贫积弱一步一步走到今天的发展繁荣，靠的就是一代又一代人的顽强拼搏，靠的就是中华民族自强不息的奋斗精神。"[④]

---

① "中华文明的突出特性"系列述评[EB/OL].(2023-06-14)[2024-03-10].https://www.12371.cn/2023/06/14/ARTI1686710191455529.shtml.

② 王杰，王志伟.五大文化特性奠立了中国特色社会主义道路的气派[J].湖南社会科学，2023(4):8-14.

③ 基辛格.论中国[M].胡利平，林华，杨韵琴，等译.北京：中信出版社，2015:1.

④ 习近平关于实现中华民族伟大复兴的中国梦论述摘编[EB/OL].[2024-03-12].https://www.12371.cn/special/xjpzyls/zgmls/4/.

事实上，中国文化的奋斗精神观念在中国历史上早已有之，后羿射日、大禹治水、愚公移山等传统文化故事就彰显出中华文化顽强拼搏、战天斗地的奋斗精神。[①] 中华文化的奋斗精神也体现到中国共产党百年奋斗的历史中，因为我党也是靠着一种"不信邪、不怕鬼、不怕压"的斗争精神才推翻了三座大山，建立了新中国。因此，这种奋斗精神是中华文化自信自立、坚韧不拔的品质，为中华文化的延续性文脉提供了坚实基础，不仅塑造了中华文化的基本文脉，也逐渐积累成为文化遗产。[②]

中华文化的延续性文脉还表现出一种动态的稳定性。这种稳定性是一种在不断变化中保持连续性的能力。文化必须能够被大众所掌握，才能延续；中华文化发展史实际上反映了中华文化的积累与再现。例如，在哲学思想方面，儒家思想自孔子时期开始，经过两千多年的演变，虽然各个时期的儒家学派有所不同，但其核心理念如仁、礼、孝、智等始终贯穿其中，形成了中国社会的伦理基石。"己所不欲，勿施于人"至今仍是中国的道德理念和崇尚的精神。

在公元200年形成的基础汉字，经过两千多年的延续和演变，至今仍被广泛使用。源于中国汉字的中国的书法艺术，从甲骨文、金文到篆书、楷书，每一种字体的变化都反映了其时代特征，同时保留了传统书法的精神内核。从两千年前开辟的丝绸之路到今天中国发出"一带一路"倡议，再次证明了中国文化协和万邦、亲仁善邻、立己达人的处世之道，与当今时代和平、发展、合作、共赢的时代潮流相呼应。[③]

这也是中华文化长期以来与世界互动的延续性。每次中华文化在与世界文化交流时，"都促进了中华文化的重构与新生，并始终展现中国特色、中国风格、中国气派，同时拥有文化自觉、文化自信和文化主体性，并在历史演进中掌握文化延续的主动权"[④]。

（二）中华文化的整体性内涵，涵盖了中华文化的多元化、包容性和和平性

习近平总书记提出的中华文明五大特性——连续性、创新性、统一性、包容性以及和平性体现了中华文化整体性内涵的丰富性。中华文明是在五千多年的历史中经由

---

① 罗红杰.中国共产党斗争精神的生成逻辑、科学内涵与弘扬路径[J].江西财经大学学报，2024(1)：5.

② 曹倩.浅析中华民族奋斗精神之生成逻辑[J/OL].(2023-05-04)[2024-03-10].https://baijiahao.baidu.com/s?id=1764941956397492420&wfr=spider&for=pc.

③ 中华人民共和国国务院新闻办公室.共建"一带一路"：构建人类命运共同体的重大实践[R/OL].(2023-10-10)[2024-03-01].https://www.gov.cn/zhengce/202310/content_6907994.htm.

④ 瞭望丨习近平总书记这样谈中华文明的连续性[EB/OL].(2024-02-19)[2024-03-11].https://www.moj.gov.cn/gwxw/ttxw/202402/t20240219_494786.html.

地理层面的交错杂居、社会层面的相互交往、经济层面的相互依存，由中国各民族所共同书写、共同创造和共同累积的文明。[①]

中华文化的多元化，主要表现在其广泛吸纳并融合不同民族、不同地区文化传统与习俗上。例如，中国的节日庆典和风俗习惯，不仅仅局限于某一个民族，也包含了多民族的特色和传统，共同构成了丰富多彩的中华节庆文化。2024 年央视龙年春晚中，各个分会场为观众带来的节目，都具有典型的地方和民族特色，共同构成了普遍的中国文化特征，既有中华民族共同体文化要素，又是古老文化与现代文化的有机结合。

当然，中华文化之所以能够拥有整体性，主要源于中华文化的包容性。中华民族自古多元一体，各民族之间的交往交流交融是中国历史发展的主要脉络之一。[②]从国际传播角度看，中华文化的包容性不仅仅体现在对内部各民族文化的吸纳上，还能有效接纳和融合外来文化。历史上，源于印度的佛教传入中国，就在中国经历了一个由外来宗教到融入中华文化的过程，更是在中国形成了“道根儒茎佛叶花”的儒释道融合。这也说明中华民族的成长发展过程，不仅仅是一个汉族与周边少数民族包容与融合的过程，也是中华民族吸收其他国家与民族文化的过程。[③]到了近代，马克思主义传入中国后，也与中华优秀传统文化有机结合，形成了马克思主义中国化时代化的发展，指导中国革命和建设取得了成功，并在马克思主义中国化时代化理论指导下，有效推进了中国式现代化建设并取得了前无古人的伟大成就。

一个具有整体性和包容性特色的文化，必然也具有和平性的特征。尚“和”是中国精神文化虽经几千年流变但始终不弃的基本传统。[④]从历史发展角度看，中华文化的尚“和”传统可以追溯到古代思想体系和社会实践中。古代“和而不同”的理念，通过礼仪规范和道德来实现社会秩序的维护和人与人之间的和谐相处，影响了中国古代社会的方方面面，成为中华文化的核心价值之一。在历史发展过程中，虽然也经历了许多战乱和动荡，但和平的理念始终贯穿于中华文化发展中，成为中华文明的重要特征之一。1949 年中华人民共和国成立以后，始终奉行独立自主、和平发展、互利共赢的外交政策，致力于维护世界和平与稳定，建设和谐社会，推动构建人类命运共同体，社会长期稳定、经济平稳发展都是中华文化中和平性的体现。

---

① 廖永林，崔发展.习近平文化思想对中华文明、中华文化和中华文脉的阐释与创新[J].海南大学学报(人文社会科学版)，2024，42(4)：20-27.

② 黄志繁，林翠霞. 从三个历史维度看中华民族的文化自信[J].江西师范大学学报(哲学社会科学版)，2024(1)：18.

③ 邴正.中华文明的包容性与文化认同[J].教学与研究，2024(1)：17.

④ 龚天平，赵艳艳.中华文明和平性：中国式现代化的重要伦理支撑[J]. 江苏社会科学，2023(5)：14.

以上分析表明,中华文化之所以能够延续至今,依靠的是其厚实的历史底蕴、动态稳定的文化精神和发展模式,以及植根于中华文化的社会制度和生活方式。这种延续性不仅是中华文化自身的一个重要特征,也是其在世界文化舞台上独树一帜的重要原因。这也佐证了古老中华文化何以能够跨越时空,继续在全球化的大背景下发挥其独特的影响力,充分展现了一个古老文明的生命力和魅力。在数字化、文明交融和文化交流的今天,中华文化理应拥有广阔的国际传播前景,拥有与大国地位相匹配的传播力和影响力。

二、中华文化国际传播面临的挑战

鉴于中华文化的延续性文脉和整体性内涵,中华文化的国际传播“顺理成章”地应在世界多极化和数字化时代拥有影响力和传播力。但应该承认,国际传播场中“西强东弱”态势没有得到实质性扭转,中华文化国际传播还面临着诸多历史和现实的挑战,中华文化的国际传播力还不够强大。

在大部分情况下,世界对中华文化的认知主要还停留在中国美食、传统服饰等话题上。中国文化的延续性文脉和中华精神没有在国际传播中充分展示,古代中国与现代中国还存在严重割裂的“失真”现象。与此同时,受美国媒体为首的西方媒体带有意识形态偏见宣传和所谓“普世价值”舆论导向影响,关于中华文化内涵和奋斗精神的国际传播趋向碎片化,中华文化的整体性内涵无法得到全面呈现,多元化、包容性和和平性的中华文化在国际传播场经常被断章取义,割裂和失真现象还较为突出。这些在很大程度上严重制约了中华文化在全球范围内的传播力和影响力。

(一)中华文化当下的国际传播未能体现中华文化的延续性

上文已提到,中华文化有着丰富的延续性文脉。一言蔽之,中华文化应包含中华优秀传统文化、我党和人民伟大斗争中孕育的革命文化和社会主义先进文化。①这三者是一个有机整体,也是中国人民在5000年发展中孕育出的中华特色文化。当前中国文化的国际传播现状则未能体现这三者的结合,导致中华传统文化与中华现代文化割裂。由于文化延续性文脉的割裂,国际舆论场中经常把“中华文化”与“中国传统文化”“中国古代文化”混为一谈,中华文化的现代性和先进性经常被忽视。

---

① 张国祚.中国特色社会主义文化优势的三大支点[EB/OL].(2017-10-12)[2024-03-10].http://www.qstheory.cn/dukan/hqwg/2017-10/23/c_1121842136.htm? spm=zm5062-001.0.0.1.tdEcYU.

首先,目前这样的现象主要体现为中华文化价值观传递的相对弱势。本文以“Chinese Value”作为关键词,在Meltwater全球社交媒体数据库2023年的媒体新闻、自媒体帖子中开展内容搜索,共搜到3620条内容,其中,负面内容占13%,正面内容占9.8%,负面比例高于正面比例,显示出中国价值观在国际传播场的相对弱势。而“一个民族、一个国家的核心价值观必须同这个民族、这个国家的历史文化相契合,同这个民族、这个国家的人民正在进行的奋斗相结合,同这个民族、这个国家需要解决的时代问题相适应”[①],即如果中国的价值观在国际传播中的负面信息较多,说明中国文化国际传播尚不健全。这可能直接导致了“有理说不出、说了传不开”的格局。[②]

其次,国际传播场上,中华文化表现形式未能体现中华文化延续性。在视觉文化时代,文化传播更多依靠影视作品等视觉作品呈现。当前,中国电视剧产量世界第一,电影产量也稳居世界前列,[③]国内涌现了大量优秀的影视作品。要让这些作品有效地在国际传播中呈现中华文化延续性,同样面临巨大挑战。例如,2019年中国电影票房榜亚军《流浪地球》在国内的票房高达46.7亿元,在北美的票房却仅有587万美元。[④]而武侠片《卧虎藏龙》在北美票房则高达1.28亿美元。[⑤]如果说《卧虎藏龙》作为一部武侠电影,能够满足北美观众对于功夫、东方的好奇心而取得成功,那与好莱坞灾难片类似的《流浪地球》本应该拥有更好的票房和好评。这种差距说明国际传播中对中华文化延续性理解的差距。相比之下,同是发展中国家的印度,依靠其全球知名的宝莱坞的电影,向世界呈现的是一个既有传统又有现代文化的印度。因此,如果不能将中国当代文化和古代文化在海外开展有效传播,那么,中华文化可能无法成为“守正”的文化。

最后,当前中华文化海外传播的深度也不够,多停留在“术”的层面,未能上升到“道”的层面。本文通过网络爬虫在YouTube网站上搜索以“Spring Festival”作为标题关键词的视频,共得到437条结果,但这些视频多数只是关于中国春节的介绍,有戏剧、绘画、歌舞等艺术内容,也有冰雪娱乐的当代文化项目,但应该承认这些视频只是在传播中华文化的符号本身,而较少讨论中华文化符号背后的现实逻辑和文化价值,没能用合适的艺术方式去传播中华文化背后蕴藏的奋斗精神、先进性和传承性,未能做到真正意义上的文化守正。

---

① 中共中央宣传部.习近平新时代中国特色社会主义思想学习问答[M].北京:学习出版社,人民出版社,2021:307.

② 中国新闻社.创新国际传播讲好中国故事[J/OL].(2023-10-01)[2024-03-10].http://www.qstheory.cn/dukan/qs/2023-10/01/c_1129890464.htm.

③④⑤ 胡建礼.中国影视作品的海外传播策略与发展方向[J].中国文艺评论,2021(12):24

(二)以美国为首的西方媒体和国际舆论环境对中国文化的失真歪曲和碎片化呈现,导致中华文化整体性受到挑战

自第一次世界大战的“战争宣传”至今,对于假想敌或理念上被认为有威胁的对手的恶意宣传一直是西方国家在国际舆论场上建构软实力的重要一环。不论是“安全困境”“债务陷阱”还是“修昔底德陷阱”,都是西方社会在现代舆论博弈中真实的国际话语或经验总结,所以西方面对中国这样一个拥有不同社会治理制度和独立文化体系的国家,主观上在国际舆论场会倾向歪曲、诋毁中华文化的善意和内涵。

首先,在二元对立的逻辑下,西方的宣传机器更愿意把与西方文化不同的中华文化的碎片内容与西方文化整体对立,尤其把当代中国的价值观和奋斗精神与西方所谓“普世价值”割裂和对立。工业革命以来,西方大国崛起无一例外都是通过殖民和战争获得大量财富。为了掩盖殖民历史,西方国家痴迷于在意识形态层面将其政治主张道德化,并对非西方意识形态“污名化”,以此占领道德制高点和舆论高地。[①]当下,“普世价值”作为其意识形态的话语,利用“民主”“人权”等价值观,开展文化输出,以达到“现代化=西方化”的目的。美国学者塞缪尔·亨廷顿指出,“普世文明”的概念是西方文明的独特产物,“普世主义”是西方对付非西方社会的意识形态。[②]而随着中国因为和平发展综合国力不断提高,既宣告了“现代化=西方化”的破产,又让西方国家“普世主义”的宣传遭遇现实失败,同时,西方社会根深蒂固的偏见心理使他们对历史悠久、蒸蒸日上的中国的抹黑达到了空前地步,并使出各种手段诋毁中华文化的精髓和内涵。

其次,受到冷战思维影响,西方宣传机器对于一切非西方文化形式始终保持戒备心理,不遗余力造谣和歪曲事实。他们把中华文化的整体内涵与我党的革命文化和社会主义先进文化对立起来,不断制造各种“中国威胁论”。西方媒体在报道“一带一路”倡议时,不惜采用“制造身份对立”“恶意攻击合法性”和“夸大臆造风险”三种“话语操纵”模式,偷换概念、放大偏见。[③]美国的《国家安全战略报告》曾对华持相对友好态度,如,2015 年《国家安全战略报告》表示:“美国欢迎一个稳定、和平、繁荣的中国的崛起。我们寻求发展一个与中国建立建设性关系,造福两国人民,促进安全以及亚洲和世界

---

① 魏志奇.世界百年未有之大变局下的意识形态风险及其防范[J].马克思主义研究,2022(7):133.

② 中共中央宣传部.习近平新时代中国特色社会主义思想学习问答[M].北京:学习出版社,人民出版社,2021:307-308.

③ 胡悦,王昌松,赵梓涵.国际媒介场域中的对华“话语操纵”:基于“一带一路”负面报道的话语分析[J].吉林大学社会科学学报,2023(6):188.

的繁荣。"[①]但到2017年,美国《国家安全战略报告》则把中国视为对手,并使用"修正主义"这样的词汇指代中国,把中国视为潜在对手。[②]美国政客和主流媒体对中国的态度也发生了扭转,把维护世界秩序的中国视为规则破坏者,自己则扮演"受害者"。

这样的政治扭曲不单纯拥有政治影响,在文化层面也会带来严重后果。2018年以来的美国国务卿涉华演讲都通过凭空捏造"事实"把中国共产党与中国人民对立起来,妖魔化中国共产党与中国政治体制,否认当代中国的和平外交政策,否认中国共产党带领中国人民取得的成就,歪曲中国传承的和平文化以及中华民族作为一个有机整体所蕴含的和合文化。中华文化具有其他文化所没有的开放性和包容性,今天日益强大的中国并没有改变这种文化精神的本质,但人们在西方国际话语占强势主导地位的情况下会选择忽视和不信任。[③]

(三)我国的国家心态和文化自信程度也影响了中华文化延续性和整体性的传播力和影响力

2014年,继提出理论自信、制度自信、道路自信后,习近平总书记又提出了"文化自信",并指出"文化自信,是对自身文化价值的充分肯定,是对自身文化生命力的坚定信念"。[④]在中华文化走向世界的过程中,文化自信越发重要。坚定文化自信的前提,是中国对于中华文化的国家心态要与中华文化本身有效匹配。

如果说当前海外传播在内容上展现中华文化延续性文脉、西方社会和媒体妖魔化中国导致中华文化整体性受到挑战是外部要素的话,那我们未能树立起坚定的文化强国心态则是一个内部要素,且严重影响了中华文化延续性和整体性的有效国际传播。这种强国心态缺失首先体现在对中华文化传播的浮躁心态上。例如,急功近利的资本把影视业视为淘金地、名利场,在一些人粗制滥造之下,堆积出"一日游"式的"泡沫"等。[⑤]这种浮躁的国家心态显现的是把文化事业当成了追求利润的工具,而忽略了其背后的真正文化底蕴。这在一定程度上导致了目前中华文化海外传播的一些困境和挑战。

---

① National Security Strategy 2015[R/OL].(2016-02-06)[2024-03-11].https://nssarchive.us/national-security-strategy-2015/.

② National Security Strategy 2017[R/OL].(2017-12-08)[2024-03-11].https://nssarchive.us/national-security-strategy-2017/.

③ 郭可,王宁.新时代国家形象塑造及全球传播路径反思[J].中国新闻传播研究,2018(1):23.

④ 习近平的"第四个自信"[EB/OL].(2014-12-26)[2024-03-01].http://cpc.people.com.cn/n/2014/1226/c64094-26280109.html.

⑤ 路侃.浮躁心态:建设文化强国的大忌[J].人民论坛,2018(10):128.

其次,文化强国心态的缺失也体现在盲目排斥外来文化上。中华文化是包容性的文化,中国人民是具有包容心的人民。但在国际舆论场域中,当面对西方文化时,我们有时尚存“弱国”思维。例如,当中国传统节日在海外获得广泛欢迎时,我们会自豪;当谈及西方一些流行节日时,不少民众就轻易将它们定性为“文化入侵”。这样强烈的对比导致了民众不能够全面理解强国文化的包容性,而这种现象则容易被海外宣传机器再次利用,形成对中华文化国际传播的“二次扭曲”。

最后,与盲目排斥外来文化相对的是,文化强国心态的缺失也表现在盲目崇洋媚外上。受到历史原因和西方媒体宣传的影响,我国部分民众无视中国人民的“奋斗精神”,并与“文化劣根”混为一谈。例如,近年来,西方不断用文化渗透的方式来影响我国大众,尤其是价值观尚未完全形成的年轻群体,他们往往会在选择中出现偏差。[①]如果说盲目排外所表现出的文化现象歪曲了中华文化的包容性,那么崇洋媚外则彻底否定了中华文化当代的活力,这样的影响会辐射到制度自信,无法实现中华文化延续性和整体性的国际传播的效能和影响。

三、中华文化国际传播影响力提升路径:守正与共通

延续性被破坏,整体性被歪曲,对中华文化的影响力和传播力已经产生了严重影响。要提升中华文化的国际影响力,需要摆正对中华文化的心态,努力纠正海内外民众对中华文化的错误认知。

简而言之,需要以守正的思维和心态为基础,以共通的机制和全球话语为抓手,提升中华文化的国际传播能力,提升中华文化的影响力。在移动互联网时代,要进一步强化国家叙事,自信且完整地讲述中华文化的辉煌历史和当代中华文化的现实价值。

(一)守正中华文化本源,强化对中华文化的延续性和整体性的理论和哲学凝练,形成共通话语叙事,让中华文化走向世界民众

习近平总书记指出:“中华文明是在同其他文明不断交流互鉴中形成的开放体系。”[②]在当前还未能完全把中华文化延续性和整体性开展国际表达的阶段,需要首先强化对中华文化的全面和正确的认识,反对文化虚无主义,也反对文化复古主义,逐步改变海内外民众对于中华文化的刻板印象。

---

① 刘云龙,谭利佳.自媒体视域下大学生文化自信的缺失、归因及提升[J].现代商贸工业,2021(14):96.

② 王学典.深刻理解中华文明突出的包容性[N].人民日报,2023-08-07(9).

中华文化是一个延续五千年、包含丰富内涵的文化体系，它在历史上对世界文明产生过深远影响。在全球化背景下，对于中华文化延续性和整体性守正的价值更加凸显。因此，让中华文化走向世界，就需要强化对中华文化的延续性和整体性的理论和哲学凝练。这种凝练是基于古丝绸之路开辟等能够展现出中华和合文化等历史事实和如今人类命运共同体理念的具体实践，反应在中国政治哲学上的凝练，从而映射出中华文化的延续性内涵，进而守住中华文化的本源。同时，需要以 56 个民族的中华文化作为整体，通过和合文化的视角，全面阐述中华文化包容性和和平性；以历史辉煌和当代成就的国家叙事去影响海外民众的观念和认知；把中国人民五千年奋斗史与中国当代的伟大成就有机结合，引导海外民众对中国文化产生敬重心态，进而传播中华文化核心价值。

人类容易倾向于认同已经认同的事物，排斥自己不认同的事物。①在西方主导的全球传播体系下，属于非西方文明的中华文化，要打破“东方仍由西方来表述”的困境，就需要打破全球传播中目前二元对立的话语范式，通过“人类命运共同体”这样的理论，来体现中华文化的包容性与和平性。这种包容性不应是东方与西方的包容，而是把中华文化作为世界文化的重要组成部分。中华文化与世界文化具有共通的价值，以关系理性代替西方的个体理性。②

（二）主流国际传播渠道需要改变宣传思维，形成中国特色的报道风格和叙事框架

在当今全球化信息传播时代，我国主流国际传播渠道在塑造国家形象、推广文化价值观以及引导社会舆论方面扮演着至关重要的角色。为了向世界展示中国的独特魅力与卓越成就，中国迫切需要改变目前或多或少还存在的宣传思维，形成具有中国特色的报道风格和叙事框架。

和而不同的社会观是中华和合文化在社会治理领域经过实践而形成的观念体系。③叙事框架的中国特色，本身就是能够引起全球受众的共鸣和关注的叙事特色。从话语层面，中华文化的国际传播策略需要采取多元化和包容性的语言策略，并以内外话语共通的方式传播中华文化。内外有别的传播实践一直是中国对外传播的理念，④但随着深度媒介时代的到来，文化符号对内和对外传播的界限已经变得模糊。

---

① 郑永年，杨丽君.如何叙述中国的“另一种制度选择”[J].青年探索，2012(4)：9.

② 郭可，郑闯，涂心湄. 中国特色共通话语范式的理论内涵和建构路径[J]. 新闻与写作，2021(10)：34.

③ 徐国亮，薛伟.习近平文化思想视域下中华优秀传统文化国际传播的四重维度[J].浙江工商大学学报，2024(5)：40.

④ 郭可，郑闯，涂心湄. 中国特色共通话语范式的理论内涵和建构路径[J]. 新闻与写作，2021(10)：35.

因此，中华文化的国际传播应着重于建立共通点，通过强调中华文化与不同文化之间的共性，来促进文化认同。

在国际传播主体层面，主流媒体虽然是我国国际传播主力，但仍然需要其他非媒体部门配合，才能够达到国际传播主体间共通传播的目的。例如，我国国际传播效能评估机制的建立，就需要跨部门协同。但现有的评估结果大都是由学术界发布的，如高校、智库发布的白皮书、研究报告等，还没有在国家层面形成统一全面的评估机制和反馈体系。①

(三)树立文化强国心态，强化中华文化民间叙事力度，建立“官方-民间”共通传播机制，立体拓展中华文化的整体国际传播渠道

强国心态建立在国家发展成就和文化自信之上。随着中国在世界舞台上的崛起，国际传播更需要展示这种强国心态。这不仅是国家力量的体现，也是国家文化软实力的展示。这种心态需要融入国家叙事中，展现出中国不仅在经济和技术领域取得巨大进步，其文化理念也在全球范围内产生广泛影响。以开放姿态开展国际文化交流，不仅可以提升中华文化的国际地位，还能够促进不同文化之间的互相理解和尊重。

树立强国心态，需要认识到文化归根结底是民众的文化。民间叙事，作为一种从基层出发的文化传播方式，不仅增强了文化传播的真实性和多样性，而且通过个体的生活经验和视角，使得文化传播更为生动和接地气。中华文化国际传播力需要融合对外交往促进会、国际组织、国内民间组织和民间资本等一切民间力量来共同打造，避免官方渠道与民间机制割裂，这样才能实现官方-民间整体性和内外联动，才能有效打破西方社会扭曲和割裂中华文化延续性和整体性的企图。

而这意味着需要用战略眼光看待国际传播的生态建设，采用战略视角对国际传播进行综合规划，从内容创造、传播渠道、受众接受和反馈等多个方面筹划和设计；在推广中华文化的同时，也要考虑到全球文化多样性的维护和推广。必须认识到，中华文化作为世界文化的一部分，应该在尊重其他文化的基础上进行传播，推动世界不同文化的交流和互鉴。

总之，做好中华文化国际传播，需要战略性的规划和整体性的努力。这不仅要有民族自信和包容谦和的内在建设，也要有国际的传播生态系统建设等外在建构；不仅要讨论如何有效推广中华文化，还要考虑如何促进全球文化的交流和理解，恢复中华

---

① 郭可，王宁. 新时代国家形象塑造及全球传播路径反思[J]. 中国新闻传播研究，2018(1)：26.

文化在世界文化中应有的地位和形象。

〔郭可，上海外国语大学新闻传播学院二级教授，上海外国语大学中国国际舆情研究中心主任；姜绳（通讯作者），上海外国语大学贤达经济人文学院党的创新理论研究中心副教授，上海外国语大学中国国际舆情研究中心科研助理〕

〔特约编辑：付晓光〕

以符号为方法:提升中华文化在青年群体中的传播力影响力*

Using Symbols as a Method: Enhancing the Communication Influence of Chinese Culture among Youth Groups

◎ 漆亚林 孙鸿菲

Qi Yalin Sun Hongfei

摘要: 青年是社会活力人群,是一个国家和民族高质量发展以及构建人类命运共同体的主力军。如何增强中华文化在青年群体中的传播力和影响力是新时代中国文化建设的必答题。本文旨在以符号为方法,考察中华文化传播的基本逻辑、主要特征及其提升青年传播能力与增强青年国族认同的新理念、新问题和新作为,促进传播主体坚持文化自信、开放包容和守正创新,担负起"新的文化使命"。通过"两个结合"的理论与实践增强中华文化主体性,铸牢中华民族共同体意识,拓展文化共意空间,是提升中华文化在全球青年中的传播力和影响力的重要路径。通过基于技术话语创新的地域空间符号、日常生活符号、精神活动符号、历史遗产符号的生产与再生产,拓展中华文化标识的意涵,减少"此在"与"遍在"社会网络中的文化折扣,构建青年的共同认知空间,是提升中华文化青年传播力影响力的有效方法。

关键词: 文化符号;中华文化;文化传播;青年群体

Abstract: Young people are the vitality of society and the main force for the high-quality development of a country and a nation and the building of a community with a shared future for mankind. How to enhance the communication power and influence of Chinese culture in the youth group is the necessary answer for the construction of Chinese culture in the new era. The purpose of this paper is to investigate the basic logic and main characteristics of

* 本文系国家社会科学基金一般项目"一体化战略视阈下媒体融合的现实困境与实现路径"(项目编号:19BXW030)的阶段性成果。

Chinese cultural communication, as well as the new ideas, new problems and new actions to enhance youth communication ability and enhance youth national identity, so as to promote the main body of communication to adhere to cultural confidence, openness and inclusiveness, integrity and innovation, and shoulder the "new cultural mission". Strengthening the subjectivity of Chinese culture, building the common consciousness of the Chinese nation and expanding the space of cultural common interest through the theory and practice of "two combinations" is an important path to enhance the communication power and influence of Chinese culture among young people around the world. Through the production and reproduction of regional space symbols, daily life symbols, spiritual activity symbols and historical heritage symbols based on technological discourse innovation, it is an effective method to expand the meaning of Chinese cultural symbols, reduce the cultural discount in the social network of "here" and "everywhere", and build the common cognitive space of young people.

Keywords: cultural symbols, Chinese culture, cultural communication, youth group

一、引言

文化是国家之根、民族之魂，文明之源。习近平总书记多次强调，“文化关乎国本、国运”[①]。中华文化是“各民族优秀文化的集大成”，是“延续着我们国家和民族的精神血脉”。[②] 文化只有在坚守正统和创新发展的基础上进行跨域交往，才能成为全球共享的文明成果。因此，文化实现守正创新与跨域交往方能成为全球共享的文明成果，提升文化传播力和影响力是国族文脉赓续、文化赋能、文明昌达的进路。在 2021 年党的十九届五中全会通过的“十四五”规划建议中，“提升中华文化影响力”已成为极其重要的命题。2022 年 8 月中办国办印发的《“十四五”文化发展规划》将深化中外文明交流互鉴和提升文化贸易国际竞争力共同列为扩大中华文化影响力的两大着力点[③]。

① 习近平.在文化传承发展座谈会上的讲话[J].求是，2023(17)：4-11.

② 廖永林，崔发展.习近平文化思想对中华文明、中华文化和中华文脉的阐释与创新[J].海南大学学报(人文社会科学版)，2024，42(4)：20-27.

③ 中办国办印发.“十四五”文化发展规划[N].人民日报，2022-08-17(1).

文化的象征意义与实业功能成为国家文化战略的重要支点。党的二十大报告中首次将中华文明传播力影响力与国际传播能力放在一起进行表述,指出要"坚守中华文化立场,提炼展示中华文明的精神标识和文化精髓""加强国际传播能力建设""推动中华文化更好走向世界""增强中华文明传播力影响力"[①]。在2023年召开的文化传承发展座谈会上,习近平总书记在新的起点上提出新的文化使命,"继续推动文化繁荣、建设文化强国、建设中华民族现代文明"。[②] 据此可见,党中央进一步明确了文化建设的时代使命、操作关键与核心目标,凸显在"两个结合"的基础上促进中华文化高质量发展的中国方略、中国模式和中国道路的本质内涵。

中国是世界上唯一一个文明没有出现断层的国家,也是全球文明多样性的重要守护者。五千年的中华文化承载了丰富的历史文化遗产和深厚的民族精神,蕴含着独特而包容的道德观念和精神信仰,如"天人合一""和而不同""民为邦本""天下大同""敬业乐群""革故鼎新""亲仁善邻"等,这是我国文化软实力彰显的"基站"和原动力,是德国哲学家雅斯贝尔斯称之为两千多年前的"轴心文明",英国历史学家汤因比称之为人类历史上26个文明形态唯一从未断流的文明形态的主要凭借。冯友兰在《国立西南联合大学纪念碑碑文》中有言:"盖并世列强,虽新而不古;希腊、罗马,有古而无今。惟我国家,亘古亘今,亦新亦旧,斯所谓:'周虽旧邦,其命维新'者也。"[③]这是中国文化自信、道路自信并要赓续传承、发扬光大的历史依据。

青年是社会活力人群,具有年富力强、勇于探索以及成长性、时代性、创新性等代际特征,是一个国家和民族可持续与高质量发展的根基,是未来文明互鉴、构建人类命运共同体的主力军。青年在把握知识更新节奏和适应技术迭代趋势方面有明显的比较优势,在推动世界现代化过程中的地位和作用更加显而易见。可以说现代文明的发展与青年的发展有高度同构性,联合国在《到2000年及其后世界青年行动纲领》中把青年视为社会重大变革的推动者。[④] "从文化传播角度来看,中华民族现代文明建设的关键,是要面向青年群体讲好中华文明的生动故事、传播中华文明的精神内核、增进中华文明的青年认同。"[⑤]由于经济基础、生产关系和空间逻辑不尽相同,"此在"的空

---

① 习近平.高举中国特色社会主义伟大旗帜 为全面建设社会主义现代化国家而团结奋斗[M].北京:人民出版社,2022:45-46.

② 习近平.在文化传承发展座谈会上的讲话[J].求是,2023(17):4-11.

③ 冯友兰.三松堂全集[M].郑州:河南人民出版社,2000:154.

④ 张雪梅,吴炜生.中华民族现代文明建设中的青年力量及其审思与建构[J].中国青年社会科学,2023,42(6):11-24.

⑤ 张志安,吕伟松.符号、形态与场景:面向青年的中华民族现代文明浸润式传播[J].青年探索,2023,5:5-15.

间异质性与“遍在”的价值通约性存在矛盾与冲突，易于产生文化堕距现象。[①] 因此，要把马克思主义基本原理同中国具体实际和中华优秀传统文化相结合，通过“两个结合”的理论与实践增强文化自主性，拓展文化共意空间，这是提升中华文化在中外青年中的传播力和影响力的重要路径。然而受到地理空间、认知偏差、文化惯习等原因的影响，中华文化在全球青年群体中的传播还有巨大的提升空间。如何进一步发扬中华优秀文化在全球青年群体中的生命力、传播力与影响力是时代摆在我们面前的必答题。“文化无非是人的外化与对象化，无非是符号活动的现实化和具体化，其关键在于‘符号’。”[②]文化总是以符号的方式体现其可见性，因而本文旨在以符号为方法，考察中华文化传播的基本逻辑、主要特征及其提升青年传播能力建设，建构全球青年“和而不同”“美美与共”的文化交往图景与国族认同的新理念、新问题和新作为，促进传播主体坚定文化自信、开放包容和守正创新，担负起“新的文化使命”。

二、文化符号与传播的互构坚定文化自信

“文化”是什么？自古以来，不同学科领域的学者对“文化”一词给出了不同的框定。据不完全统计，目前已有超过 300 多种文化的辞屏命名。如人类学之父泰勒(1871)认为“文化是一个复合的整体，包括知识、道德、艺术、法律、信仰、风俗，以及人类在社会中所获得的一切能力与习惯”[③]；德国社会学家埃利亚斯在《文明的进程》中指出，文化是使民族之间表现出差异性的东西，它展现着一个民族或国家的自我与特色，因此不区分高低[④]。美国人类学家格尔茨曾强调，文化是指从历史上沿袭下来的体现于象征符号中的意义模式，是由象征符号体系表达的概念体系，人们以此进行沟通，延存和发展他们对生活的知识和态度[⑤]。

中国文化源远流长，关于“文化”一词的最早表述始于被誉为中国“群经之首”的《易经》，当时“文”和“化”是分开使用的。一直到西汉，“文”与“化”逐渐合成一个词来使用。“文化”一词在汉语言系统中原本的意思是指以文教化，体现的是行为养成的过程。中国学者梁漱溟先生又对文化的内涵做了独特的解释，他认为：“文化不过是民族

① 陈文泰.“此在”与“遍在”：跨文化传播间性审思的两个向度[J].编辑之友，2023(11)：99-106.

② 阮静.中华文化代表性符号的特色与时代价值[J].中南民族大学学报(人文社会科学版)，2024，44(2)：81-86，184-185.

③ 泰勒.原始文化[M].连树声，译.桂林：广西师范大学出版社，2005：1.

④ 埃利亚斯.文明的进程：第一卷[M].北京：生活·读书·新知三联书店，1998：10.

⑤ 格尔茨.文化的解释[M].纳日碧力戈，等译.上海：上海人民出版社，1999：103.

生活的样式。"[①]有学者进一步深化了文化的种差属性,认为文化是一定群体所共同创造和传承的以语言符号、风俗习惯、伦理规范等为载体和表现形式,反映着群体的思维方式、价值观念、精神追求的价值意义系统。而文化则主要集中于对特定社会群体所共同拥有并传承发展的思想观念、价值规范和精神追求等精神层面的表达,其主要与国家和民族的"灵魂""纽带",民族共有的"精神家园",汇聚人心民力的"强大力量"等词语相连。[②] 无论是西方学者还是中国学者对于文化的命名都体现出文化的复杂性、包容性、派生性和交叉性及其与符号传播的互构机制。"文化"这种从自然耕作提升为精神层面的历史语义变化,其过程所反映出来的习俗、信仰和价值等,显示了人类活动范围的某种迁移和对自身历史性认识的升华,并表现为利用或物化产品的生产与再生产以及探索精神产品和意义的生产与再生产[③],中华文化就反映了中华民族数千年的思想观念、人文精神、价值追求、道德规范的历史蕴藉与时代内涵,通过符号传播形成个体与集体记忆。

作为社会表达和认知建构的文化符号与传播具有密切的互构关系,它们相互作用,共同构建和塑造人类的社会和文化环境。符号不仅是信息的载体、意义的表达者,也是文化传承的重要工具。"卡西尔曾把人定义为符号的动物,因为符号化的思维和符号化的行为,是人类生活中最富于代表性的特征。"[④]在文化传播的过程中,符号作为一个国家和民族历史文化的基因和代码,通过不断地传递、迁移、融合,得以延续与发展。现代符号学的奠基人索绪尔认为,任何符号都包括"能指"和"所指","能指"是一个有形有体的存在物,可以是文字、声音或形象,"所指"是指语言所反映的事物的概念,能指和所指结合的过程是意指,即意义建构与指涉的过程,符号就是意指系统。美国哲学家、逻辑学家皮尔斯则更强调符号与传播的互动,他认为,符号是某人用来从某个方面或关系上代表某物的某种东西[⑤],任何符号都由再现体、对象与解释项这三项所构成。符号的意义并不存在于符号结构之中,而存在于解释者与发送者之间的传播

---

① 梁漱溟. 东西文化及其哲学[M].济南:山东人民出版社,1989:25.

② 廖永林,崔发展.习近平文化思想对中华文明、中华文化和中华文脉的阐释与创新[J].海南大学学报(人文社会科学版),2024,42(4):20-27.

③ 王晓路.西方文论关键词 文化批评[J].外国文学,2014(3):96-104,159.

④ 卡西尔.人论:人类文化哲学导引[M].甘阳,译.上海:上海译文出版社,2013:46-47.转引自:何努,武钰娟.国家社会象征图形符号系统理论框架:国家社会象征图形符号系统考古研究之一[J].南方文物,2021(1):30-34.

⑤ 薛可,梁海. 基于刻板思维的国家形象符号认知:以《纽约时报》的"西藏事件"报道为例[J]. 新闻与传播研究,2009,16(1):13-18,107.

过程中[①]。换言之，任何事物只要独立存在，并和另一种事物有联系，而且可以被“解释”，那么它的功能就是“符号”。这一定义涉及符号，不同于符号的他物（客体对象），主体人对符号所作的感知、解释或认知（解释项）这三个元素的互动关系。从符号到对象客体再到解释项，构成了符号认知的一个相对完整的过程，即符号过程。但这个过程不是封闭的，而是一个可以延续、递进、发展的开放过程[②]。可以说，索绪尔对于符号问题的研究基本上局限于语言符号，皮尔斯对符号问题的探讨扩展应用到各种符号现象，并将其与传播过程联系起来，从而建立了全面意义上的符号学体系。

文化符号具有质的规定性，它是指在特定语境中，用于传递信息和表达意义的媒介或工具，它是具有某种特殊内涵或者特殊意义的标识，是一个民族或一个国家历史文化沉淀下来的独特文化的重要载体和形式，是文化元素的重要组成部分[③]。文化符号被同一文化群体的成员所承认，由复杂意义的语言符号、图案和物体等象征符号形成共意生产空间。由于来自一个文化的标志经常被其他文化所模仿，所以它位于文化成分的最外层[④]。文化符号主要由场景、产品、建筑等物质符号，习俗、信仰、价值等精神符号以及生活模式、行为习惯、礼仪动作等行为符号系统构成。有学者将中国文化符号分为人物形象、哲学观念、艺术形态、自然资源、生活方式、人文资源六大类。另有学者认为中华文化符号可以分为象征性符号、生活符号、艺术符号以及思想符号四个类别[⑤]。考虑到青年群体的代际特征，本文将中国文化符号主要分为地域空间中的文化符号、日常生活中的文化符号、精神活动中的文化符号、历史遗产中的文化符号。事实上，文化符号建构过程从本质上说是文化发展的过程，同时也是一个资源博弈的过程[⑥]。中国传统文化之所以能够历经千年而流传不息，很大程度上归功于其创造了数量众多、形态各异、各具特色的文化符号。然而，美国《新闻周刊》曾做过相关调研，被西方国家网民熟知的，认为能代表中华文化符号的是汉语、北京故宫、长城、苏州园林、孔子、道教、孙子兵法、京剧、少林寺、功夫、中国烹饪等，而这些符号基本是中华传统文

---

① 赵星植. 论皮尔斯符号学中的传播学思想[J]. 国际新闻界，2017，39（6）：87-104.

② 卢德平.实用主义哲学与皮尔士经典符号学说的确立[J].北京师范大学学报(社会科学版)，2016，3：114-120.

③ 黄永林，纪明明.论非物质文化遗产资源在文化产业中的创造性转化和创新性发展[J].华中师范大学学报(人文社会科学版)，2018，57(3)：72-80.

④ 王丽雅.中国文化符号在海外传播现状初探[J].国际新闻界，2013，35(5)：74-83.

⑤ 何竞平.传播中国文化符号坚定中华文化自信：中国文化符号在公益广告中的使用状况及思考[J].文化与传播，2018(3)：29-35.

⑥ 马翀炜.文化符号的建构与解读：关于哈尼族民俗旅游开发的人类学考察[J].民族研究，2006，5：61-69，108-109.

化符号。① 这种单一、碎片化、缺乏现代性的中华文化符号认知是外国网民，尤其是年轻网民文化交往窄化与传播异化的结果。实际上，中华文化除了上述具有显示度的文化符号之外，它还包括丰富多元的地方性与现代文化符号，如中国的科技创新、国潮文化、动漫与游戏、城市地标、非物质文化遗产等。中华文化的价值观、理想信念、精神气质等也远非一种固定不变的符号形态，而是随着时代的发展而不断演变和丰富。"文化符号不仅包含了民族文化在新的时代背景下延续意义，也包括完成现代性的转换和当代价值的再造"②。比如，"改革开放""一带一路""绿色发展""中国式现代化"建构的与世界、自然和谐发展、高质量发展的现代性符号就体现了"天人合一""照临四方""贵和尚中""仁者爱人""美美与共"等中华优秀传统文化的创造性转化和创新性发展。但是，文化符号的生命力和影响力来源于意义的生产、阐释及其再生产，因此在传承中华文化的过程中，传播主体在文化形象的"自塑"中要坚守中华文化主体性，善于运用多种文化符号拓展象征空间，采用贴近人民、贴近生活、贴近时代的内容和表达方式，以获得青年群体的情感认同和国家认同。"国家认同是当代青年面对纷繁复杂的舆论环境和众多诱惑必须做出的选择，实质上是青年确认自己的国民身份，内化对共同体的归属感和认同感，进而形成捍卫国家主权和民族利益的主体意识的过程。"③这也是文化传播的新时代使命。在面向全球青年传播过程中，传播主体要解决跨文化传播之困顿，弥合文化主体性建构的想象偏差，因为传播的成功依赖于交流主体双方对对方主体性的移情式认同。④ 其中，应注重以"解释项"加强传播者与解释者之间的心灵互通。⑤ 本质上是要将"此在"的独特性通过融通的言说形式和意义转换，到达"遍在"的通约性彼岸，触达国外青年的心灵感应，创造传受之间的共意空间，进而拓展文化间性的张力。传播主体在文化形象的"他塑"中要坚持客观、真实的文化底色与符号互动，善于运用民间交往力量，吸引更多的全球青年来中国学习、旅游、工作，通过具身传播或者短视频直播等可见方式，传播中国多样性的文化符号标识，让国外青年能够接触到更多元、更现代的中华文化元素。唯有如此，才能真正提升国外青年对中华文化的认知、理解与认同，进一步提升中华文化的全球传播力和影响力。

---

① 魏海香.扩大中华文化国际影响力：现实困境与提升路径[J].新疆社会科学，2022，4：96-106，148.

② 陈伟，卢德平.共同体意识与现代性转化：中华文化符号传播的时空价值与规约[J].现代传播（中国传媒大学学报），2021，43(11)：12-20.

③ 何努，武钰娟.国家社会象征图形符号系统理论框架：国家社会象征图形符号系统考古研究之一[J].南方文物，2021，1：30-34.

④ 罗雯，童扬芬.跨文化传播中话语意义流动性建构[J].湖北社会科学，2016，5：127-133.

⑤ 杨懿.符号学视域下中华传统文化的国际传播：基于贵州茶的观察[J].现代传播（中国传媒大学学报），2020，42(11)：60-63.

三、拓展中华文化标识的意涵，构建青年的共同认知空间

构建青年的共同认知空间包括两条路径：一是构建“此地”文化传播主体间的民族共同意识，增强国族认同，增强文化自信和文化主体性；二是构建“遍地”文化消费主体的文化共意空间，通过共生传播，促进外国青年对中华文化的认知重构，增进文化交流与文明互鉴。

通过地域空间符号、日常生活符号、历史遗产符号、精神活动符号等文化符号的流动与意义转向拓展中华文化标识的意涵，构建青年的共同认知空间，这不仅有助于年轻一代更深入地理解和认同中华文化的多样性和深厚内涵，还能够促进他们在全球化背景下与其他文化的交流与融合。

（一）地域空间：通过“此在”符号建构鲜活的故事文本

地域空间既有物理属性，也有社会属性，它是生命主体的栖居之所，也是生产力与生产关系不断迭代的依托与投射。地域空间的在地性生产出独特的能指载体和象征意义，以此为基础生成的社会空间被亨利·列斐伏尔称之为一种“社会存在”的物化作品或者产品。① 从中国文化历史发展演变的过程而言，它更像 2008 年北京奥运会开幕式上打开的巨大的 LED 画轴，一个承载着五千年中华文明故事的鲜活文本徐徐打开。

人的存在总是现实性的和物质的，这就决定了人的存在与发展总是寓于一定地域范围内开展各种社会实践而繁衍生息，在改造自然世界的同时，开辟了人类世界、创造了人类文明。② “世界这么大，我想去看看”，一个青年的辞职脚本打开了 Z 时代青年对于空间流动的想象与渴望，“他乡”异质性地域空间成为“招魂”的叙事文本，“此地”符号的意指形成文化记忆的中心。美国的大学、英国的伦敦、法国的浪漫、中东的“火药桶”等地域空间的标志性符号是物质性与社会性建构的历史文本的注脚。

中国拥有广袤的土地、多样的自然环境和美丽景致，如长城、黄河、喜马拉雅山脉、桂林山水等，以及北京、上海、西安、杭州等城市景观及其文化神韵，都是中国自然地理的标志性符号，在中国人民长期实践作用下，通过空间生产和再生产生成了独特的东

---

① 列斐伏尔.空间的生产[M]. 刘怀玉，等译.北京：商务印书馆，2021：148.

② 曾明，龚婷，戴登云，等.中华文化符号和中华民族形象的划定原则及类型特点[J].民族学刊，2021，12(7)：1-8，102.

方文化范式以及自然与人文交织的地理符号，典型的地理符号承载着人们的在地经验、气质风格、文化意蕴和生活期许。但是如何从这些自然景观和社会场域中开拓文化符号的象征意义，增强中国青年的文化认同，拓展国外青年的共意认知还有待深入讨论。一则可以从自然地理景观的诗意表达和艺术呈现中增强地理空间符号的社会性和建构性，突出能指的时代感和共通性。“地缘文化是一种母体文化，具有变异性和迁延性的特质。”①二是以城乡社会地理人文内涵的流变，丰富能指的现代性与想象空间。如成都从“少不入川，老不离蜀”的古道艰辛、安逸舒适的城市地标意象转向为“一座来了就不想走的城市”的政经文化一体化繁荣发展与生活宜居的现代性城市符号，正如一首《成都》留住多少城市打拼者的青春记忆。三是通过传统文化与革命文化的创造性转化和创新性发展，汇入社会主义先进文化建设的主流。② 比如，黄河作为中华文明的标志性符号，孕育了中华民族的根与魂。黄河作为自然地理故事文本，鲜活地呈现了沿线的史前文化、古都文化等璀璨的传统文化与近现代的革命文化、红色文化、水利文化汇入与时俱进、绿色发展和中国式现代化建设的社会主义先进文化的大合唱图景。四是通过自然地理文本呈现中华文化符号与世界文化对话和融合的场景，弥合价值体系、伦理体系和道德体系的在地性差异，凸显“遍在”意义的通约性。

近年来，我国科普类自媒体机构星球研究所创作团队以图文并茂的形式，展示了中国近现代100年的巨大变化，涉及山脉、河流、湖泊、海洋、交通、能源、水利、生态、航天等诸多方面，通过深入浅出的地理文本的故事讲述，增强了青年的文化自信和民族认同。其中，图文《登上珠峰，你会看到什么？》，视频《百年重塑山河》《三分钟，穿越河西走廊》《出发，去中国“北极”》等一系列作品通过深入挖掘这些地理文化符号背后的故事和内涵，增强了科普的趣味性和可读性，让青年用户更加深入地理解和热爱中国。

（二）日常生活：通过代表性符号建构具身传播场景

物质性与具身性关注符号性媒介表征作为媒介技术物品渗透日常生活，促进具身空间生产。③ 人类日常的衣食住行，既是人类文化的重要载体，也是具身体验与传播的生动符号，它们以独特的方式，展示了不同民族、国家和社群的文化特色、价值理念和消费方式。例如，服饰、美食、建筑、交通、购物场、旅游地等都是重要的中华文化

---

① 贾磊磊，丁亚平，饶曙光，等．粤港澳大湾区影视的历史与现状[J]．广州大学学报（社会科学版），2021，20（1）：5-22.

② 魏本权.论百年黄河红色文化与红色基因[J].中州学刊，2023（7）：139-145.

③ 王维涛，张敏．地理媒介与第三空间：西方媒介与传播地理学研究进展[J]．地理科学进展，2022，41（6）：1082-1096.

符号。上海的东方明珠塔、成都的太古里、重庆的洪崖洞、浙江的西湖断桥等具有标志性的历史印记与现代生活互构为人们的生活场景和“诗与远方”，成为青年追逐时尚、感受变迁、体验美好的能指和城市名片。中国的高铁甚至成为外国青年网红的流动打卡地和具身传播场景，对于高铁的时间与空间书写在一定程度上解构了外国人对中国的刻板印象，通过具身体验和“他者”视域重塑中国的高质量发展形象。

中国的服饰文化源远流长，不同历史时期的服饰风格各具特色，充分展现了中华文化璀璨的历史风貌与物质文化。古代的汉服、唐装，近代的中山装、旗袍，现代的流行服饰等都是体现中国民族性和现代性服饰文化的代表性符号。这些服饰不仅体现了不同历史时期的审美观念和社会发展，也承载了中华文化的情感依归与精神谱系。近年来，汉服通过跨域流动与在地化传播引发了全球青年群体的关注，实现了“破圈式”的传播效果。它成为中国青年文化自信和“梦回大唐”的复兴体认，也成为外国青年了解中国传统文化的窗口，通过工艺审美和跨文化叙事增进他们对中国传统文化的理解、认同和尊重。“汉服之盛，盛在洛阳”，洛阳为此专门举办了大量与汉服相关的文化活动，如数字化汉服展演《寻迹洛神赋》、“神都奇幻志”汉服剧本杀、洛邑古城非遗传承馆汉服制造展，以及“隋唐洛阳城 · 国风穿越节”沉浸式汉服展演等[①]，借助中华服饰文化多样化的符号活动与青年群体产生情感共鸣和价值共识。中央广播电视总台制作的《衣尚中国》综艺节目则注重借助于中华服饰故事，以及丰富多元和情感化的符号元素挖掘服饰物质性背后的文化内涵和象征意义，展现中华服饰文化中蕴含的勤劳与智慧、包容与革新。

中华饮食文化同样源远流长、博大精深，是日常文化符号的重要“再现体”。八大菜系各具特色，民间美食更是琳琅满目，数不胜数，共同展现了中华饮食文化的丰富多彩。这些美食符号作为中华文化的重要组成部分，承载着深厚的历史底蕴和独特的民族特色，美食文化符号还蕴含着丰富的文化意指。比如，中秋月饼寓意团圆和美好；端午粽子象征着驱邪避疫、祈求平安。近些年，《舌尖上的中国》《寻味顺德》《风味人间》《老广的味道》等饮食类纪录片，展现了不同地域独特的饮食文化，包括饮食习惯、特色美食、烹饪方式等；《茶，一片树叶的故事》《苏东坡》《记住乡愁》等纪录片以饮食为文化符号象征，展现食物所蕴含的民族文化、精神气质、风土人情和风俗习惯[②]。在面向青年群体传播时，传播主体要善于将中国故事与传统节日、历史故事和神话传说相结合，

① 张志安，吕伟松. 符号、形态与场景：面向青年的中华民族现代文明浸润式传播[J]. 青年探索，2023，5：5-15.

② 韩静怡. 人文历史纪录片文化符号的意义建构[D].济南：山东师范大学，2024.

开创以意义生产与话语融通为核心的符号传播创新,促使他们乐于深入理解中华文化的内涵和魅力。

(三)精神活动:提炼文化符号中的精神标识

2018 年 8 月 21 日,习近平总书记在全国宣传思想工作会议上指出:“要把优秀传统文化的精神标识提炼出来、展示出来,把优秀传统文化中具有当代价值、世界意义的文化精髓提炼出来、展示出来。”[①]中华传统文化的人文哲思和价值规范是精神符号的重要体现。精神活动中的文化符号主要以诗词、典籍、戏曲、歌曲、影视等文化艺术作品为代表。中国典籍中的文化精神熠熠生辉,裨益后辈。如《论语》《大学》《中庸》等儒家经典中倡导的“仁、义、礼、智、信”,《老子》《庄子》等道家经典中的“道法自然”,《韩非子》《商君书》等法家经典中的“正本清源、立法治国、变法革新”以及佛教经典中的“慈悲为怀”等,都体现了中国道义、中国价值和中国胸怀。这些精神符号彰显了中国的哲学、道德、价值观等人文思想。中央广播电视总台央视综合频道的文化栏目《典籍里的中国》围绕青年受众主体构建节目内容形态,通过视听艺术对中国典籍中的传统文化进行创造性转化,提炼出文化符号中与当代价值契合的精神标识,并让中华典籍思想精髓在青年传播中活起来。比如,在《天工开物》中,“宋应星”穿越 300 余年时空与“袁隆平”院士稻田握手,“亲眼”见证超级稻时,“天下富足,禾下乘凉”的美好愿景在时代传承中得以实现。青年观众与古代先贤、当代楷模达成情感交流,实现了古今思想交融。[②] 中华诗词,作为中华民族现代文明叙述中不可或缺的文化符号载体,以凝练的语言、鲜明的节奏、和谐的音韵、充沛的情感、丰富的意象,来表现社会生活、传达思想情感[③],不但有效地激发了青年群体的情感共鸣,而且满足了广大受众对于精神层面美好生活的追求与向往。《中国诗词大会》、动漫电影《长安三万里》等影视作品运用青少年喜欢的竞赛、点评、动漫等元素和表达方式深度挖掘诗词中的韵律、意象与情感,让人们在欣赏中感受中华文化的博大精深与独特魅力。这种文化的传承与创新,对于推动青年一代的文化自信与文化认同,以及提升中华文化传播力影响力具有重要意义。比如,动漫电影《长安三万里》以李白、高适等盛唐诗人为主线,通过生动演绎他们的经典诗词,展现了中华诗词文化的独特魅力。影片中的四十余首经典诗词,如《黄鹤

① 吴阿娟,韩阳.从文化符号到精神标识:对外传播中优秀传统文化的提炼与融通[J].天津师范大学学报(社会科学版),2023,6:43-51.

② 余锐.《典籍里的中国》的传统文化青年受众传播策略[J].传媒,2023,20:41-43.

③ 朱丹红,武艳.从网络游戏《原神》看中华传统文化的符号化对外传播[J].出版发行研究,2023,11:73-78.

楼》《扶风豪士歌》《过故人庄》《将进酒·君不见》等，伴随着诗人们的命运波折和人生感悟一一呈现，让观众在欣赏诗词之美的同时，也感受到了个人发展与国家命运的同频共振。青年受众从诗词编码中提炼出乐观豁达和永葆纯真的人生态度和文化意念。这样的体验不仅有利于激发青年群体对中华文明的深厚情感，唤醒他们内心深处的文化自信和认同，更能推动他们积极投身于中华民族现代文明的实践之中，与之产生深刻的情感共鸣。

（四）历史遗产：让文物符号"活起来"

历史遗产中的文化符号包含历史建筑、历史文物、历史遗产、历史古迹和非物质文化遗产，这些都是中华文化发展与中华文明演进的重要表征。无论是古代的宫殿、寺庙、城墙，还是近代的民居、商铺、工厂、博物馆，它们都承载着不同时期、不同地域的文化特色和历史记忆。历史文物也是文化符号的重要组成部分。这些文物包括陶器、玉器、铜器、书画、瓷器等，它们以精美的工艺、独特的造型和丰富的文化内涵，反映了古代中国人的生活方式、艺术水平和科技成就。历史遗址和古迹主要包括古代城市、战场、古墓葬等，它们以宏大的规模、独特的布局和丰富的历史信息，展示了古代中国的政治、经济、文化和社会发展面貌与人们的生活状态。历史文物中的一面古镜、一张古琴、一件瓷器、一身盔甲、一个陶俑，均可展现传统文化的吉光片羽。这些遗址和古迹不仅是历史的见证者，更是中华民族精神的象征，具有深远的历史意义和文化意义。一些艺术创作者将非物质文化遗产和文物遗址通过舞台展演的方式，活化历史故事和场景。舞台剧《只此青绿》将文博、舞蹈、音乐、文学和非遗文化等多种符号元素编码成美轮美奂的审美对象，从中提炼符合当代视域的审美精髓和文化价值。中国东方演艺集团联合创作推出的现代舞剧《诗忆东坡》《孩儿枕》，以"文化＋非遗""文化＋时尚""文化＋科技"等多种符号元素及其优化组合创新舞台艺术，推动中华优秀传统文化的创造性转化和创新性发展，[①]这不仅增强了在地青年的文化自豪感和认同感，也有利于通过彰显文物的"普遍价值"形成共生传播效应，拓展不同国家和地区青年群体之间的文化共识空间。

---

① 景小勇.中华优秀传统文化的时代表达[J].中国文艺评论，2024，1：39-44.

四、提升中华文化的全球青年传播效能

(一)增强中华文化主体性,铸牢中华民族共同体意识

青年形成文化自信、文化自觉依赖于文化主体性的建构。主体性是一个国家或者民族在长期的历史发展过程中形成的独特的文化特征、价值体系和精神风貌,是所在国家人民对本国或本民族情感认同和文化认同的集中体现。地域空间符号、精神活动符号、日常生活符号、历史文物符号等文化符号既是建构中华民族文化主体性的基座,也是增强中华民族文化主体性的方法。通过对中国文化符号的考古挖掘、意义建构、精神提炼、创新性转化增强青年对中华民族文化的主体性认知,铸牢中华民族文化的共同体意识是新时代文化建设的新使命和新作为。习近平总书记指出:"有了文化主体性,就有了文化意义上坚定的自我,文化自信就有了根本依托,中国共产党就有了引领时代的强大文化力量,中华民族和中国人民就有了国家认同的坚实文化基础,中华文明就有了和世界其他文明交流互鉴的鲜明文化特性。"①

没有"此地"文化符号鲜明的民族性和独特性,就没有与世界文明对话的软实力,也就没有通过"遍在"认知模式建构文化通约性的逻辑基础,此所谓"越是民族的,越是世界的"。一如米德所言"凭借对符号的使用人最终实现'自我'的确立"②和主体性建构。但是,这种移情式认同必须是基于文化自信的彰显,而非以他者视角对在地文化的丑化与污名化。政府、学校、企业、民间等多元主体要创造条件和机会增强中国青年"理解中国""回到中国"③的主体性认知和共同体意识,进而通过跨文化传播间性重塑世界青年对中国的印象。"唯有精神上站得住、站得稳,一个民族才能在历史洪流中屹立不倒、挺立潮头。"④因此,从文化符号中提炼中华文化的精神标识,包括中国价值、中国精神、中国主张等,开拓文化符号的共同意义和当代价值,是增强中华文化主体性,铸牢中华民族共同体意识的重要进路。

(二)建构传播技术话语,拓宽中华优秀文化符号的表意空间

人们通过话语行动来认知世界、表情达意。话语体现了信息传播内容和形式的调

---

① 习近平.在文化传承发展座谈会上的讲话[J].求是,2023(17):4-11.

② 周佳鹏.个体在符号互动中的生成米德"自我"理论探析[J].中国美术学院学报,2019(6):127-131.

③ 张毓强,庞敏.新时代中国国际传播:新基点、新逻辑与新路径[J].现代传播(中国传媒大学学报),2021(7):40-49.

④ 习近平.习近平谈治国理政:第 4 卷[M].北京:外文出版社,2022:101.

性与意指张力。信息技术创新生成了“去中心化”和“去边界化”的传播模式，促进媒介空间的话语转向。新技术、新文本、新场景颠覆了传播场域的话语权结构。[①] 目前，我们已进入智能传播时代，移动传播平台逐渐成为青年群体聚集的主阵地和主战场。近几年，随着 ChatGPT、文心一言、Sora 等大模型的涌现，多种技术的迭代优化促进传播话语形态不断创新，形成具有移动化、可视化、智能化、碎片化、沉浸式等特征的网络话语表达方式。作为网络原住民的青年，深受条漫、动图、视频、音频、游戏、弹幕、Vlog 等多模态话语以及算法推荐的影响，因此，通过技术赋能在传播中华文化过程中创新话语表达，建构传播技术话语，可以拓宽中华优秀文化符号的表意空间。首先，主流媒体要善于应用各类数字技术手段，如 VR/AR/XR、人工智能等技术，使中华文化符号真正活起来、动起来，提高中华文化符号在青年群体中的触达率。由于青年群体对传播技术有着天然的偏好和敏感性，这些活起来的中华文化符号通过数字技术的力量，可以突破物理时空的限制，真正实现在“数字共享空间”中的跨时空传播，为全球青年群体共享中华优秀传统文化打造“无障碍通道”。例如，《中国日报》推出首位数字员工——元曦，作为“中华文化探源者”，她身着雪花纹中国风服饰，带领国内外用户探索岩石上的艺术瑰宝——贺兰山壁画，展现了中华文明的风采。《中国日报》发布后，该视频在 YouTube 等海外社交媒体平台获得认可和广泛好评。其次，在中华文化传播中寻求全球对话与共同意义，进一步降低文化交往中的折扣，突破在地性的异质壁垒，使不同国家和民族的青年没有解码障碍和体验困难，“既要符合中国国情、有鲜明的中华文化特色，又要与国外受众的话语体系、表述方式相对接”[②]。最后，通过技术赋能时要重视不同国家、地域及年龄段的青年用户群体的差异性和独特性，他们的网络表达方式和使用习惯也呈现出多样性的特点，我国新闻媒体和社交平台在国际传播时要做好分人群、分地区、分层级的定向传播。这不仅有助于构建中华文化符号的传播主体与全球青年群体之间的“共同文化”叙事意识，还能加深他们对中华文化的认同感。

(三)开发短视频符号的建构功能，推动青年的参与式文化传播

作为视觉文化转向的重要视觉符号——短视频具有时长短、内容精练、易于传播、社交互动性强等特点，为文化传播与发展带来了机遇。国内的短视频平台主要有抖音、快手、微视、小红书等，国外的短视频平台有 TikTok、YouTube Shorts、Instagram、Snapchat 等。首先，主流媒体要积极建设适合青年创作与分享的自主可控的短视频

① 漆亚林，王俞丰.移动传播场域的话语冲突与秩序重构[J].中州学刊，2019，2：160-166.

② 李国辉，薛创，边振虎.加强国际传播能力建设的敦煌实践[J].2024，2：62-64.

平台,如央视频、人民视频、我们视频等,或者“借船出海”,在社交视频平台开设账号,并结合社会热门话题、中国优秀文化符号等搭建互动社区,进行有质量且有流量的议程设置,吸引更多青年群体关注和分享。其次,创作者可以将传统文化中的核心元素、价值理念进行解构、重塑或提炼,并将传统文化符号与时代发展相结合,让青年用户对中华文化的古韵风采与当代价值产生情感共鸣。近几年,很多非遗传承人走进直播间,用短视频介绍剪纸、皮影、竹编等非遗文化,使其变成了网络传播的热词和热点。最后,通过与国外青年的“合塑”模式,传播中华文化、建构真实、立体的中国形象。近些年,越来越多的海外留学生开始拍摄自己与中国的“故事”,用镜头记录下在中国求学时的所见所闻,如中国的美食、著名旅游景点以及巨大变化等。这些短视频以其生动的画面、丰富有趣的内容、简短的形式在文化传播中已成为非常重要的文化资源。主流媒体可以选择有影响力、用户群体广泛,并对中华文化感兴趣的外国短视频博主进行合作,共同创作具有吸引力和独特性的中华文化内容。例如,为@歪果仁研究协会、@爱喝茶的老路、@安柏然 Andy、@我是郭杰瑞等博主提供必要的资源和支持,吸引他们参与节目,帮助他们了解中华文化,通过他们的视频呈现外国人对中华文化的真实体验和沉浸式感受,进而增强国外青年对中华文化的理解和兴趣。

(四)以优质 IP 为抓手,助力中国文创产业出海

日本和韩国的文化产业出海实践具有一定的启示。日本动漫和韩国偶像产业 K-Pop,是它们面向全球市场输出的两大文化产品。直到今天,人们仍能在新加坡和马来西亚的街道上看到 K-Pop 偶像的很多身影,比如东方神起、Super Junior、少女时代、BIGBANG、EXO,以及后来在联合国大会上发表演讲的防弹少年团成员等。而美国的迪士尼更可谓文创产业的超级 IP。近百年间,其逐步发展了包含真人电影、电视频道、戏剧音乐、周边、主题公园的全产业链布局,实现了优质内容资源的扩充、创新及开发。迪士尼拥有 3000 多家授权商,销售超过 10 万种与迪士尼卡通形象有关的文创衍生品[①]。近些年来,中国也开掘了丰富多元的中华文化符号和优质的文化产品,但是由于对于传统文化的挖掘深度和阐释力不够,没有形成上下游统一的产业链和价值链,文化和文创产业的出海仍然任重道远。我们要善于发掘和培育优质 IP,将中华文化符号潜移默化地植入青年群体的消费场景,包括文学、影视、动漫、游戏等各个领域的优秀原创作品,以及具有中国特色的传统文化元素和符号。近几年的典型代表是

---

① 赵嘉玮.从 IP 化看文创产业发展[J].文化产业,2021(20):3-5.

“国潮文创热”。一般而言，国潮产品是带有经典中国元素符号的流行消费品。例如，李宁服饰、故宫文创、各省博物馆的考古盲盒等都是国潮。有着600年历史的故宫也成了文创产业的头号IP，故宫IP而后带火了一批网红爆款，如背包、胶带、口红、月饼等。2024年春节期间，作为汉服标配之一的马面裙又成了火爆的“新年战袍”。有年轻人将马面裙穿到大英博物馆、卢浮宫、纽约街头，令这款中国传统服装走出国门，走向世界。马面裙成为“国际舞台”流动的中国文化符号，体现了中国年轻人的文化自信和文化自觉。不过，在将优质IP推向国际市场时，要注重讲好中国故事，善于挖掘和呈现中国文化中的独特价值观、审美理念、历史传统等元素，通过富有特色的IP文创产品带领中华文化走向世界。2024年元宵节期间，豫园灯会美食夜走进法国巴黎中国文化中心，灯会内容深度提炼了有着2000多年历史的典籍《山海经》，使前来参观的游客从“山海有灵”灯会中探知了博大精深的中国文化故事，掀起文化热潮。

五、结语

习近平主席指出：“世界的未来属于年轻一代。全球青年有理想、有担当，人类就有希望，推进人类和平与发展的崇高事业就有源源不断的强大力量。”[①]符号作为建构与传播中华文化的重要手段，不仅能够深化青年群体对文化的认知与理解，还能激发青年群体对本国文化的热爱与认同。着力促进中国地域空间符号、日常生活符号、历史遗产符号、精神活动符号等文化符号的流动与创造性转化，提炼中华文化的精神标识，建构中华文化主体性，增强中国青年的文化自信和国家认同是中国文化建设的新担当和新作为。同时，通过拓展文化符号的通约性，增强外国青年对中华文化的移情式认同还有较远的路要走。

〔漆亚林，中国社会科学院大学新闻传播学院执行院长、教授、博士生导师，创意传播研究中心主任；孙鸿菲，中国社会科学院大学新闻传播学院新闻学专业博士研究生〕

〔特约编辑：付晓光〕

① 新华社.习近平主席在联合国教科文组织第九届青年论坛开幕式上的贺词[N].人民日报，2015-10-27(1).

重新发现界面:作为国际传播的中华文化街头表演研究*

Rediscovering the Interface: A Study of Street Performances of Chinese Culture as International Communication

◎ 张　磊　宋奕杉

Zhang Lei　Song Yishan

摘要:本文以界面为理论视角,分析中华优秀传统文化的海外"炸街"现象并考察其国际传播价值。通过对视频及其评论的细致文本分析,研究发现,中国传统文化海外街头表演在形式和内容上体现出明显的文化拼贴性,既连接了传统与现代,又融合了东方美学与西方元素。街头表演的偶发性与即时即地性提高了街头互动的可能性,沉浸式的具身体验有可能唤起情感共鸣,并进一步通过社交媒体平台得到扩散。因此,街头与社交媒体形成了一个双重叠合界面,为中国的国际传播带来新的可能性。

关键词:界面;社交媒体;街头表演;中华传统文化;国际传播

Abstract: The paper adopts an interface theoretical perspective to analyze the phenomenon of "zhàjiē" (explosive street performances) of Chinese traditional culture overseas and examine its international communication value. Through meticulous textual analysis of videos and their comments, the study reveals that overseas street performances of Chinese traditional culture demonstrate significant cultural collage in both form and content, bridging traditional and modern elements while integrating Chinese aesthetics with Western influences. The spontaneity and immediacy of street performances enhance the potential for street interaction, while immersive embodied experiences may evoke emotional resonance and further dissemination on social media platforms. Therefore, the

* 本文为教育部人文社科重点研究基地重大项目"跨文化数字适应与跨文化传播能力建设研究"(项目编号:22JJD860010)的研究成果。

intersection between streets and social media forms a dual-layered interface, opening up new possibilities for China's international communication.

Keywords: interface, social media, street performance, Chinese traditional culture, international communication

2024年是中法建交60周年,活跃在中法文化交流舞台上的使者们也获得了新的关注。CGTN欧洲分台报道了彭静旋(YouTube平台用户,用户名为"碰碰彭碰彭Jingxuan")的故事。她是一位在法国学习音乐的中国留学生,经常身着汉服在法国及欧洲其他国家的街头进行古筝表演,收获了很多粉丝。彭静旋在YouTube平台上拥有95万粉丝,视频总播放量超亿次。其中,她身穿粉白汉服用古筝演奏欧美流行歌曲*See You Again*的视频播放量高达1736万次。彭静旋表演的最大亮点就是以法国街头作为舞台,不仅吸引当地人驻足观看,还引发了有趣的互动,在社交媒体上广泛传播。这种做法被戏称为"炸街"。中国乐器以及中华传统文化在海外的街头表演近年来颇为流行,在社交媒体平台上二次传播,形成了新的文化风潮。

"街头表演"具有什么特殊性?在社交媒体时代,这种即时即地的表演为何拥有了新的生命力?对于中华优秀传统文化的国际传播来说,它能够带来何种潜力?本文以"界面"为理论视角,将街头与社交媒体视为复合型的互动界面,通过对YouTube平台上中华文化街头表演的文本分析,对这一现象的国际传播价值展开讨论。

一、文献综述

近年来,中华优秀传统文化的国际传播颇受关注,成为学术研究的焦点。

(一)中华优秀传统文化国际传播

当前,中华传统文化国际传播的研究主要分布于三个维度:一是着眼于宏观的国际传播理念与战略路径,进行总体性讨论;二是从不同媒介形态出发,对各种类型的视听产品,如电影、动画尤其是短视频等,开展跨文化传播研究;三是从具体的传统文化主题入手,例如儒家思想、汉语言、中医药、武术、茶文化等中华传统文化的子集,分析并思考具体的提升策略。

现有研究中有两条共通的传播策略建议值得关注。其一,在中华优秀传统文化的国际传播过程中,须注重文化的融通性。习近平总书记在文化传承发展座谈会上着重强调："经过长期努力，我们比以往任何一个时代都更有条件破解'古今中西之争'，也比以往任何一个时代都更迫切需要一批熔铸古今、汇通中西的文化成果。"[①]如何贯通古今、融汇中外，让中华传统文化焕发新鲜与活力？这成为国际传播研究的重要命题。文明交流互鉴理论在国际传播中的价值日益凸显。张恒军指出，应形成蕴含文明多样性、平等性和包容性的新传播观，以构建相应的中华文化国际传播新格局。[②] 李智进一步阐释了习近平总书记"推动中华文明创造性转化、创新性发展"的内涵，思考如何与当代人以及世界各国人民都建立起价值关联，同时推陈出新，运用突出故事性的视觉影像符号，对中国文化理念进行全面、立体的具象化展现。[③] 孔天舒和孙翊铭则从另一角度指出，在推广中华传统文化时，须规避封闭、内聚式的民族中心主义，应用健全的传播机制替代褊狭的传播机制，以减少跨文化传播的阻碍。[④] 因此，在传播理念上，应秉持开放包容的态度，借助中华传统文化的包容性与和平性来融通中外。

其二，应积极推进多元传播主体的建设，重视民间自发的非官方传播力量及受众观感。如胡百精所说，要对中华传统文化进行"共情传播、创意传播与个性化传播"。[⑤]朱鸿军等早就提醒说，官方媒体对中国传统文化的传播易受到宏观叙事的影响，往往重宣传而轻传播，受众意识不强。[⑥] 杨懿以三元符号传播理论对贵州茶文化的国际传播进行分析，发现这种以受众对于符号的理解为中心的思想打破了传统的二元传播观"以我为主"的传者中心局面，而更注重"受众本位"，对中华文化国际传播起到了积极作用。[⑦] 胡正荣等也指出，中华传统文化传播在媒介融合时代的背景下，不仅是传统的专业性的、单向度的线性传播，更是一种非专业性的、与受众深度互动的个性化生产。[⑧] 任孟山等通过分析李子柒海外爆红的案例，认为以个人为主体的国际传播模式将传者与受者置于平等地位，更易凭借富有个体风格与情感的个人叙事被受众不设防地接受。[⑨] 海外社交媒体汇集了多方传播主体，为传者与受者打造了一个较为平等的传播空间，前有李子柒，后有古筝演奏者彭静旋，两人在 YouTube 平台上的视频都因

---

① 习近平.在文化传承发展座谈会上的讲话(2023 年 6 月 2 日)[J].求是，2023(17)：4-11.

② 张恒军.在文明交流互鉴中构建中华文化国际传播新格局[J].对外传播，2022(9)：12-15.

③ 李智.构建中华文化对外传播话语体系，提升国际传播效能[J].新闻战线，2023(16)：66-68.

④ 孔天舒，孙翊铭.增强中华文明国际传播力的路径探析[J].山东社会科学，2023(12)：133-139.

⑤ 胡百精.中华文化国际传播的战略思维与路径[J].对外传播，2022(9)：8-11.

⑥ 朱鸿军，蒲晓.新中国成立 70 年对外传播媒介与传播观念之变迁回顾[J].对外传播，2019(6)：11-13.

⑦ 杨懿.符号学视域下中华传统文化的国际传播：基于贵州茶的观察[J].现代传播(中国传媒大学学报)，2020，42(11)：60-63.

⑧ 胡正荣，李涵舒.机制与重构：跨文化背景下中华传统文化的国际化叙事[J].对外传播，2022(9)：4-7.

⑨ 任孟山，李呈野.中华文化对外传播的新时代经验与可能路径：李子柒爆红海外给国际传播带来的思考[J].对外传播，2020(1)：16-18.

将中华传统文化融于个人表达而广受欢迎，取得了不可忽视的传播效果。因此，从国际传播效能提升的角度来考量，中华传统文化的国际传播应跳出宣传的宏大叙事，转而从海外社交媒体平台寻找国际传播的有效实例，发挥民间传播主体的亲和力与创造力，推动共情传播、创意传播与个性化传播。

后疫情时代，国际局势纷繁复杂，中华传统文化国际传播也面临新挑战。王润珏与高再红指出，一方面，局部地缘冲突与全球经济下行使得促进民心相通，具备疗愈作用的文化、娱乐内容的需求增加；另一方面，各类线下文化交流活动的恢复创造了大量文化传播具身性场景，可以释放公众面对面的交流热情。① 因此，后疫情时代下，中华优秀传统文化的国际传播正面临有利的历史时机，需要合理利用公众的心理需求缺口与具身场景实现有效传播。中国乐器"街头表演"风靡社交平台，正契合了后疫情时代的这一传播趋势，这些街头表演往往融合了中西文化，并在社交平台上获得广泛的二次传播，为提升中华优秀传统文化的国际传播提供了研究案例。

（二）街头表演研究

街头表演作为一种文化现象由来已久。无论是古希腊荷马时期集市广场上的演奏、英国中世纪游荡于街头的游吟歌手，还是中国古代的江湖艺人，都是历史上的街头表演者。在如今的欧美，街头表演作为一种城市文化景观普遍存在，在表演者与路人观众间形成了"表演—观看"的流动关系。② 尤其值得重视的是，互联网诞生后，这一互动关系正在从具身的实质空间（substantive space）发展至扩散的虚拟空间（virtual space）。③

街头表演与日常生活（everyday life）联系紧密。城市的日常生活包括城市空间的常规功能及例行程序，而城市空间的使用者则会在空间实践过程中介入并影响该空间秩序的生产与再生产，亨利·列斐伏尔（Henri Lefebvre）将这种干预看作对日常生活的异化的解放，因此，日常生活被看作"抵抗和更新的基础"，蕴含着变化的不同可能性。④

街头表演作为一种城市空间日常生活的文化场景，本身涵盖文化艺术价值，同时

---

① 王润珏，高再红.因势而新：中华优秀传统文化国际传播探索与展望[J].对外传播，2024(1)：24-27.

② HORLOR S. Permeable frames: intersections of the performance, the everyday, and the ethical in chinese street singing[J]. Ethnomusicology forum, 2019, 28(1): 3-25.

③ HORLOR S. Neutralizing temporary inequities in moral status: Chinese street singers and the gift economy [J]. Asian music, 2019, 50(2): 3-32.

④ SHIELDS R. Lefebvre, love and struggle: spatial dialectics[M]. London: Routledge, 1999: 66.

对于城市公共空间功能有一定塑造作用。街头空间的各种使用者(表演者、游客、消费者)在这一公共空间内通过文化传播与艺术表达实现了丰富的社会互动与共享体验,增添了街头空间的文化艺术氛围。[①] 街头表演的日常发生改变了公共空间的常态模式,为公共空间注入了新的活力和多样性。

对于这种塑造作用,保罗·辛普森(Paul Simpson)引入列斐伏尔的节律分析法,通过研究表演者与观众的互动、表演活动的时空特征以及表演与城市生活节奏的相互影响,突出节奏对社会生活和城市环境的塑造作用。[②] 节奏分析法关注表演者如何将个人与周边自然环境融合编排,强调城市周边环境与街头表演的相互作用。[③]

街头表演不仅仅是一场表演,更是一场社交互动。换言之,它是发生在城市环境舞台上的一出日常化戏剧,或者戏剧化日常。相比起传统剧院对于不同阶层观众的区隔,街头作为公共空间,汇集了异质多元的人群。不同社会经济背景、不同地域的人因表演而临时聚集,街头表演为其提供了偶发的、不可预见的互动社交方式,"鼓励陌生的人们自发交流,没有契约性地建立社会关系"。[④]

那么,这种互动是借助什么中介展开的?它在什么维度上持续开展?更重要的是,在当代社交媒体平台介入之后,这种互动呈现出了什么新面貌?

(三)街头与社交媒体:界面的复合

街头是一种界面,社交媒体也是一种界面。"界面"(interface)本是工程学的专业术语,广泛应用于计算机、军事、交通等领域,在应用化学与管理科学领域亦有使用。随着数字技术的发展,它也被引入新媒体研究,成为互动所展开的关键区域。《韦氏词典》将界面定义为"独立的、通常不相关的系统可以在其上进行相互作用、相互交流的地方"。[⑤] 马克·波斯特(Mark Poster)将界面看作介于人机之间能够改变两个系统的关联,是二元关系协商的敏感边界区域,也是一个新兴的人机关系枢纽。[⑥] 尼古拉斯·盖恩(Nicholas Gane)与戴维·比尔(David Beer)则认为,界面"最为重要的特质就在

---

① SIMPSON P. Street performance and the city: public space, sociality, and intervening in the everyday[J]. Space and culture, 2016, 14(4): 415-430.

② SIMPSON P. Apprehending everyday rhythms: rhythmanalysis, time-lapse photography, and the space-times of street performance[J]. Cultural geographies, 2012, 19(4): 423-445.

③ SIMPSON P. Chronic everyday life: rhythmanalysing street performance[J]. Social & cultural geography, 2008, 9: 807-829.

④ GEMCI A, FERAH B. A triangulation process of street music in public spaces: a case study of Istanbul's Istiklal Avenue[J]. Open house international, 2020, 45(4): 427-448.

⑤ 瓦尔.作为界面的城市[M].毛磊,彭喆,译.北京:中国建筑工业出版社,2018:16.

⑥ 波斯特.第二媒介时代[M].范静哗,译.南京:南京大学出版社,2005:18.

于,它们能在不同的客体和系统边界之间游走"。[①] 上述论述均指向了界面最为突出的特质,即界面的交互性。

城市作为一个巨大的交流空间,其生活动态由各种各样的交换过程的积累组成,可以被看作"个人和公共身份以及共享的社会再现之间的界面",在这一角度上,城市成为"社交能力的生产者"和"具有破坏性创造力的整合者"。[②] 以街头为例,它拥有一个引人注目的功能,即提供政治集体行动的空间,例如街头示威、游行、占领等行为。伊芙琳·鲁珀特(Evelyn Ruppert)提出了公共空间的另一属性,即社交属性,认为公共空间是"多样化的复杂社会群体间相遇的空间"。[③] 在社交属性下,街道同样被看作一个生活世界,城市不同生活方式在此展现,人们在互动中感知自己的生活。[④] 当把物质城市看作一个界面,城市居民则是在使用空间的过程中掌握不同社会系统的逻辑,将个人生活方式与集体习惯和实践相适应;街头作为城市公共空间,亦是一个界面:街头表演这一文化实践的发生改变了物质环境的形式和意义,人们也在协调与适应中实现了互动与交流。

二十多年前,托马斯·埃里克森(Thomas Erickson)觉察到"空间"对于推动人际互动的潜力。[⑤] 而在数字移动媒介高速发展的今天,界面理论逐步从技术界面拓展到技术所支撑的行动者的行动场所,[⑥]再转向移动性范式,重新审视移动界面下空间与具身的问题。杰森·法曼(Jason Farman)在《移动界面理论》(*Mobile Interface Theory*)中提到,具身始终是一种空间实践(spatial practice),而空间也始终是一种具身的实践,即具身与空间是相互创造的,因此,法曼认为具身化即指"我们如何在数字媒体上创造我们身体化的空间"。[⑦] 通过媒介界面,我们能够理解具身实践与身体空间创造的内在联系,而移动界面通过手机、平板等移动设备融入日常生活的重复性实践,将我们与社交网络及实体空间联系起来,联结了作为感知的身体与作为符号的身

---

① 盖恩,比尔.新媒介:关键概念[M].刘君,周竞男,译.上海:复旦大学出版社,2015:51,63.

② 瓦尔.作为界面的城市[M].毛磊,彭喆,译.北京:中国建筑工业出版社,2018:17.

③ RUPPERT E. Rights to public space: regulatory reconfigurations of liberty[J]. Urban geography, 2006, 27(3):271-292.

④ LAURIER E, PHILO C. Cold shoulders and napkins handed: gestures of responsibility[J]. Transactions of the Institute of British Geographers, 2006, 31(2):193-207.

⑤ ERICKSON T. From interface to interplace: the spatial environment as a medium for interaction[J].Spatial information theory:a theoretical basis for GIS, 1993: 403.

⑥ DRUCKER J. Humanities approaches to interface theory[J]. Culture machine, 2012, 12: 1-20.

⑦ FARMAN J.Mobile interface theory: embodied space and locative media[M]. New York: Routledge, 2012: 22, 35, 37.

体,延伸了具身化的空间,提升了全球性的地方感,从而发挥了更大的互动作用。[①]

在城市空间上演的街头表演不仅通过街头界面影响着城市居民,还通过社交媒体的二次传播在移动界面上产生更为广泛的影响,街头(城市空间)与社交媒体形成了一个新的复合互动界面。从这一复合界面入手,中华传统文化街头表演的国际传播价值也就浮现了出来。

二、研究对象与研究方法

本文以国际社交媒体平台 YouTube 上的中华传统文化海外街头表演视频为研究对象,采用了文本分析的研究方法。

(一)研究对象

本文观察了海外社交媒体平台 YouTube 上以中国传统乐器进行街头表演的视频,选取了 8 位视频播放量排名靠前、收获国内外网友热评的视频博主(见表 1)。这 8 位博主分别于法国、意大利、加拿大、澳大利亚等不同国家进行街演,演奏乐器涵盖古筝、笛子、琵琶、二胡等经典中国传统乐器。此外,本文还选取了 5 位 YouTube 平台上以其他中华传统文化进行街头表演的视频博主(见表 2),包括中国舞、汉服、武术等知名度较高的传统文化,丰富研究对象。

表 1　YouTube 平台以中华传统乐器进行街头表演的账号一览表

街演者	用户名	粉丝数	视频数	单条视频最高播放量	街演所在国	街演乐器
彭静旋	碰碰彭碰彭 Jingxuan	95 万	227	1736 万	法国	古筝
董敏	Dong Min Dizi	12.8 万	190	383 万	澳大利亚	竹笛
“Ivy”	IVY_Guzheng	2.26 万	37	157 万	瑞典	古筝
“静缘”	静缘古筝 JingYuanGuZheng	8090	162	81 万	澳大利亚	古筝
“fangfei”	fangfeiguzheng	5550	180	44 万	加拿大	古筝
“千觅”	千觅小姐 & Pipa	1.06 万	94	33 万	法国	琵琶
“June”	June’s Journey with Erhu	1440	8	16 万	澳大利亚	二胡
“胖二胡”	胖二胡 PangErhu	2380	36	4.7 万	意大利	二胡

① 徐亦舒.作为界面的媒介:交互性视角[J].中国传播学评论,2019(00):107-119.

表 2 YouTube 平台以其他中华传统文化进行街头表演的账号一览表

街演者	用户名	粉丝数	视频数	单条视频最高播放量	街演所在国	街演类型
“马蛟龙”	马蛟龙 majiaolong	5.75 万	96	133 万	英国	中国舞
“BL”	BL Douyin	2770	97	13 万	美国	汉服
“Shangguan Ningyue”	Shangguan Ningyue-Germany	566	171	3.3 万	德国	汉服
“凌云”	凌云 Lingyun	1060	199	3.3 万	英国	武术
“娜娜”	娜娜小憨憨	819	55	2.4 万	比利时	汉服

(二)研究方法

本文主要对 YouTube 平台所选取的博主账号进行视频内容的文本分析,进而将街头与社交媒体视作一种复合界面展开讨论。文本在分析时,首先,针对表演者的乐器、服装、语言等进行符号分析;其次,对视频语境中的街头符号要素进行分析,例如路人衣着与街景建筑等,考察城市周边环境与街演的相互作用;再次,观察作为叙事角色的现场路人的神态与肢体动作如何,是否形成了积极的互动关系;最后针对街演的音乐类型,结合节奏分析思考什么类型的音乐更具备“炸街”潜力。各种文本元素也开启了文化理论的综合分析。

在视频文本之外,本文一方面思考街头作为城市空间场所具备何种互动可能性,如何促进、催动街头表演引发的社会互动,另一方面选取视频下的评论互动展开分析,考察街头表演在社交媒体上的互动。

三、从街头到社交媒体:中华传统文化的海外表演新模式

人们在谈及中华传统文化的国际传播时,有一种常见的态度是所谓“文化输出”。这种态度默认作为传播对象的中华传统文化是中国起源且独有的,国际传播的方向是单向的。然而,文化很少具有单一而“纯粹”的国族属性,在传播过程中也展现出鲜明的双向交融的性质,也唯有如此才能获得较好的传播效果。因此,“文化输出观”是值得反思的,而人们更应秉持的是“文化互惠观”。① 近年来海外社交媒体上的中华传统

① 张磊,胡亚楠.从文化输出观走向文化互惠观:透过“韩流”思考中国的国际传播[J].现代视听,2020(9):13-18.

文化街头表演就证明了这一点。

(一)文化拼贴:"民族的就是世界的"

在全球化语境下,跨文化传播已不再停留于单向的文化输出模式,更多体现的是一种不同文化间的杂糅与融合,而中华传统文化海外街头表演在国际传播中便表现出明显的"文化拼贴"特点。"拼贴"源自法国人类学家克洛德·列维-斯特劳斯(Claude Levi-Strauss)对于"修补术"(Bricolage)一词的释义,后文化研究者将这一概念引申为"拼贴",意指文化符号或行为被移植到不同意义系统与文化背景中并产生新的意义。① 从国际传播的应用性来说,将贴合当地群体文化背景的符号、价值观或表达方式整合起来,与传播者自身意义系统融合,是有助于突破文化壁垒的。同时,传统文化的历史性也能够融入当代语境。这就形成了一种双重拼贴。

1.中式审美与西方元素

中华传统文化的海外街头表演使得中式审美在西方街头焕发了新的生命力。例如,在彭静旋的视频下方的评论中,可以看到外国网友对其使用的乐器与穿戴的服饰讨论度较高,常常表达出对中国古典乐器的好奇与称赞,并大都对彭静旋所穿汉服与音乐表演一道赞美,侧面反映出带有中国风元素的服饰也是中华传统文化街演的重要组成部分。当筝、笛、二胡等悠扬的音律奏响,与汉服、发簪、流苏、舞扇等视觉冲击交融,这些极具中国风的元素对于海外民众来说是充满着无限新奇的陌生符码,赚足了他们的注意力。

通常,我们首先关注的是那些充满中国历史特色的符号,然而,街演音乐家们不仅对中国流行音乐青睐有加,还将文化融合更进一步,以中国传统乐器来演奏西方流行音乐。彭静旋上传至 YouTube 平台的演出视频达 228 条,而其中播放量最高的视频的演奏曲目为欧美经典电影《速度与激情 7》的主题曲*See You Again*,播放量高达 1736 万次,此外,其他演奏西方音乐与歌曲的视频播放量也经常破百万,在播放量最高的 6 条视频中,前 3 条均为英文流行歌曲,后 3 条则为中文流行歌曲。据统计,彭静旋共在 YouTube 平台发布了包含古典乐与流行乐在内的欧美曲目演奏视频共计 19 条,其中 7 条播放量突破百万,占比达 37%;而发布的中文曲目演奏视频共计 208 条,其中 27 条播放量超百万,占比为 13%。总体来看,西方流行歌曲最受欢迎,其次是中文流行歌曲,然后才是西方与中国的古典音乐。此外,彭静旋还会邀请大提琴演奏者

① 费斯克.关键概念:传播与文化研究辞典[M].2 版.李彬,译注.北京:新华出版社,2004:31.

与自己合奏，形成中西之间的合鸣。

在街演视频中，西方的街景也成为核心要素。就地域来说，通常表演者会选择三个区域，即北美（美国、加拿大）、西欧（英、法、德、意大利、比利时）和大洋洲（澳大利亚），基本上看不到其他国家的街演视频，这某种程度上折射了 YouTube 平台的西方中心主义属性。就具体地点而言，表演者选择的地点主要有三类：一是商业街或商场内部展演地；二是场地宽阔的公园广场；三是城市的地标性建筑。以上街演场地都属于人流量较大的公共空间，且具有明显的当地建筑风格，在此进行街演不仅能增加曝光量，同时也绘就了一幅中西元素拼贴的文化图景。意大利古堡前，“胖二胡”身着旗袍拉奏《兰亭序》；埃菲尔铁塔下，彭静旋用古筝奏出《刀剑如梦》的澎湃乐章，其合作者“凌云”一袭红衣、折扇翻飞展示精妙武术；伦敦塔桥前，马蛟龙数次跟随其标志性的红扇起舞，当真“矫若游龙”，腾飞于英国街头。众多街演视频中，中国风元素满满的表演者身后是西方标志性建筑，旁边围绕着身穿现代服饰的外国面孔，呈现中西文化交融之景。

海外街演者或通过融合中西音乐元素，或制造中西文化同框场景，将中华传统文化传达于更多的西方民众，实现了中式审美的西方建构。这一过程恰好也印证了中华传统文化在进入国际文化语境时，选择了“全球本土化”的发展方向，融入了现代其他文明要素，同时也选择了在视觉文化传播中采取主体的叙事与接受中“看与被看”的逻辑，也推进中华传统文化国际传播叙事机制进行“双向传播”与“双向互鉴”的转向。①

2.传统文化的当代表达

中国传统文化需要从历史中提取符号。表演者们或演奏中国古典乐器（如古筝、琵琶、二胡及竹笛），或展示中国经典文化符号（如中国舞、武术及汉服），均是具有历史绵延性的符号。服装是一个鲜明的符号，不仅汉服展示者身着不同种类、装饰繁复精美的汉服作为其演出重点，其余文化表演者也多身穿中国传统服饰，以各式襦裙、袄裙及马面裙款式居多，舞蹈、武术表演者的衣着则更凸显飘逸之姿，并均配有发髻、流苏发簪或绸舞扇等古风元素。这与现代服装符号有明显差异，其所指是中国悠久漫长的历史。

历史浮现于现代语境，带着陌生感与怀旧心理，容易引发好奇。然而值得注意的是，街演者也对传统文化进行了现代化的融合。在表演形式上，街演者将自身的中国古典元素与现代化的影音设备结合，街演者通过使用音响等扩音设备与手机、摄影机

① 胡正荣，李涵舒.机制与重构：跨文化背景下中华传统文化的国际化叙事[J].对外传播，2022(9)：4-7.

等影像设备,对传统乐器演出进行了现代化的适应性改造,扩大其线下与线上传播范围。而在演出曲目的选择上,为更好地面向现代社会受众,街演者也颇费心思。中国传统乐器街头表演的中国音乐类型主要分为三类:一是诸如《十面埋伏》《凉州》《将军令》等经典古曲。在表演中国传统乐曲时,街演者并非刻板地复现经典,而是选择呈现经由现代改编过的版本,例如彭静旋所演奏的《霸王》便翻弹自某国风跨界企划对古曲《将军令》进行的放克音乐风格改编作品。第二类则是流行乐中的中国风歌曲,譬如"千觅"以琵琶弹奏《菊花台》《东风破》《女儿情》等国风金曲,董敏则用竹笛吹奏《红颜旧》《若梦》等热门古装剧插曲。除开上述本就与传统乐器适配度较高的曲目,街演者青睐的第三类音乐风格则为网络热门流行曲目。这些演奏家大多是年轻人,他们积极追求多元的审美风格,对短视频网站榜单上《孤勇者》《悬溺》《起风了》《错位时空》等流行爆曲进行别具风格的演绎,让人耳目一新。此外,街演者所选取的音乐虽然类型不同,但其曲风旋律多偏慷慨激昂,同时配有明快的鼓点,节奏感较强,以便在短时间内引发路人观众驻足围观,提高自身表演的吸引力与关注度。

这些海外街头的年轻表演者并未拘泥于中华传统文化的"正统"约束,反而创造性地积极利用流行文化的通俗性与大众性进行演出,既在表演形式上展现中华传统文化的古典韵味,又在表演内容方面追求多元与新潮,创造性地实现了传统文化的当代表达,沟通了传统与现代的隔阂,奠定了国际传播效果的基础。

(二)互动性:街头与社交媒体的复合界面

单向的表演固然有其魅力,但互动性表演更有可能跨越阈限,形成文化交流乃至文明互鉴的效果。街头是实体空间的界面,社交媒体则是虚拟空间的界面,两者互相叠加形成了复合界面,带来强互动性,从而形成了不同系统之间的渗透与交融。

1.即时即地的表演进入日常生活

与剧院观影的仪式感不同,街头的日常属性使街头表演具备明显的随机性与即时性。于当代城市居民而言,与街头表演的相遇往往是一种日常生活中的邂逅,随意而不带任何目的。同时,由于城市街头具有强流动性,同一地点每天行经的人群不同,"街头"便成了以身体为核心的"在场时空关联",有极强的"情境空间性"(spatiality of situation)。[①] 街头表演作为一种艺术形式,本质上具有瓦尔特·本雅明(Walter

① GIDDENS A. The constitution of society: outline of the theory of structuration[M]. Berkeley: University of California Press, 1984: 65.

Benjamin)所说的即时即地性。路人参与互动,也一同参与了街头空间内的表演创作。这种因街头表演而产生的相遇,尽管短暂,但对人际互动起到了一定作用。[①] 路人与表演者的每次相遇不仅是偶发的,更是即时即地的,赋予了街头表演更多的可能性,大幅提升了观众的新鲜感。

在海外中华传统文化的街演过程中,偶遇路演的惊喜与中华文化本身的陌生叠加,吸引国外观众与表演者进行即兴的演出互动,实现了观演者到参与者的身份转变。在"IVY"的 YouTube 频道,播放量排在前列的均为博主本人与外国观众热情互动、进行"PK"合奏的视频。无独有偶,"静缘"在澳大利亚街头教学外国友人的视频也获得自己频道的最高播放量。此外,彭静旋在法国街演时也与偶遇的外国吉他弹奏者即兴合作了一首法国曲目。这些中外合奏的视频,不仅在线下街头收获了路人的驻足欣赏,在线上社交平台也广受好评。

当前,人们的日常生活免不了与各种社交媒体交织在一起。在这些街头表演中,我们经常看到有路人使用手机或相机拍摄,他们不仅拍摄表演者,也拍摄因表演而展开的社会聚集。有理由推测,拍摄者极有可能将相关视频与亲友分享,甚至通过自己的社交媒体发布。表演者自己的团队更是有意将这些表演制作成视频,打上吸引人的标题,在社交媒体上广为流传。

如果说,一个异域城市是一个系统,那么,街头则成为外来文化融于当地日常生活海洋的界面。与此同时,社交媒体延伸了这个界面,并且塑造了实体空间和虚拟空间之间的新界面。两者叠合,跨越界线的文化转化就有了可能性。

2. 具身与在线的新共鸣

街头表演还是一种具身的互动。当然,所有的音乐都有具身性。考古学家史蒂芬·米森(Steven Mithen)对人类语言和音乐的起源做了详细讨论,发现人类身体构造及其行动与音乐感受密切相关。他说:"人们听到音乐时很难抑制住身体的律动。"[②]在街头表演的视频中,我们经常看到围观路人会随着音乐晃动身体,有时候甚至会翩翩起舞,这在孩童身上更为常见。这也解释了为何街演者偏好节奏感强烈的乐曲。街头的宽松氛围,音乐天然的具身性,乐曲的节奏感,再加上通电的扩音设备进一步加强,这甚至给路边观众造成了声波的冲击,使得身体律动并产生共鸣。服装的具

① SIMPSON P. Street performance and the city: public space, sociality, and intervening in the everyday[J]. Space and culture, 2016, 14(4): 415-430.

② 米森.歌唱的尼安德特人:语言和音乐的起源[M].贾丙波,李静,夏君,译.杭州:浙江大学出版社,2023:20.

身性同样明显。一位汉服博主“娜娜”常常在商场、公园、商业街等地进行汉服展示,并搭建了一个类似“汉服角”的空间,邀请路人进行汉服试穿体验。据“娜娜”上传的视频显示,在比利时某商场室内,有不少外国民众在其搭建的“汉服角”排队体验,而她则帮助他们从编发髻到穿戴服饰感受汉服的全套着装流程,此外,她还会进行一些中国古代礼仪教学。法曼提出了“感觉铭刻的身体”(sensory-inscribed body)的概念,用来解释移动界面下的具身实践,这融合了两种具身模式:作为感知的身体与作为符号的身体对世界的解读。① 线下的街演过程主要体现了第一种模式,即对现实世界的具身感知,路人观众通过身体感知参与了街头表演的空间实践。而视频在社交媒体上传播时,则转变为符号,成为世界解读的身体元素。

3. 网红与流量:文化风潮的扩展

在 YouTube 等社交媒体平台上,中华传统文化海外街头表演视频经由病毒式传播迅速成为一股文化新风潮,与之相伴的则是不同国家网友与视频博主的全球对话与互动,同时,高曝光与流量热度又助推具有代表性的优质博主成为行业风向标,带动中华传统文化海外街演的发展。

例如,分析彭静旋视频下的评论者所用的语言及其 IP 地址,可发现评论者主要来自美国、法国、瑞典、英国、巴西、印度、日本、俄罗斯等。对于视频的正面评价占绝大多数,评价关键词经常出现“美丽(beautiful)”“惊艳(amazing)”“奇妙(wonderful)”“喜欢(love)”等正向情感文字。值得注意的是,有网友评论表示,彭静旋所演奏的音乐令人心情平静或更热爱这个世界,也正体现了法曼“感觉铭刻的身体”中的第二种具身模式。彭静旋的街演视频说明,音乐不仅作为“表层文化”拥有高渗透力②,在后疫情时代还能发挥疗愈功用③。

值得一提的是,彭静旋播放量最高的视频下方的热评第一是一位日本网友的点评,评论点赞量超一万,并且形成了中日韩网友关于中日关系和东亚文化的“楼中楼”热烈讨论,这从侧面说明社交媒体界面不仅促进了文化表演者与全球观众的互动,也为观众内部的互动交流提供了空间。此外,街头表演者在收到网友评论的选曲建议后,有时也会满足粉丝心愿,在之后的街演中演奏推荐曲目,形成线上线下的良性互动。

---

① FARMAN J. Mobile interface theory: embodied space and locative media[M]. New York: Routledge, 2012: 49.

② 任孟山,李呈野.中华文化对外传播的新时代经验与可能路径:李子柒爆红海外给国际传播带来的思考[J].对外传播,2020(1):16-18.

③ 王润珏,高再红.因势而新:中华优秀传统文化国际传播探索与展望[J].对外传播,2024,1:24-27.

彭静旋在 YouTube 及各种社交媒体上走红,也受到国内外诸多媒体包括新华社、CGTN 等的报道,影响力逐步扩大,也带动了更多海外年轻华人加入街演的行列。彭静旋在为其他街头表演者树立学习样板的基础之上,仍在寻求创新传统文化的街演形式。例如,她积极同其他中华传统文化表演者合作,与武者"凌云"共同上演《刀剑如梦》的快意江湖,展示中华文化动静的不同姿态。近期,她又转头与西方古典艺术融合,不仅与大提琴演奏者 Felix Nunes 共同演绎欧美乐曲,还与芭蕾舞者 LECOQ Shade 共同身着马面裙,于埃菲尔铁塔前呈现一幅美美与共的文化画卷。以彭静旋为代表的海外青年街演者,不断以个人文化实践创新中华传统文化的国际传播,也正契合了国内研究学者对于中华文化传播创意化传播与个性化传播的发展思路。

(三)另一种可能性:中国现代街头的线上呈现

中华传统文化海外街头表演的线上走红启示了展现中国形象的另一种可能:经社交媒体这一互动界面,让中国现代化城市面貌借由街头表演的形式进入全球视野。街头表演的关注点并不只是表演本身,街景、观众以及演出设备等都是街头表演的组成部分,在其传播过程中与表演一同映入人们的眼帘。

目前,在部分外国民众心目中,中国仍然是一个古老而神秘的国度,由武术、茶和神秘学元素构成。他们对中国的发展并没有充分认知,既不了解充满科技感与现代感的中国大都市,也不曾见过充满烟火气和人情味的中国小城镇。这恰恰是中国式现代化的成果需要对外展示的方面,街头表演有可能将中国式现代化折叠为一个从街头到社交媒体中的场景,巧妙地呈现于世界。在疫情之前,"快闪"(flashmob)曾经是一种风靡一时的文化现象,在中国的商场、机场和街头进行的快闪表演也曾经在 YouTube 上广为传播。试想,如果邀请海外表演者在中国街头表演,恰恰有潜力将中国现代的发展景象传递到世界各地。

四、结语

作为国际传播的街头表演,在保留中华传统文化身份的基础上,也在一定程度上绕开了国家政府色彩,从有意图传播转向潜移默化,从正式场合转向街头,从特定时刻转向日常生活,以轻松而即兴的方式,借由街头和社交媒体形成的复合界面,形成了跨越界限的人文交流效果。

与此同时,街头表演的随机性与偶发性也可能会带来不可控的插曲,甚至是不谐和音。2024 年 1 月,YouTube 平台上一名英国钢琴博主布伦丹·卡瓦纳(Brendan Kavanagh,网名为“DR K Boogie Woogie”)在伦敦圣潘克拉斯车站的公共钢琴上直播演奏时,与中国游客因沟通出现问题而发生冲突,后续引发了激烈的网络争论。因此,在以街头表演的形式进行中华传统文化的国际传播时,还应格外注意如隐私、跨文化误解、舆情风险控制等一系列问题,从而更积极有效地传播中华传统文化,提升中国国家形象。

〔张磊,中国传媒大学国家传播创新研究中心副主任、研究员,武汉大学媒体发展研究中心研究员;宋奕杉,中国传媒大学媒体融合与传播国家重点实验室 2023 级国际传播白杨班硕士研究生〕

〔特约编辑:付晓光〕

短视频社交可供性影响下在华外国留学生的跨文化适应与地方依恋*

Cross-cultural Adaptation and the Place Attachment of Foreign Students in China under the Influence of Social Affordance of Short Video Platform

◎ 邓秀军 董筱姗 别明蔚**

Deng Xiujun Dong Xiaoshan Bie Mingwei

摘要：随着中国高校教育国际化水平的不断提升，越来越多外国留学生来华深造，在华外国留学生的跨文化适应和地方依恋成为热点议题。当下中国的短视频应用开始在来华外国留学生群体中普及，对他们的学习和生活产生了重大影响。本文从可供性的理论视角切入，采取问卷调查的研究方法，选择短视频的社交可供性作为自变量，在华外国留学生的跨文化适应作为中介变量，探究其地方依恋的生成机制。研究发现，短视频平台的可致意、可传情两类社交可供性功能对外国留学生的跨文化适应产生较强正向影响，在华外国留学生的跨文化适应从社会文化适应和心理适应向度影响地方依恋的生成，其中社会文化适应的作用相对较强。从技术可供性的视角揭示短视频平台对地方依恋的内在影响机制，验证了跨文化适应这一影响因素中的中介效应。

关键词：留学生群体；短视频；社交可供性；跨文化适应；地方依恋

Abstract: With the continuous improvement of the internationalization level of Chinese university education, more and more foreign students are attracted to study in China. Short video application began to be popular among foreign students in China, and the social function of short video platform then intervened in the life of overseas students. This study choose the social affordance of short video application as research viewpoint, and the cross-

* 本文系北京市社科基金重点项目“移动短视频助力北京城市国际形象建构与传播研究”（项目编号：22JCB031）的研究成果。

** 邓秀军为本文第一作者，别明蔚为本文通讯作者。

cultural adaptation of foreign students in China as an intermediary variable to explore the influencing factors of their place attachment through questionnaire survey. The study reveals that the greet-ability and emotion-ability of short video platforms had a strong positive impact on the cross-cultural adaptation of foreign students, and it also positive impact on their place attachment. This conclusion reveals the influence mechanism of short video on place attachment from the perspective of technology availability, and verifies the mediating effect of cross-cultural adaptation in this influence path.

Keywords: foreign students, short video, social affordance, cross-cultural adaptation, place attachment

一、问题的提出

在全球化的时代背景之下,来自不同国家和地区的人们流动日趋频繁,不同文化背景的人们跨越地域和语言的障碍,推动全球文明的交流与互鉴。《中国留学发展报告(2022)》蓝皮书提出,2018 年,来华留学生共有近 50 万人,中国一跃成为世界第三、亚洲第一大的留学目的国。教育部的相关数据显示,2021 年,我国在册的国际学生来自 195 个国家,教育学历学生占比 76%,比 2012 年上升 35%[①]。外国留学生作为连接中外的“桥梁人群”,在跨文化交流中起到促进沟通、加强交往、增进了解等作用。有研究显示,来华外籍人士对其所居住城市的地方感包含了他们心目中的城市印象、社会文化认知和个体情感需求[②],同时,他们的地方依恋程度愈高,就愈有可能参与本地城市形象建构的传播[③]。由此可见,对所在城市的印象和情感是来华外国留学生地域选择的主要影响因素,了解来华外国留学生地方依恋的影响因素和生成机制,对我国城市形象的跨文化传播,以及城市国际竞争力的提升具有重大的参考意义。

在数字媒体平台日益成为新型基础设施的当下,媒介技术的可供性丰富了人们体验和表达特定地方(或地域)的途径和方式,人与城市之间的情感联结方式也被新媒体

① 中华人民共和国教育部.数说“教育这十年”:教育对外开放呈现新格局[EB/OL].(2022-10-07)[2023-12-11]. http://www.moe.gov.cn/jyb_xwfb/s7600/202211/t20221101_673819.html.

② 宋宗员,刘云刚,安宁,等. 跨国移民的地方感研究:以在穗非洲移民为例[J].人文地理,2022,37(4):65-74.

③ 陈诺.城市形象感知对地方依恋及行为意愿的影响研究[D]. 重庆:重庆大学, 2021:23-24.

不断改写[①]。短视频以更为直观、感性的方式消解语言和文化障碍，成为不同文明间的交流与对话的重要中介[②]。不少来华外国留学生广泛使用中国的短视频平台，为他们的学习和生活提供帮助[③]。跨文化适应性体现着留学生的感悟能力和情感交际能力，驱动外国留学生群体对地方从陌生到依赖，从边缘到认同的态度转化，进而形成对留学所在地的地方依恋。留学生的地方依恋会影响其重访和居留行为，在人地关系发展中具有核心价值。在地方依恋的生成过程中，在华外国留学生的短视频使用有着什么样的影响作用？这些短视频使用行为对他们的跨文化适应又产生了什么样的影响？最后，他们的跨文化适应又如何影响地方依恋的生成？本研究选择北京的在华外国留学生作为问卷调查的对象，采纳跨文化适应为中介变量，探究和揭示短视频可供性对来华外国留学生的地方依恋的影响及其作用机制。

二、文献回顾

(一)地方依恋与“他者”的地方依恋

人与地方的情感议题一直是国内外人文地理学和环境心理学研究的热点。Hidalgo 等人提出“地方依恋”(place attachment)概念，认为地方依恋属于一种进步的地方感，人和某一地点所产生的一种感情上的关系，使人倾向于接近该地点，并感到舒服和安全[④]。Williams 等人认为有两个维度的地方依恋：地方依赖(place dependence)和地方认同(place identity)，分属于功能性和情感性依恋[⑤]。其中，功能性的地方依赖更侧重于地方的物质资源对个人安全、社交、娱乐、学习等需求的满足，尤其在与其他地方的比较中更能凸显“依赖”的特征；情感性更强的地方认同则侧重于地方在精神价值方面对个人的吸引[⑥]，将个人信念与人生目标与地方文化、精神相交融，从而使人获取归属感。

① 丛文蕾.新媒体的可供性与地方感塑造：以上海百年街道愚园路为例[J]. 全媒体探索，2021(2)：71-72.

② 李冰玉，孙英春.跨文化传播的视觉化趋向与中国出版“走出去”的实践场域[J]. 现代传播(中国传媒大学学报)，2020，42(1)：62-66.

③ 尚媛媛，刘沫，吴弦，等.在场与体验：抖音对在华东南亚留学生跨文化适应的影响：基于武汉市高校的调查[J]. 新媒体研究，2021，7(17)：39-43，62.

④ HIDALGO M C, HERNANDEZ B. Place attachment: conceptual and empirical questions[J]. Journal of environmental psychology，2001，21：273-281.

⑤ WILLIAMS D R，PATTERSON M E, ROGGENBUCK J W.Beyond the commodity metaphor: examining emotional and symbolic attachment to place[J].Leisure studies，1992，14：29-46.

⑥ 杨昀. 地方依恋的国内外研究进展述评[J].中山大学研究生学刊(自然科学与医学版)，2011，32(2)：12.

地方依恋的研究对象随着空间尺度不断变化,早期研究大多聚焦于长期居住环境,例如家、社区[①]、街区、城市公园[②]等。随着交通技术日益发展,全球人口流动往来不断增强,研究的空间尺度涉及旅游景点、异国城市等更大的空间类型[③],以及城市外来务工者、跨国移民、游客等空间流动群体[④]。人口学变量如性别、年龄等因素,物理环境变量如到访频次、居留时长、物理距离等因素,以及社会变量如经济水平、受教育水平、人际网络等因素[⑤]是重要的关注焦点。有研究认为对地方的熟悉性对地方依恋产生显著影响,到访频次越高、居住时间越长,对地方的熟悉程度就越深[⑥]。Chow 等人发现地方的人际关系是地方依恋产生的主要动力[⑦]。在媒介化生存的时代,对于空间的传统划分尺度似乎逐渐失效,数字技术帮助人们摆脱地理空间的限制,实现虚拟的到访乃至网络人际资源的拓展[⑧]。当媒介技术与日常生活的界限日益模糊,地方依恋的产生将受到怎样的影响,日益成为社会基础设施的社交媒体在弥合异地文化差异、黏合人城情感的过程中发挥着何种作用,值得深入探究。

(二)社交可供性与短视频的社交可供性

"可供性"(affordance)是吉布森提出的一个生态心理学概念,强调人和环境的深层互动和互补[⑨]。随着人造技术的不断进步,学界开始更加关注技术物与人的关系[⑩]。Hutchby 认为,"可供性"指的是媒介技术对特定行动者而言所具备的行动之可能[⑪],强调媒介技术既是"使能"也是"限制"。从技术与人的关系的整体性看待"可供性",一

① HIDALGO M C, HERNANDEZ B. Place attachment: conceptual and empirical questions[J]. Journal of environmental psychology,2001,21:273-281.

② MOORE R L,SCOTT D.Place attachment and context:comparing a park and a trail within[J].Forest science,2003,49(6):877-884.

③ 宋宗员,刘云刚,安宁,等. 跨国移民的地方感研究:以在穗非洲移民为例[J].人文地理,2022,37(4):65-74.

④ 邱慧,周强,赵宁曦,等.旅游者与当地居民的地方感差异分析:以黄山屯溪老街为例[J].人文地理,2012,27(6):151-157.

⑤ 古丽扎伯克力,辛自强,等.地方依恋研究进展:概念、理论与方法[J].首都师范大学学报(社会科学版),2011(5):86-93.

⑥ LALLI M.Urban-related identity:theory, measurement, and empirical findings[J]. Journal of environmental psychology,1992,12:285-303.

⑦ CHOW K, HWALEY M.Place attachment and place identity:first-year undergraduates making the transition from home to university[J].Journal of environmental psychology,2008,28(4):362-372.

⑧ 郑春晖,张佳,温淑盈.虚与实:虚拟旅游中的人地情感依恋与实地旅游意愿[J].旅游学刊,2022,37(4):104-115.

⑨ GIBSON J J. The ecological approach to visual perception[M]. London: Psychology Press,2014:127-143.

⑩ 景义新,沈静.新媒体可供性概念的引入与拓展[J].当代传播,2019(1):92-95.

⑪ HUTCHBY I. Communicative affordances and participation frameworks in mediated interaction[J]. Journal of pragmatics, 2014,10:86-89.

定程度上摒弃了主客二元对立的立场，在关注技术物的功能性的同时，强调主体性的能动价值①。可供性主要分为信息生产的可供性（production affordances）、社交可供性（social affordances）和移动可供性（mobile affordances）三个维度②。对于社交媒体来说，其关键特性体现在社会关系网络的连接，还有协作性信息挖掘和分享等方面③。

随着抖音、快手、小红书、西瓜视频等短视频平台的普及，短视频不断发展出直播、社区团购等线上消费场景，创造了更多的社交机会和社交场景④。具体而言，短视频的社交可供性体现在四个方面：第一，用户通过短视频平台相互问候，建立初步联系的能力体现其可致意功能（greet-ability）；第二，用户情绪表达的渠道和方式的能力强调的是可传情功能（emotion-ability）；第三，可协调功能（connect-ability）是指通过短视频平台多要素的协调，实现整个信息系统的协作运作；第四，可连接功能（coordinate-ability）是指人们可以通过短视频平台来构建社交网络的能力。短视频平台所拥有的社交可供性愈高，使用者采纳其来表达问候、建立联系的机会就愈大⑤。短视频平台用户通过"点赞、收藏、分享"等渠道表达对其他用户发布内容的认知态度，以此作为可致意功能在短视频平台的具象体现；"评论、私信、表情"等功能为用户间情绪表达提供更加多元的方式，是短视频平台可传情功能的具体显现；"购买、城市定位、直播"等功能帮助用户在多个场景组件间来回跳转，体现了短视频平台的可协调功能；"关注、可能认识的人、猜你喜欢"等可连接功能借助平台算法实现用户群属化、网络化。

（三）跨文化适应与外来群体的跨文化适应

跨文化适应（cross-culture adaptation）是具有不同文化的两个群体通过文化接触而改变原有文化模式的现象⑥，主要探讨文化适应过程对新移民或者暂居者的影响。人类学学者最初探索文化适应对于文化弱势群体融入发达文化群体过程的影响，着重考察群体之间的互动关系。⑦ Graves 提出，应关注个体在文化适应过程中的行为、态

---

① 孙凝翔，韩松."可供性"：译名之辩与范式、概念之变[J].国际新闻界，2020，42(9)：122-141.

② 潘忠党，刘于思. 以何为"新"？"新媒体"话语中的权力陷阱与研究者的理论自省：潘忠党教授访谈录[J].新闻与传播评论，2017(1)：2-19.

③ MCLOUGHLIN C，LEE M J. Social software and participatory learning：pedagogical choices with technology affordances in the Web 2.0 Era[J]. Proceedings ascilite Singapore，2007：664-675.

④ 黄淼，黄佩.媒介可供性视角下短视频电商的实践特征[J]，编辑之友，2021(9)：47-53.

⑤ 朱国辉.高校来华留学生跨文化适应问题研究[D].上海：华东师范大学，2011：47-51.

⑥ BERRY J W. Immigration，acculturation and adaptation[J]. Applied psychology：an international review，1997，46(1)：6-9.

⑦ 余伟，郑钢.跨文化心理学中的文化适应研究[J].心理科学进展，2005(6)：134-144.

度以及心理健康状况的变化等。① Ward认为，当客居者进入跨文化环境中，新的社会环境会使其感受到一定的压力和能力缺陷，因此，客居者会调动其自身认知、情感、行为进行适应和相应的改变②。跨文化适应主要有心理适应（psychological adaptation）与社会文化适应（sociocultural adaptation）两个层面，前者关注的是心理或情绪层面的幸福与满足③，后者则更侧重于实际技能方面，指能够帮助人们顺利地应对新的社会文化环境④。

大部分外国留学生刚进入异国他乡时会经历一定的“文化冲击”，因此，需要考察留学生与学校各类人员的交际适应情况，如与老师、同学的交往适应，以及社团、学生会等组织中的参与沟通水平。留学生在面对文化情境转变时，个体心理会产生或正面或负面的感受，例如愉悦感、孤独感、压力感、边缘感等具体心态⑤。外国留学生的跨文化适应的影响因素大体可分为内部因素和外部因素两类。内部因素从留学生自身的文化属性及认知价值观出发，认为留学生的母国社会价值观影响他们对中国社会价值观的理解，并对留学生文化适应产生影响⑥。外部因素从所处客观环境出发，认为非亲密关系提供的情感、信息等外部社会支持对旅居者的跨文化适应高过程至关重要⑦。随着信息技术发展，媒介平台成为信息支持获取和建立人际网络的重要渠道，媒介平台功能使用对留学生跨文化适应能力逐渐具有重要意义。

三、研究设计

(一)理论模型与研究假设

媒介的社交可供性增加了地方性知识的信息来源，拓宽了人与地方的互动渠道，能从人与技术物关系的视角展现媒体平台多元功能对地方情感的影响路径。外国留学生在迈入异国他乡，面临新的文化情境时，会基于自身主观能动性在认知、情感和行

---

① 杨宝琰，万明钢.文化适应：理论及测量与研究方法[J].世界民族，2010(4)：1-9.

② WARD C，BOCHNER S，FURNHAM A. The psychology of culture shock[M]. Philadelphia：Routledge，2001：68-162.

③ 陈慧，车宏生，朱敏.跨文化适应影响因素研究述评[J].心理科学进展，2003(6)：704-710.

④ WARD C，KENNEDY A. Acculturation strategies，psychological adjustment and sociocultural competence during cross-cultural transitions[J]. International journal of intercultural relations，1994，18(3)：329-343.

⑤ 朱国辉.高校来华留学生跨文化适应问题研究[D].上海：华东师范大学，2011：47-51.

⑥ 陈慧.留学生中国社会文化适应性的社会心理研究[J].北京师范大学学报(社会科学版)，2003(6)：135-142.

⑦ ADELMAN M B. Cross-cultural adjustment：a theoretical perspective on social support[J]. International journal of intercultural relation，1988，12(3)：183-205.

为等方面进行相应的适应与调整，体现了人地连接的动态过程。因此，研究选取中国境内的短视频平台的社交可供性为自变量，在华外国留学生的跨文化适应为中介变量，在华外国留学生的地方依恋为因变量，构建中国短视频媒体社交可供性对在华外国留学生跨文化适应及地方依恋的影响机制理论模型（见图1）。

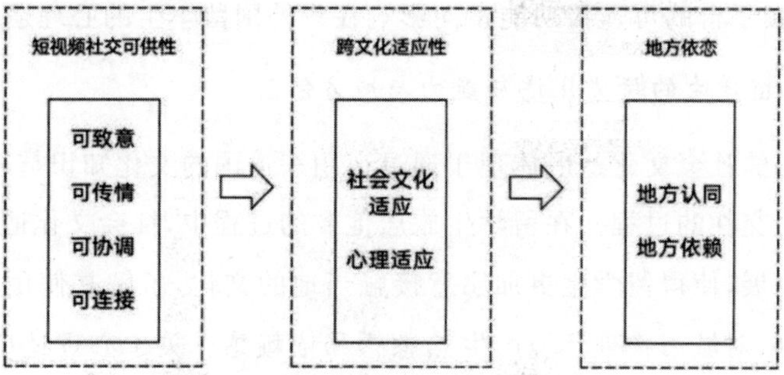

图1　地方依恋生成机制的理论模型图

1.短视频社交可供性与在华外国留学生的跨文化适应

短视频社交媒体页面具有多重功能设置，对应用户不同的使用需求，体现用户对平台技术的依赖深度。短视频社交媒体自身的技术可供性为用户提供了更为便利舒适的人际交流环境，帮助促进留学生理解社交文化礼仪和地方知识①。短视频平台技术支撑下的情感表达、海量信息和社交网络能为留学生提供情感支持和精神依靠，求助者也可以通过自身的努力把获得的信息、关系、鼓励转化为文化习得和适应差异的动力和途径②。需要注意的是，东道国语言和母国语言媒介来源对留学生的跨文化适应结果的影响差异较大③。因此，本研究所提及的短视频社交媒体均指外国留学生所使用的中国软件应用，而避免将来华留学生的母国社交媒体使用纳入研究视野。基于此，本研究提出以下假设。

H1：短视频社交可供性正向影响在华外国留学生的社会文化适应；

H1a：短视频平台的可致意功能正向影响在华外国留学生的社会文化适应；

H1b：短视频平台的可传情功能正向影响在华外国留学生的社会文化适应；

H1c：短视频平台的可协调功能正向影响在华外国留学生的社会文化适应；

① 马红，刘巍.新媒体在留学生跨文化适应中的独特优势[J].人民论坛，2018(10)：134-135.

② 张淑爱.留学生跨文化效能的影响因素及其与生活满意度关系研究[D].杭州：浙江大学，2012：28-30.

③ 周丽玲，加尔文.媒介使用与跨文化适应研究述评[J].教育传媒研究，2016(2)：92-95.

H1d：短视频平台的可连接功能正向影响在华外国留学生的社会文化适应；

H2：短视频社交可供性正向影响在华外国留学生的心理适应；

H2a：短视频平台的可致意功能正向影响在华外国留学生的心理适应；

H2b：短视频平台的可传情功能正向影响在华外国留学生的心理适应；

H2c：短视频平台的可协调功能正向影响在华外国留学生的心理适应；

H2d：短视频平台的可连接功能正向影响在华外国留学生的心理适应。

2.在华外国留学生的跨文化适应能力与地方依恋

外国留学生的社会文化适应体现于通过运用东道国的文化知识与表达技巧，在当地实现正常社会交往的过程。在留学生旅居他乡的过程中，社会文化适应能力使得跨文化交际得以发展，使得留学生更加愿意接触当地的文化，了解并使用城市各项基础设施的运行规则，对城市物理环境产生熟悉感和依赖感。关于心理适应的影响结果，有研究认为留学生在异国他乡的抑郁心理会导致他们难以在当地正常交友，从而较难融入当地社会①，而心理适应越高的留学生，对当地生活满意度也越高②。空间之所以成为地方，是由于人在与地方的互动中投射了情感体验，增强了对地方的熟悉感、满意度和归属感，进而形成深厚情感。基于此，本研究提出以下假设。

H3：在华外国留学生的社会文化适应正向影响地方依恋；

H3a：在华外国留学生的社会文化适应正向影响地方依赖；

H3b：在华外国留学生的社会文化适应正向影响地方认同；

H4：在华外国留学生的心理适应正向影响地方依恋；

H4a：在华外国留学生的心理适应正向影响地方依赖；

H4b：在华外国留学生的心理适应正向影响地方认同。

3.跨文化适应的中介作用

外国留学生处于跨文化环境之中，需要对留学地区的风土人情进行体验和理解，并在人际交往和学习生活中不断对自身认知行为进行调适，跨文化适应发生在这个动态变化中。跨文化适应能力影响着人们的地方融入意愿和能力。面对生活困境，跨文化适应强的个体可更好地调动积极心态、向外求助，从而深入体验地方人文风情，产生深刻情感。前人在研究中发现，跨文化适应的中介效应主要建立在积极主动的情感投

① 刘禹冰.来京俄罗斯留学生跨文化适应研究[C]//北京大学对外汉语教育学院.2023对外汉语博士生论坛暨第十六届对外汉语教学研究生学术论坛论文集.北京：北京大学对外汉语教育学院，2023：5.

② 张淑爱.留学生跨文化效能的影响因素及其与生活满意度关系研究[D].杭州：浙江大学，2012：82.

入和对当地贡献的感知上，一定程度上增强个体的地区归属感①。相关研究显示，短视频媒介的运用能够对跨文化理解和应对文化休克起支持作用②。由此可见，跨文化适应对地方依恋具有重要的中介作用，故本研究提出假设：

H5：在华外国留学生的跨文化适应在短视频社交可供性与地方依恋之间起中介作用

(二)问卷设计与抽样调查

问卷分为 4 个部分，分别是人口统计特征调查、在华外国留学生的短视频社交功能使用偏好调查、跨文化适应能力调查和地方依恋程度调查，共由 32 个题项组成，并均采用李克特五级量表进行选项设置(完全不同意＝1，不同意＝2，一般＝3，同意＝4，完全同意＝5)。

1.自变量：移动短视频的社交可供性

本研究自变量为移动短视频的社交可供性，包括可致意功能、可传情功能、可协调功能、可连接功能这 4 个维度，主要参考了邓秀军等人③研究的量表，每个维度 4 个题项，共 16 个题项。

2.中介变量：在华外国留学生的跨文化适应程度

本研究的中介变量为跨文化适应，分为社会文化适应和心理适应两个维度。本研究采用了匡文波等人④相关研究中的量表，整合形成了外国留学生跨文化适应性量表。社会文化适应包含“我能够获取充足的当地新闻资讯”“我能够顺畅地与当地的老师同学讨论问题和日常交流”“我能够了解留学城市的文化习俗”“我能够参与留学城市的社会活动”，共 4 个题项；心理适应包含了“我在留学期间交到了朋友，并未感到孤独”“在留学期间，我没有感到强烈的压力”“我对自己的留学生活感到愉快和满意”“我在留学期间没有感觉自己被忽视过”，共 4 个题项。

---

① 杨靖，杜屏，孙冉，等. 关系韧性视角下的民族地区教师韧性影响机制研究：跨文化适应的中介分析[J].民族教育研究，2022，33(5)：110-118.

② YANG C，WU H，MA Z，et al.Tuning in to fit in? Acculturation and media use among Chinese students in the United States[J]. Asian journal of communication，2004，10(1)：81-94.

③ 邓秀军，关越.可供、可见与可接纳：移动短视频用户的旅游意向生成机制[J]. 现代传播(中国传媒大学学报)，2022，44(12)：136-145.

④ 匡文波，武晓立.跨文化视角下在华留学生微信使用行为分析：基于文化适应理论的实证研究[J]. 武汉大学学报(哲学社会科学版)，2019，72(3)：115-126.

3.因变量:在华外国留学生的地方依恋水平

本研究的因变量为地方依恋,包括地方依赖和地方认同两个维度指标。地方依赖和地方认同维度参考了 Williams 等人①的成熟量表,并结合本研究做了适当删减。测量地方依赖的 4 个题项分别为:“北京可以满足我休闲娱乐的需求”“在北京留学能让我的个人能力和专业知识得到提升”“在北京留学能使我交到很多朋友,丰富我的社交网络”“我认为北京是在中国留学的最佳选择”;测量地方认同的 4 个题项分别为:“北京对我而言很特别”“我的个性和特点可以在北京得到满足和展现”“我对北京有一种归属感”“北京可以看作是我的第二故乡”。

4.样本选取与问卷发放

问卷正式发放之前进行了预测试,共发放 83 份问卷,剔除无效样本后,最终回收 75 份有效问卷。随后,本研究进行了预测试检验,包括遗漏值检验、描述性统计、极端组检测和同质性检验等检验方法。其中,遗漏值检验均为 0,表明整体数据信息偏向稳定的状态,不存在难以回答的问题;描述性统计中,平均值取值范围均在均值±1.5×维度标准差的区间,所有题项的标准偏差都不小于 0.75,不存在标准偏差太小的问题;偏度均接近±0.5,说明题项设计具有较高的辨别度;极端组检验中,所有量表题项的显著性都小于 0.05,说明变量设计具有较高的区分度;同质性检验中,校正后变量与总分相关性(CITC)全部符合大于 0.5 的条件,表明所有题项都适合进入主成分分析,主成分分析法提取的公因子的因子负荷量均大于 0.3,说明题项与公因子之间的关系密切。因此,理论上,所有题项均可以保留。

本研究正式问卷发放开始于 2023 年 8 月,至 2023 年 10 月结束,通过问卷星平台进行问卷设计及发放。为了排除不同城市发展程度和气质特性对依恋情感的影响,研究者仅将样本来源锁定于单个城市。北京是中国的政治、文化和经济中心,吸引了大量的留学生,是最受留学生欢迎的城市之一,因此,本研究以北京地区高校的外国留学生作为研究对象。考虑到留学生汉语水平参差不齐,问卷以中英双语制作,英语译文部分同时参考了英语母语者的意见。由于样本的稀缺性,本研究通过滚雪球的抽样方式进行样本回收。研究最终回收 376 份问卷。研究问卷设置 2 个限制题项,即“是否使用过中国大陆的移动短视频”和“是否为在华留学生”,如果选择否定选项,则结束问卷作答,本研究剔除无效样本后,筛选出有效问卷共 363 份,有效作答率为 96.5%。

---

① WILLIAMS D R, VASKE J J. The measurement of place attachment: validity and generalizability of a psychometric approach[J]. Forest science, 2003, 49(6):830-840.

四、数据分析与假设检验

(一)描述性统计分析

本研究的人口统计学信息如下(见表1):其中,女性受试者居多(55.1%),而男性受试者较少(44.9%);年龄主要集中在18—25岁(54.8%)这一年龄段;文化程度以大学本科在读为主,占比为46.6%,研究生学历占41%;在华留学时长方面,超过一半的(51.5%)受试者留学时长为6—12个月,其次分别是1—2年(20.1%)、少于6个月(20.1%)和2年以上(8.3%);生源地域方面,占据前三的分别是亚洲(29.4%)、非洲(27.2%)和欧洲(17.4%),亚洲和非洲国家占比较大;使用频率方面,选择"总是"的用户最多(44. 9%),其次是"有时"(35.2%);使用目的方面(可多选),休闲娱乐(80.44%)最多,其次是身边人的影响(63.64%)。

表1 样本的人口统计学信息(n=363)

信息大类	信息细类	频率	百分比	有效百分比	累计百分比
性别	男	163	44.9	44.9	44.9
	女	200	55.1	55.1	55.1
年龄	低于18岁	40	11	11	11
	18—25岁	199	54.8	54.8	54.8
	26—30岁	89	24.5	24.5	24.5
	超过30岁	35	9.6	9.6	9.6
文化程度	本科生	169	46.6	46.6	46.6
	硕士生	106	29.2	29.2	29.2
	博士生	43	11.8	11.8	11.8
	预科课程	16	4.4	4.4	4.4
	一般进修班	9	2.5	2.5	2.5
	高级进修班	15	4.1	4.1	4.1
	暑期学校	5	1.4	1.4	1.4
在华留学时长	少于6个月	73	20.1	20.1	20.1
	6—12个月	187	51.5	51.5	51.5
	1—2年	73	20.1	20.1	20.1
	2年以上	30	8.3	8.3	8.3

续表

信息大类	信息细类	频率	百分比	有效百分比	累计百分比
地域分布	非洲	99	27.2	27.2	27.2
	亚洲	107	29.4	29.4	29.4
	欧洲	63	17.4	17.4	17.4
	北美洲	42	11.6	11.6	11.6
	大洋洲	15	4.1	4.1	4.1
	南美洲	37	10.3	10.3	10.3
短视频使用频率	总是	163	44.9	44.9	44.9
	有时	128	35.2	35.2	35.2
	很少	72	19.8	19.8	19.8
短视频使用目的(多选)	休闲娱乐	292	80.44	80.44	80.44
	身边人都在用	231	63.64	63.64	63.64
	了解当地文化	207	57.02	57.02	57.02
	学习汉语	206	56.75	56.75	56.75
	寻找当地活动	157	43.25	43.25	43.25
	认识新朋友	140	38.57	38.57	38.57
	生活便利	127	34.99	34.99	34.99

(二)量表品质检验

1.共同方法偏差检验

本研究采用 Harman 单因素检验法测量共同方法偏差。Harman 单因素检验是将所有的变量都纳入探索性因子分析,如果只分析出一个未旋转因子,且该因子解释了绝大部分变异,则可判定存在严重的共同方法偏差。检测结果显示第一个因素特征值为 39.31%,小于 40%,说明本研究不存在共同方法偏差问题。

2.信度和效度检验

本研究采用了 Cronbash's Alpha 对量表的可靠性和稳定性进行检验。信度方面,总量表和两个维度的 Cronbash's Alpha 均大于 0.7,符合信度要求。其中,短视频社交可供性量表的 Cronbash's Alpha=0.913,跨文化适应量表的 Cronbash's Alpha=0.842,地方依恋量表的 Cronbash's Alpha=0.847。整体量表的 KMO 值为 0.968

(>0.7),巴特利特球形度检验读取的卡方值为5102.577,显著性P<0.001,符合效度检验要求。

(三)研究假设检验

1.相关性假设检验

本研究采用皮尔逊(Pearson)相关分析法来验证研究假设是否成立,主要检测短视频社交可供性、跨文化适应和地方依恋三个变量之间相关程度的强弱。一般来说,若两个变量之间存在相关关系,须满足变量之间不相关的双侧显著性P值小于显著性水平,否则假设不成立。同时,相关系数为正时,说明两个变量之间存在正相关关系;反之,则存在负相关关系;相关系数等于0,说明两个变量之间无线性相关关系。皮尔逊相关系数的取值范围通常是[-1,1],相关系数的绝对值越接近1,表示两个变量之间的线性关系越强;绝对值越接近0,表示两个变量之间的线性关系越弱。

表2 研究假设检验结果

假设内容	相关系数	p	结果
H1a:短视频可致意功能正向影响在华外国留学生的社会文化适应	0.473	0.000***	成立
H1b:短视频可传情功能正向影响在华外国留学生的社会文化适应	0.185	0.000***	成立
H1c:短视频可协调功能正向影响在华外国留学生的社会文化适应	0.049	0.302	不成立
H1d:短视频可连接功能正向影响在华外国留学生的社会文化适应	0.137	0.013*	成立
H2a:短视频可致意功能正向影响在华外国留学生的心理适应	0.324	0.000***	成立
H2b:短视频可传情功能正向影响在华外国留学生的心理适应	0.218	0.000***	成立
H2c:短视频可协调功能正向影响在华外国留学生的心理适应	0.173	0.002**	成立
H2d:短视频可连接功能正向影响在华外国留学生的心理适应	0.072	0.225	不成立
H3a:在华外国留学生的社会文化适应正向影响其地方依赖	0.371	0.000***	成立
H3b:在华外国留学生的社会文化适应正向影响其地方认同	0.390	0.000***	成立
H4a:在华外国留学生的心理适应正向影响其地方依赖	0.336	0.000***	成立
H4b:在华外国留学生的心理适应正向影响其地方认同	0.325	0.000***	成立

研究假设检验的结果表明(见表2),社交可供性中的可致意功能、可传情功能、可连接功能与在华外国留学生的社会文化适应存在正向相关关系,相关系数分别为0.473、0.185、0.137;可协调功能与在华外国留学生的社会文化适应之间没有显著的相关关系(p=0.302)。可致意功能、可传情功能、可协调功能与在华外国留学生的心理

适应存在正向相关关系，相关系数分别为 0.324、0.218、0.173；可连接功能与在华外国留学生的心理适应之间没有显著的相关关系（p=0.225）。在华外国留学生的社会文化适应显著影响地方依赖和地方认同，相关系数分别为 0.371 和 0.390。在华外国留学生的心理适应显著影响地方依赖和地方认同，相关系数分别为 0.336 和 0.325。

由此可知，假设 H1a、H1b、H1d、H2a、H2b、H2c、H3a、H3b、H4a、H4b 均成立，假设 H1c、H2d 不成立。这表明，短视频所具备的大多数社交可供性特征对在华外国留学生的跨文化适应产生了影 响。其中，短视频平台的可致意、可传情、可连接这三种功能越强，在华留学生的社会文化适应程度越高；短视频平台的可致意、可传情、可协调这三种功能越强，在华留学生的心理适应程度越高；可致意和可传情两种功能在跨文化适应的两个层面都产生显著的影响效果。与此同时，留学生社会文化适应、心理文化适应两个层面的跨文化适应都与其地方依恋呈正相关，说明其跨文化适应程度越高，产生地方依恋的可能性越大。

2.跨文化适应的中介作用检验

通过针对跨文化适应作为中介变量的效果检验，显示在 95%置信区间水平下，中介检验的结果不包含 0（LLCI=0.0669，ULCI=0.0.1883），中介效应大小为 0.1285。此外，社交可供性—地方依恋的总效应和直接效应的 95%置信区间分别为（LLCI=0.3621，ULCI=0.4354）（LLCI=0.2131，ULCI=0.3274），均不包含 0，总效应、直接效应分别为 0.3987、0.2703。检验结果说明，短视频社交可供性通过在华外国留学生的跨文化适应正向影响地方依恋，跨文化适应在短视频社交可供性对在华留学生地方依恋的影响中发挥了部分中介作用。

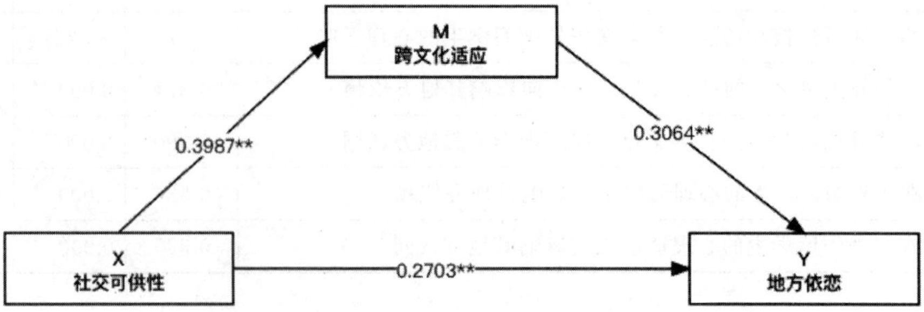

图 2　跨文化适应在模型中的中介效应分析

五、研究发现

如上的研究假设检验及相关性和中介效应的系数表明(见图3),短视频平台社交可供性对促进在华外国留学生的跨文化适应有部分影响效果,而在华外国留学生的跨文化适应正向且显著地影响其地方依恋程度。下文将对以上检验结果进行分析。

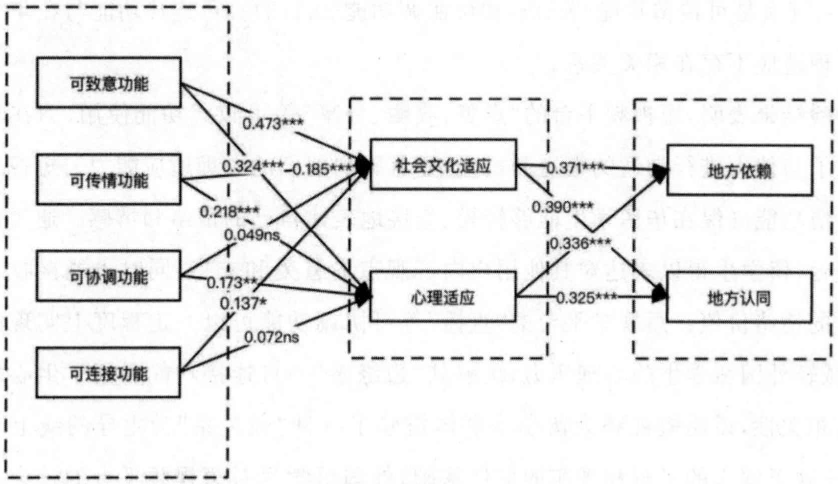

图3 变量相关系数检验结果

(一)短视频社交可供性影响在华外国留学生的社会文化适应

外国留学生的社会文化适应是指留学生学习和运用东道国社会文化的知识和技能的过程。对短视频可供性与跨文化适应各二级变量的相关性检测发现,短视频平台的可致意功能(0.473)对在华外国留学生社会文化适应的影响最大,其次是可传情功能(0.185)和可连接功能(0.137),可协调功能(p=0.302)与在华留学生社会文化适应不存在相关性。

检验结果揭示了与社会文化适应相关性最强的是可致意功能,说明使用当地短视频平台的"点赞、收藏、分享"等功能,在华外国留学生可以通过与不同的当地用户进行良好沟通,增进对本地人的沟通风格和生活习惯的认知,在潜移默化中增强了社会文化方面的适应能力。可传情、可连接两类功能对留学生社会文化适应的影响逐次递减。这说明短视频平台能够帮助外国留学生建立流畅的交流体验,融入真实的社会交往中,进而通过短视频平台建立关系网络,融入当地的社交圈子。可协调功能主要是指短视频平台中“直播、购物”等组件间跳转功能,外国留学生受限于汉语能力,难以提升对北京城市文化习俗和新闻资讯的认知能力。

(二)短视频社交可供性影响在华外国留学生的心理适应

心理适应是指心理或情感上的幸福感和满意度,在跨文化环境中没有或较少产生焦虑、抑郁、孤独等情绪。对在华外国留学生心理适应影响最大的是可致意功能(0.324),其次是可传情功能(0.218)和可协调功能(0.173)。可连接功能与在华外国留学生心理适应不存在相关关系。

检验结果表明,短视频平台的“点赞、收藏、分享”等可致意功能使用,为在华留学生提供了与他人进行沟通的渠道和机会,显著影响他们的心理适应能力。短视频平台的可传情功能确保在华留学生能够轻松、直接地表达自己的情绪和情感。通过使用短视频平台,留学生得以表达对其他用户内容观点的喜爱和支持,同时也能接收来自其他用户的情绪价值。短视频平台的“直播”等可协调功能可以一定程度上实现沉浸式陪伴,减轻外国留学生的心理压力,缓解其“边缘感”。可连接功能和留学生心理适应不具有相关性,说明短视频为留学生群体搭建了一种“弱关系”为主导的线上交往模式,由于缺乏深入的了解和现实的信任基础,外国留学生对短视频平台的社会关系更加警惕,情感投入程度较低,这种社会关系不能缓解其心理孤独感。

(三)在华外国留学生的跨文化适应影响地方依恋的生成

在华留学生的跨文化适应包含社会文化适应和心理适应两个方面,调查发现,社会文化适应(0.371)与心理适应(0.336)均能正向影响在华外国留学生的地方依赖,同时,社会文化适应(0.390)与心理适应(0.325)均能正向影响在华外国留学生的地方认同。其中,社会文化适应对在华外国留学生地方依恋的影响程度更高。

检验结果揭示,外国留学生的社会文化适应在生活、学习、交友等方面拉近了他们与北京这座城市的文化距离。外国留学生借助短视频平台提高对当地的城市文化、城市景观、城市生活、公共设施的熟悉程度,有效提升现实生活中的社会文化适应能力,进而对地方所提供的物质基础产生依赖和认同情感。社会文化适应对地方依恋的影响更为强大,说明当外国留学生在面对另一种文化困境时,生活技能、关系网络、文化知识等方面的适应能力,能提供切实的解决方案,最终产生更好的在地情感。实际生活技能加强了人与地方的互动,并在对地方社会的文化习俗的理解及人际往来过程中,逐步增强留学生的地方依恋。

(四)在华留学生跨文化适应在社交可供性与地方依恋之间的中介效应

调查结果揭示,短视频社交可供性能够通过助推在华留学生的跨文化适应进一步增强他们的地方依恋。根据 Berry 的跨文化适应双维模型,在华外国留学生同时在双重文化环境中,既保留着先入为主的母国文化印记,同时,在地理距离上又正在逐步融入留学国家的当地文化。外来群体需要跨过环境与心理两方面的障碍,获取对这个地区的现实物质依赖,并形成深层的文化身份认同。短视频平台的社交可供性为外国留学生提供了社会关系支持、社会文化知识和情感沟通渠道。因此,短视频平台各项社交可供性功能使用得越好的留学生,跨文化适应程度就越高。提升跨文化适应能力,有助于将短视频社交可供性赋予的个人支持转化为现实中的社会交往能力,积极地与在地城市进行实体互动,促进在华留学生的地方依恋形成。

六、研究讨论

自媒介诞生之日起,无论是电视、电影、纪录片等大众媒介,还是短视频这类互动性较强的移动社交网络,媒介技术对地方感的影响作用一直被众多学者所关注和讨论。20 世纪末,人文地理学的“文化转向”和传播学的“空间转向”,使“媒介与传播地理学”这一跨学科领域出现在人们的视野里,让人们重新认识了媒介与空间地方的关系。在讨论媒介技术在人地关系间的作用时,既有研究更多聚焦于媒介技术对地方感的疏离作用,或者质疑媒介技术的地方依恋情感生成性能。早期人本主义地理学者否定技术中介化后的地方经验和感觉,仅仅将土生土长的现实地方感认作“正宗的地方感”,例如雷尔夫的“无地方”、梅罗维茨的“地方感的消失”都表达了对信息技术带来地方感缺失的担忧。

本研究揭示和强化了媒介技术与地方依恋的关系:短视频通过与现实的链接,让媒介平台的功能支持转为对现实生活的实际适应能力,影响留学生对居住地的心理归属与情感认同,从而增强对地方的依恋态度。与土生土长的本地人的地方依恋不同,外来人群的地方依恋并非仅来源于现实,其形成机制也并非遵循着单一渠道,与客居地的情感互构关系更为复杂。掌握东道国社交媒体提供的认知功能,无论是“社交补偿作用”还是“预防针效用”,都能够捕捉更多语言学习、搭建关系、社会习得的生活实践机会，以一种“人、地方和技术之间有机结合”[①]的形式，催生自我生命感受与地方生活体验的依恋结晶。跨文化适应是一个随居住时间而变化的动态过程，从蜜月期到危机期，再到恢复期和适应期，基本遵循了U型曲线的发展趋势。从不同的适应阶段的切片来看，外国来华留学生对地方的情感是否有更复杂的构成逻辑，有待未来的研究进一步探索。此外，外国留学生的短视频采纳并不是全然的被动接受，他们通过主动生产内容等行为参与了地方记忆的建构实践。

国家形象是个抽象概念，让世界了解中国，需要细化到具体的传播主体、传播渠道和传播载体。每一座中国城市是国家形象的实体载体和具体呈现，来华留学生作为可接触的传播主体需要被城市加以关注，短视频平台成为来华留学生进一步了解当地人文的重要渠道，连接两头的传播主体与载体。因此，探究短视频社交媒体通过提升跨文化适应促进来华留学生的地方依恋水平，具有现实层面的启示：短视频媒体为应对来华留学生的心理问题和社会交往问题提供了一条可行性路径，也指出了外国留学生培养过程中较为欠缺的部分。当地政府及高校在外国留学生的培养过程中，需要重视短视频媒体对传播地方形象的意义。高校国际学生管理部门在评估来华留学生教学质量的同时，还应当强化对来华留学生跨文化适应及地方情感方面的监测和帮助，使外国留学生更好地接受、理解当地文化，适应社会环境。

〔邓秀军，北京外国语大学国际新闻与传播学院教授，博士生导师；董筱姗，北京外国语大学国际新闻与传播学院博士研究生；别明蔚，北京外国语大学国际新闻与传播学院博士研究生〕

〔特约编辑：付晓光〕

① 曾一果，陈爽.恋地情结：传播媒介与地方感重塑：数字时代人与地的情感生成[J].东南学术，2023(5)：216-226,248.

论新时代我国边疆地区数字国际传播能力建设

On the Construction of Digital International Communication Capability in Frontier Areas of China in the New Era

◎吴 喜 何涵虚

Wu Xi He Hanxu

摘要：从场域角度来看，边疆地区与邻国互通便利，同时，矛盾、问题也就容易产生。国际传播能力建设是我国的国家整体战略。近年来，数字科技的兴起与发展为国际传播的多元性、高效性以及丰富性创造了条件，已成为现代国际传播的关键手段。纵观已有的学术研究成果，关于边疆地区数字国际传播能力建设的类别化研究尚不够充分，因而在实践中亟须制定针对性政策，从思想理念、体制保障、人才队伍以及相应的协同配合和资源整合机制等方面进行优化，推动边疆地区数字国际传播能力建设。

关键词：国际传播；边疆；数字科技；实践路径

Abstract: From the perspective of the field, frontier areas and neighboring countries are convenient to communicate, and at the same time, contradictions and problems are easy to arise. International communication capacity building is a national overall strategy of our country. In recent years, the rise and development of digital technology has created conditions for the diversity, efficiency and richness of international communication, and has become a key means of modern international communication. Throughout the existing academic research results, there are still insufficient studies on the categorization of digital international communication capacity building in frontier areas. Therefore, it is urgent to formulate targeted policies in practice.It should be optimized from the aspects of ideology, system guarantee, talent team, coordination and resource integration, so as to promote the construction of digital international communication capacity in border areas.

Keywords: international communication, frontier areas, digital technology, practice path

一、引言

党的十八大以来，面对国际新形势和国内新任务，习近平总书记指出，要深刻认识到国际传播工作的重要性和必要性，构建具有鲜明中国特色的战略传播体系。① 国际传播作为一项政治性强的对外交流活动，内容涉及国际传播能力、国际话语权和文化差异等因素，这在讲好中国故事，传播中国主张、中国智慧和中国方案等内容上均具有时代性的要求，尤其是进入数字化时代，无论是硬件建设还是舆情治理，如何应用数字化手段开展传播都是当前一个重要的命题。数字国际传播能力的建设尤其对我国边疆地区具有极强的实践意义与紧迫性。一方面，边疆地区由于其自身地缘政治与历史人文的特殊性，在国际传播场域中拥有重要的地位。另一方面，在全球化进程中，人们愈发依赖大数据、互联网、人工智能等数字技术的传媒手段，为数字国际传播能力的建设提供了新的机遇和挑战。因此，边疆地区的数字国际传播能力的建设是加强国家整体国际传播能力的关键。本文以习近平总书记关于国际传播战略的重要论述作为指导思想，阐释边疆地区数字国际传播能力建设的重要性与特殊性，在分析与考察我国当前所面临的困境与挑战的同时，提出一些相关的实施路径供思考。

二、相关研究评述

（一）有关数字国际传播能力的研究

国际传播能力是国际关系中话语权的体现，是国际社会各行为体的利益博弈途径，而中国的国际传播被视为中西方之间的国际话语主导权竞争②。现代国际传播的

① 加强和改进国际传播工作 展示真实立体全面的中国[N]. 人民日报，2021-06-02(1).

② 李明德，乔婷.中国国际传播：历史演变、现实背景与前沿问题[J].西安交通大学学报(社会科学版)，2022，42(5)：123-135.

渊源在于两次世界大战期间的美国[①]，之后不断深入发展并延伸出诸多概念，如国际传播能力。随着数字科技的发展，国际传播突破以往媒介边界，实现了普遍意义上空间的重构与再造[②]，愈发凸显鲜明的数字时代特性[③]，数字科技革新国际传播显然成为提升国际传播能力的前沿。学界普遍认为中国应注重数字国际传播能力建设，借助数字化的传播环境和技术手段，打造出数字化时代下与构建人类命运共同体相匹配的国际话语权，例如在数字平台战略[④]、数字孪生[⑤]、数字基础[⑥]等方面，谋求在未来话语交流、交融和交锋的国际传播格局中彰显新时代国际传播的中国气派，展示真实、立体、全面的中国。

(二)有关边疆地区国际传播的研究

周边传播是指在地缘上相对灵活的特殊传播活动，被视为国际传播的先导，与边疆地区国际传播概念及其理论息息相关[⑦]。随着中国国际传播工作地位和作用的提高，地方参与国际传播活动受到学界关注，构建中央—地方各级联动、多主体、立体式国际传播格局，成为全面提升对外传播能力和实效的关键一环[⑧]，例如处于边疆地区的云南可以依托"边疆传播"融入国际传播大格局[⑨]，这是对传统上国家一级承担对外国际传播任务的有力补充。在中国国际传播能力的建设过程中，地方尤其是边疆地区依托于语言、民族、国家等既有传播边界的消解，便于以数字科技跨越地理区隔[⑩]，同时整合了政府、媒体、市场和个人的国际传播势能，为总体国际传播能力建设提供一条可行路径[⑪]。

上述相关研究奠定了本文的基础，边疆地区的国际传播是实现全方位国际传播格局的重要一环，而数字技术毋庸置疑是新时代国际传播能力建设中的全新手段，驱动国际传播革新、赋能国际传播能力、促进国际传播发展。但是，事关边疆地区

① 张毓强，潘璟玲.国际传播的实践渊源、概念生成和本土化知识构建[J].新闻界，2021(12)：41-55.

② 赵永华，赵家琦.强化数字叙事能力　提升国际传播效能[J].新闻战线，2023(20)：42-44.

③ 孙吉胜.数字时代"一带一路"倡议的国际传播[J].当代世界，2023(9)：11-16.

④ 廖秉宜，李姝虹.平台战略：国际传播效能提升的创新路径[J].对外传播，2023(2)：25-28.

⑤ 喻国明，杨雅，颜世健.舆论战的数字孪生：国际传播格局的新模式、新特征与新策略：以俄乌冲突中的舆论战为例[J].对外传播，2022(7)：8-12.

⑥ 张龙，曹晔阳.数据主权、数字基础设施与元宇宙：平台化视域下的国际传播[J].社会科学战线，2022(6)：166-175.

⑦ 陆地.周边传播概念和理论的再思考[J].新闻爱好者，2017(2)：15-19.

⑧ 黄典林，张毓强.国际传播的地方实践：现状、趋势与创新路径[J].对外传播，2021(9)：67-71.

⑨ 单晓红.云南参与国际传播的"边疆传播"路径[J].社会主义论坛，2022(6)：6-8.

⑩ 赵永华，赵家琦.强化数字叙事能力　提升国际传播效能[J].新闻战线，2023(20)：42-44.

⑪ 黄典林，张毓强.国际传播的地方实践：现状、趋势与创新路径[J].对外传播，2021(9)：67-71.

的国际传播的研究主要还是零散地基于央地关系或是具体到云南一省进行一定的讨论,未尝有研究专门将边疆地区与国际传播能力建设紧密关联,从而进一步探讨数字技术赋能国际传播能力建设,即边疆地区数字国际传播能力建设问题,所以此方向的空白亟待填补。

三、新时代边疆地区数字国际传播能力建设的重要性

(一)边疆地区是新时代国际传播能力建设的关键场域

中国陆地边境线长达2.2万多千米,涉及辽宁、吉林、黑龙江、内蒙古、甘肃、新疆、西藏、云南、广西等9个省区①,有14个陆上邻国,6个海上领国。从地缘政治的角度观之,边疆地区是中国在整体国际传播能力建设中的关键性场域。边疆是一个多重边缘的聚合②,既是地理概念,更是一个结合政治、军事、经济、文化等综合因素的历史的、相对的概念③。即使单纯地从国家领土与版图的视角看,边疆也是一个极为特殊的区域,并非所有的国家都需要将其国家版图的边缘性地区视为边疆。一方面,国土面积较小的国家无必要也无条件将边缘区域认定为边疆;另一方面,对于国土面积较大的国家而言,特定的边缘区域也只有在与其核心区域相比具有明显异质性时,才会被视为"边疆"并采取特殊的治理方式④。然而,中国自古以来就是一个人口众多、地域辽阔、统一的多民族国家,漫长的历史进程与复杂的现实国情是世界上任何一个国家无法相比的。边疆地区地域辽阔,少数民族聚居,资源禀赋优越,地缘政治特殊⑤,其特殊区位既具有独特的国际传播优势,也为国际传播塑造"中国形象"带来挑战。

边疆地区拥有独特的国际传播优势。边疆是一个历史的概念,随着历史上所出现的疆域版图变化,以及大一统格局的形成,一般认为到清代形成了现今的疆域范围。当代中国陆疆省区包括东起黑龙江省、吉林省、辽宁省,北到内蒙古自治区,西

① 徐黎丽,马晓东.陆地边境口岸在中国式现代化建设中的功能[J].云南师范大学学报(哲学社会科学版),2024,56(1):1-9.

② 汪洪亮.以文化之名:民国时期政学两界对"中国式边疆"现代化的思考[J].云南师范大学学报(哲学社会科学版),2024,56(1):10-18.

③ 参见:马大正.中国边疆治理通论[M].长沙:湖南人民出版社,2015:5.

④ 参见:周平.中国边疆治理研究[M].北京:经济科学出版社,2011:2.

⑤ 李光辉,张练.中国式现代化视域下边疆经济高质量发展:评估体系构建及实证分析[J].云南师范大学学报(哲学社会科学版),2024,56(1):19-29.

至甘肃省、新疆维吾尔自治区、西藏自治区，南边有广西壮族自治区与云南省[1]。不同的边疆省区具有独特的传播区位优势，例如，广西、云南与东盟国家贸易往来密切，西部边疆自古就与中亚五国交流频繁。边疆作为中国与邻国的前线，地理上的相近便于人员的频繁往来以及信息的高效传递。与此同时，边疆地区所体现出的民族性则更加便利于传播的有效性与准确性。传播从本质上来说就是一种信息流通的过程，所谓流通就体现出传播具有双向交互性的特征。部分边疆地区与邻国天然具有民族、文化与历史上的互通性，这为重大且双方都关切的议题进行国际传播提供了可能性。边疆地区不仅在增进睦邻友好，构建与邻国相互紧密的国际传播渠道上起到关键作用，也能因共通的历史、文化与民族性的基础，提高国际传播的有效性与准确性。

面对新形势下复杂多变的国际安全局面，边疆地区也因为是矛盾、纠纷以及问题的集中地、易发地，而受到外国媒体、学者与相关机构组织的高度关注，这为塑造准确和正面的"中国形象"以及为中国的稳定发展营造外部有利的舆论环境带来了挑战。边疆地区民族众多、历史因素错综复杂，政治、经济、社会、文化等问题相互交织，是各类矛盾冲突的集中地，而且，由于是不同人群的聚合点，往往受到各自发展程度差异的影响，不平等与贫富差距等给人们带来的负面情绪，会令问题被刻意放大。一旦受外部别有用心等非法之徒的操纵，暴力危险不能及时排除，就容易引发不同层级的各类安全问题，直接威胁到边疆人民的正常生活和生命、财产安全，阻碍当地的和平稳定的发展，既不利于中国和平崛起战略的实现，也严重影响周边命运共同体建设。因此，边疆地区在国际传播中是关键环节，必须给予边疆地区的国际传播能力以足够的重视。

(二)数字技术是新时代国际传播能力建设中的全新手段

2018 年 8 月，习近平总书记在全国宣传思想工作会议中强调，要科学认识网络传播规律，充分利用互联网，提高治网用网水平。[2] 互联网、大数据、云计算、人工智能、区块链等数字技术迅猛发展，日益运用于人们日常生活的方方面面，也正是数字技术的迭代升级，不断形塑着人与人之间的交流方式，深刻改变了人们通过口语、文字、印刷等传统传媒方式，朝数字传播形式迈进，不断拉近不同国家之间人民的距离，极大提

① 参见：马大正.中国边疆治理通论[M].长沙：湖南人民出版社，2015：1，3.

② 张洋.举旗帜聚民心育新人兴文化展形象　更好完成新形势下宣传思想工作使命任务[N].人民日报，2018-08-23(1).

升国际传播效率。

首先,数字技术有着更加多元的内容呈现形式。融合了图、文、声、像等并将之转化为以比特为基本信息单位的数字技术,为国际传播提供了新的载体。其有别于传统媒体最重要的特征,就在于传播内容上的丰富与多元。对于网络直播、短视频、微博、微信公众号等新兴媒体传播平台与手段的运用,国际传播所能展示的内容更加生动灵活与立体。数字技术在实时加载新内容的同时,也进一步形塑着国际传播内容的新形态。以往单一的内容形态,以及受到传播载体的限制,具有地方性的文化内容无法得以展示,相较于内容单一的宣介,具有日常温馨情感和地方浓郁特色的文艺形态与传统技艺的展示,因其内容的亲和度高、魅力大,更能吸引国外受众的注意力。同时,数字技术的内容形态多样性的优势,给人们带来的通感体验,也进一步丰富着国际传播叙事内容与视角的多元。

其次,数字技术增强人在国际传播中的主体性作用。随着互联网普及率、互联网使用人数以及手机终端使用人数的增加,越来越多的普通百姓利用数字媒体平台参与短视频等的创作,出现了一批在海外颇有影响力的博主。这些人都是普通老百姓,既包含传播中国本土文化的中国人,也有介绍中国日常生活的外国人。这既打破了传统媒体时代由精英和专业人士垄断的媒体宣传,又为原有的传播范式灌注了新动力。在此过程中,更多被忽视的文化资源得以开发,传统惯习与仪式等外人平常难以得见的具有一定地区局域色彩的文化现象也得到了传播。这些带有浓厚地方文化色彩的内容得以展示在世人面前,也得到了进一步的保存和赓续。数字技术的更加智能化和更便于操作,既激发了更多普通人参与国际传播的创作热情,也为更多人表达本人观点提供了平台,通过微信公众号和微博等数字媒体平台的点赞、评论,形成了更贴近人们日常生活的宣传话语表达与宣传号召力。

最后,数字技术可以使得国际传播获得更强的文化认同感。2021 年 5 月 31 日,习近平总书记在主持中央政治局就加强我国国际传播能力建设进行的第三十次集体学习时指出:“必须加强顶层设计和研究布局,构建具有鲜明中国特色的战略传播体系,着力提高国际传播影响力、中华文化感召力、中国形象亲和力、中国话语说服力、国际舆论引导力。”①这就是要努力“在构建对外传播话语体系上下功夫,在乐于接受和易于理解上下功夫,让更多国外受众听得懂、听得进、听得明白,不断提升对外传播效果”②。其中,“听得懂、听得进、听得明白”的核心就在于认同感。数字技术不仅是简

① 加强和改进国际传播工作 展示真实立体全面的中国[N]. 人民日报,2021-06-02(1).

② 习近平.加快推动媒体融合发展 构建全媒体传播格局[J].求是,2019,6:4-8.

单地对图片与影像进行数字化的过程,更是一种二次创造与构建,是兼具反映主流集体价值和个人主体意识的共同体验。这打破了传统媒体忽视接受主体意识的表达,激发了接受主体形成文化认同的共鸣点。同时,加拿大传播学者哈罗德·伊尼斯(Harold Innis)在阐释"传播偏向论"[①]时发现:传统媒介可以分为利于空间延伸和利于时间延续两大类,进而形成空间上与时间上的偏向,而数字技术的应用既兼具空间与时间的偏向,也打破了二者的界限。数字传媒的优势对于融合富有浓厚历史底蕴的中华传统文化和当代中国声音的表达提供了条件,在国际上形成更具有文化认同感的传播能力。

四、新时代边疆地区数字国际传播能力的核心内涵

中国共产党历来高度重视对外传播工作,重视国际传播能力的建设,紧扣时代科技注重传媒方式的革新,把提升国际传播能力作为国际交流与合作的重要法宝之一。早在中国共产党成立之前,共产主义小组作为中国共产党的早期组织,就领导建立了中国第一个无产阶级通讯社即"中俄通讯社"(后改名为"华俄通讯社")[②]。改革开放之后,进一步向世界宣介中国,是这一阶段我国国际传播的工作重心,我们一方面继续依托中国国际广播电台、中央电视台、《中国日报》等传统媒介,同时也逐步设置了新闻发言人制度和国务院新闻办公室等对外宣传的重要制度与机构。到了21世纪,国际传播的工作重心由外宣向传播转变,即"中国声音要让世界听见";在传播手段上,中央注意到了信息传播业正面临着一场深刻革命,强调掌握和运用现代传播手段的重要性[③];在机构设置上,国务院新闻办公室成立了网络新闻管理局等机构。2009年6月,中央发布《2009—2020年我国重点媒体国际传播能力建设总体规划》,明确提出"把我国重点媒体国家传播能力建设纳入国家经济社会发展总规划:以中央主要媒体为骨干,以新兴媒体为突破口,硬件和软件并重,同步推进基础设施建设和信息内容建设,全面提升采编播发能力和产品营销能力,加快构建覆盖面广、信息丰富、技术先进的现代国际传播体系,形成与我国经济社会发展水平和国际地位相称的媒体国际传播能力"[④]。国际传播能力建设工程启动后,中国的国际传播发生了历史性转变。国际传

① 伊尼斯.传播的偏向[M].何道宽,译.北京:中国人民大学出版社,2003:27.

② 曲鹏飞.新时代提升中国国际传播能力的内涵与路径[J].中国井冈山干部学院学报,2022,15(4):118-126.

③ 江泽民在全国对外宣传工作会议上强调 站在更高起点上把外宣工作做得更好[N].人民日报,1999-02-27(1).

④ 程曼丽.国际传播能力建设的实践研究与意义:兼评《新媒体跨文化传播的中国实践研究》[J].新闻与传播评论,2019,72(1):123-128.

播也从之前由单一的专业部门负责的工作，转变为事关全局的战略性任务。

党的十八大以来，加强国际传播能力建设是国家整体战略的组成部分。我党积极推动国际传播守正创新，构建具有鲜明中国特色的战略传播体系。面对全球发展形势和全球治理形势这两大“新形势”，习近平总书记强调：“做好新形势下宣传思想工作，必须自觉承担起举旗帜、聚民心、育新人、兴文化、展形象的使命任务，其中展形象，就是要推进国际传播能力建设。”[①]2021 年 5 月 31 日，习近平总书记在主持中共中央政治局第三十次集体学习时指出，讲好中国故事，传播好中国声音，展示真实、立体、全面的中国，是加强我国国际传播能力建设的重要任务。习近平总书记的上述论述为国家传播能力的建设指明了方向。新时代中国国际传播能力建设从根本上来说，就是要形成与我国综合国力相匹配的国际话语权。有学者认为，国际传播就是中西方之间国际话语主导权的竞争，是国际政治关系的表现形式[②]。一方面，国际传播作为构建人类命运共同体和“一带一路”倡议等国家整体战略的一部分，需要就相关议题的宣传报道与答疑解惑，积极参与这些国家战略的实践。另一方面，这些国家战略的推行为国际传播能力建设提供机遇，也为进一步提升国际传播的核心能力提供强大动能。

从边疆地区数字国际传播能力建设的任务来看，必须以习近平总书记关于加强与改进国际传播工作的重要论述为指导，把这作为边疆地区数字国际传播能力建设的价值导向。第一，要关注“讲好中国故事，传播好中国声音，展示真实、立体、全面的中国”核心能力的建设。由于历史与现实等原因，我国在国际舆论场中长期以来面临“西强我弱”的局面，即使在新冠疫情以及贫困治理等国际重大挑战面前，在我国取得举世瞩目的成就的情况下，依旧存在“有理说不出，或者说了传不开”[③]的问题。数字国际传播能力建设，就是要求边疆地区看到数字技术在国际传播工作中的重要性与必要性，重视与加强数字技术在边疆地区国际传播中的应用。第二，数字技术与传播内容融通。通过数字技术的应用，展现中国故事，讲述中国故事背后的深邃思想，让国外民众真正了解中国共产党为什么能、马克思主义为什么行、中国特色社会主义为什么好的关键问题。在加强宣介中国共产党和坚持中国共产党领导的同时，彰显中国精神，推广与宣传中国特色的优秀文化，既要开放也要内敛，既要高瞻远瞩，也要自信谦和，这样才能塑造出“可信、可爱、可敬”的中国形象。第三，打造好数字交流平台，借助于民间、学界的交流，加强数字人文沟通，准确而充分地传达中国主张与中国方案，向外界

---

① 习近平.论党的宣传思想工作[M].北京：中央文献出版社，2020：339.

② 李智.国际传播[M].北京：中国人民大学出版社，2020：3.

③ 中共中央文献研究室.习近平关于社会主义文化建设论述摘编[M].北京：中央文献出版社，2017：197.

展示丰富多彩、生动立体的中国形象。

边疆传播就是要做好周边传播，是国际传播的先导，是有着自身特点和发展规律的特殊传播活动①。这符合习近平总书记所提出的“采用贴近不同区域、不同国家、不同群体受众的精准传播方式，推进中国故事和中国声音的全球化表达、区域化表达、分众化表达，增强国际传播的亲和力和实效性”的论述。新时代边疆国际传播能力建设就是紧扣边疆地区的特殊性与重要性，基于边疆地区与邻国的地理相近、文化相通、相互认同性较高等显著特征，通过地缘之间的交流与活动而推动的一项具有针对性、灵活性与精准性的传播工作。推动边疆地区数字国际传播能力建设就侧重于结合边疆地区的特殊性与重要性，应用好边疆传播的优势和以数字技术作为新时代国际传播的新手段，打造边疆地区的数字化交流平台，针对边疆地区数字国际传播能力建设中的困难和问题，提出类别化的策略发展路径，从而提升边疆地区数字国际传播效能。

五、新时代边疆地区数字国际传播能力建设的困境分析

2022 年 9 月 23 日，习近平总书记在给以对外国际传播为主的中国新闻社成立 70 周年的贺信中，强调创新国际传播话语体系，加快融合发展，提高国际传播能力。② 边疆地区国际传播能力建设，一方面在理论上缺乏一般意义上的国际传播能力建设的类型化的研究；另一方面，在实践过程中，尤其是涉及边疆地区数字技术运用的国际传播能力的建设上，面临一定程度的困难。

第一，在经济基础上，边疆地区与革命老区一样，经济发展动力薄弱，经济实力普遍不足，其财政普遍依赖于中央财政与其他相对富裕地区的财政支持。不论是国际传播中所涉及数字科技设备的采购，还是其余配套硬件的建设，以及高科技人力配置方面，都需要大量的资金支持。缺乏强而有力的经济支撑，边疆地区国际传播的全球化和数字化难度较大。“只有边疆地区实现高质量发展，才能有效确保我国的政治国防安全、粮食生态安全、社会和谐稳定、人民安居乐业，使国家整体的高质量发展有一个强大的边境支撑。”③

第二，在建设理念上，传统宣传范式与数字信息传播存在一定程度的不适应的情

① 陆地.周边传播概念和理论的再思考[J].新闻爱好者，2017(2)：15-19.

② 创新国际传播 讲好中国故事[EB/OL].(2023-10-01)[2024-03-06].http://www.qstheory.cn/dukan/qs/2023-10/01/c_1129890464.htm.

③ 李光辉，张练.中国式现代化视域下边疆经济高质量发展：评估体系构建及实证分析[J].云南师范大学学报(哲学社会科学版)，2024，56(1)：19-29.

况。长期以来,依靠传统宣传途径,形成单一性话语表达方式,这不仅是我国国际传播工作中长期存在的一个薄弱环节,也是我国边疆地区数字国际传播面临的问题。它源于新闻宣传工作中的传统观念。这种传统观念本质上是一种“传者本位”观念,它强调新闻宣传工作的指引教育功能,往往围绕宣传目的展开。数字时代下,随着“传—授”主体地位的转换,“传者本位”已经逐步向“受众本位”过渡。“传者本位”观念下的国际传播,往往忽视了国际受众的需求、兴趣和接受习惯,多是金字塔式的单向传播,由于缺乏与国际受众的横向互动,导致我国国际传播效果受限。

第三,在参与者的整体素质上,数字时代下网络平台的使用者媒介素养亟须受到关注和重视。智媒体时代,人人都有麦克风,人人都是审核人,这要求人们不管是作为内容发布者还是内容审核者均需要较高的媒介素养。个体的碎片化传播往往难以展示事件的真实面貌,只有不断提高表达专业素养、遵循传播伦理,才能呈现客观真实的表达,避免传播效果大打折扣。

第四,多元参与主体素质差异,各传播主体的协同配合程度较低,“脱靶失焦”情况常见。当前,我国边疆地区的国际传播主体依然以政府和主流媒体为主,而其他社会性主体、民间主体的参与程度较低,诸如企业、智库、高校、民间组织、社会团体、公民个人等主体的参与格局、参与途径、参与积极性均未正确组织起来、发挥合力。各方力量的配合程度较弱,多元主体共同参与、相互配合的局面尚未完全形成。

第五,在数字技术应用和建设上,边疆地区数字技术在传播领域的应用规范有待进一步加强。相较于传统时代,数字时代下国际传播面临的机遇与挑战更大,特别是智能技术的运用关乎传播效果的好坏。尽管智能技术在拓展传播效果方面取得了显著效果,然而其带来的负面影响更值得人们警惕。智能技术不仅可以用来生产假新闻、传播谣言,扰乱传播秩序,同时还能侵害个体隐私与个人信息。此外,智能技术还能打破舆论传播规律,在舆论的生产、发展、爆发的各个环节施加影响。互联网的传播速度、范围远超于传统媒介,给数字时代的舆论治理带来了难题。特别是涉及种族、宗教等的敏感事件在互联网空间的无限扩大不仅对个体造成伤害,也损害了社会公共利益。

第六,在传播内容上,信息资源整合能力及传播内容外向型业务有待于进一步拓展。我国边疆地区的数字国际传播未充分挖掘国内外文化资源,在整合价值体系、生活方式、传媒运用状况等方面均存在参差不齐的情况。数字时代,边疆地区对外传播的内容争议大多集中在民族、宗教、领土、政治稳定等多个方面。尽管在边疆传播中,边疆民族、宗教政策等意识形态性的宣传是主要内容,但目前边疆传播内容上缺乏关联度与深刻性，传播对象上未精准设计，这不利于国际主体对边疆形成客观、真实的印象，这也是今后边疆传播需要进一步完善的方向。

第七，在舆情控制与引导上，须重点提升数字传播效能。在舆论引导方面，虽然近些年边疆地区的数字国际化传播在掌握传播规律、利用热点事件、回应负面声音方面做出了较大努力。但主动设置议题、通过深度报道正面回应舆论、积极对接国际话语体系方面尚须进一步拓展。

六、新时代边疆地区数字国际传播能力建设的实践路径

在推进中国式现代化的磅礴伟业中，全面提升国际传播效能，构建全媒体传播格局，建设适应新时代国际传播需要的专门人才队伍，不断提高国际影响力是我国国际传播的重要任务，也是我国边疆地区提升国际传播能力的时代课题。边疆地区数字国际传播能力建设牵一发而动全身，对于整体国家战略的实现以及整体国际传播能力的构建都至关重要。应当从思想理念、体制保障、人才队伍以及相关机制建设上进一步优化，全面提升边疆地区数字国际传播能力。

第一，在思想理念上，强化边疆地区数字国际传播的思想理念。以习近平总书记关于国际传播战略的论述为指导，向世界展示真实、立体、全面的中国，努力营造有利的外部舆论环境，推动人类命运共同体的实现。提升对外传播的观念，了解数字传播和新媒体技术的有关知识理论，掌握其优缺点，把数字传播与国际传播相结合，发挥边疆地区对外传播的最大效用。

第二，在制度保障上，从国家和地方这两个层面，结合各边疆地区的实际情况，制定数字国际传播相关的制度、法律法规和政策等。习近平总书记在网络安全和信息化工作座谈会上深刻指出："互联网不是法外之地。利用网络鼓吹推翻国家政权，煽动宗教极端主义，宣扬民族分裂思想，教唆暴力恐怖活动，等等，这样的行为要坚决制止和打击，决不能任其大行其道。利用网络进行欺诈活动，散布色情材料，进行人身攻击，兜售非法物品，等等，这样的言行也要坚决管控，决不能任其大行其道。"[①]为此，应当进一步完善法律法规，加强对互联网传播的监管，维护风清气朗的网络生态。特别是针对新媒体环境下的虚假新闻、网络谣言、网络暴力等，应当多层次运用刑法、民法、行政处罚法等进行综合治理。立法部门也要逐步制定专门的网络信息传播法，加强各部门的主体责任，同时对网络平台、网络传播者、媒体

① 习近平. 在网络安全和信息化工作座谈会上的讲话[N]. 人民日报，2016-04-26(002).

把关人实现全方位监督。

第三,从人才队伍的建设上,新时代边疆地区数字国际传播能力建设离不开智力培育。在当前国际局势深度调整之际,培养一大批富有朝气、具有战斗力和时代眼光的人才,是推进我国边疆地区国际传播的关键所在。显然,只有形成相对充沛的人才智力优势,才能更有针对性地分析国际、国内舆论发展动态,从而既讲好中国故事,又防范化解潜在风险。首先,数字国际传播的复杂性和专业性决定了单一的新闻传播类或外语类人才已经难以满足现实需要。因此,从具有不同文化背景的国家和地区寻找复合型传播人才显得尤为重要,一方面可以对接当地话语体系,另一方面可以满足当前传播的需要。其次,开展多层次学习与培训提高国际传播人才的业务水平与专业能力。打造一支深知边疆地区的复杂性和特殊性、深谙国际传播原理、能灵活运用数字技术,又具有创新能力的高水平队伍。最后,提高国内民众的媒体素养、拓展民众的边疆知识尤为重要。加强国内民众对边疆地区的全面深刻了解也十分重要。

第四,建立各传播主体协同配合的机制。目前,边疆地区的国际传播主体依然是主流媒体。因此,要不断改进传播的策略和方式方法。重视以媒体为主的数字国际传播,带动其他小众个体的传播主体,形成高效协同配合的机制。

第五,建立边疆地区信息资源与文化资源整合机制。从信息资源整合方面,利用相关的信息技术和大数据把有关边疆地区的信息资源进行汇总、整合、分类,构建一个属于边疆地区的信息资源网络。一方面,可以根据国际热点、地区实况、民众喜好等,对传播的内容进行信息筛选,这不仅能够提升传播的效能,还能引起传播受众的共鸣。另一方面,边疆地区丰富的文化资源,在国家崛起中表现得尤为有吸引力。整合边疆地区文化资源可以进一步弥补地区在经济、政治、社会等方面资源的不足,推动边疆地区竞争力提升。

七、结论

我国边疆地区在对外开放总体布局中占据重要地位,不仅是促进当地社会稳定发展的关键支撑,也是“一带一路”倡议下的战略性通道,更是构建周边命运共同体的第一梯队。国际传播能力是一国能否拥有制度性话语权的重要体现。一个现代化国家,必须在国际话语谱系的世界版图中占有一席之地。边疆是国际传播的传统赛道之一,在数智时代也将成为主赛道,并将传导、开辟、引领多个新赛道。当下,数字技术不断迭代升级，对人类社会生活产生深刻影响，同时也驱动传播格局发生系统性重构。面对我国新时代、新形势下边疆地区数字国际传播能力建设的困境，亟须解决难点、疏通卡点、消除“痛点”，从思想理念、制度保障、人才队伍建设等诸多方面着手，加强对外话语体系建设，在边疆国际传播领域后来居上，积极传播中国声音，努力塑造可信、可爱、可敬的中国形象，将固根本、利长远，更好地发挥边疆地区的战略功能和战略作用。

〔吴喜，西南政法大学教授、博士生导师；何涵虚，西南政法大学人权学院博士研究生〕

〔特约编辑：涂凌波〕

中华民族共同体视域下我国城市品牌传播研究

Research on City Brand Communication in China from the Perspective of the Community for the Chinese Nation

◎ 牛艳艳

Niu Yanyan

摘要:中华民族共同体是马克思主义民族理论同中国具体实践相结合、同中华优秀传统文化相结合的重大理论创新,为我国城市品牌传播提供了新的逻辑理路和实践进路。本文详细梳理了中华民族共同体视域下城市品牌传播的历史逻辑、理论逻辑和价值逻辑,认为当前我国城市品牌传播实践面临缺乏整体规划、内容相对单薄、尚未形成合力等发展困境,提出加强城市品牌规划、厚植城市特色内涵、构建城市品牌传播共同体等应对策略,以期对我国城市品牌传播有所裨益。

关键词:中华民族共同体;城市品牌;传播;困境;策略

Abstract: The Community for the Chinese Nation is a significant theoretical innovation that combines Marxist ethnic theory with China's specific practices and excellent traditional Chinese culture, providing a new logical and practical approach for the dissemination of city brands in China. This article provides a detailed overview of the historical, theoretical, and value logic of city brand communication from the perspective of the Community for the Chinese Nation. It is believed that the current practice of city brand communication in China is facing development challenges such as a lack of overall planning, relatively weak content, and a lack of synergy. Strategies such as strengthening city brand planning, cultivating city characteristics, and building a community for city brand communication are proposed, in order to benefit the promotion of city brand in China.

Keywords: the community for the Chinese nation, city brand, communication, challenge, strategy

2014 年 5 月，习近平总书记首次提出“中华民族共同体意识”。[①] 十年来，这一理念已经深入人心，成为引领各族人民共同发展的重要思想。中华民族共同体源自马克思主义民族融合理念与共同体思想，根植于中华文明突出的连续性、创新性、统一性、包容性、和平性，来自马克思主义民族理论中国化的百年实践。中华民族共同体将地区发展纳入中国式现代化的视野，不仅凸显了各民族利益与命运与共，而且强调了多元文化的和谐共处、繁荣共生，为城市品牌传播提供了新的研究视角。

一、中华民族共同体视域下城市品牌传播的逻辑理路

(一)历史逻辑

中华民族的历史是一个多民族共融、文化互鉴的历程。城市品牌传播在这一过程中扮演着连接过去与未来、本土与全球的桥梁角色。它不仅传递了城市的历史文化，也反映了民族共同体的发展脉络，为理解和传承中华优秀传统文化提供了新的视角。第一，我国城市品牌传播始终秉持多元一体的基本共识。“多元”彰显城市多样化特质，“一体”强调中华统绪一脉相承。古往今来，城市的品牌形象各有不同，反映出各自独特的地域文化、民族历史和地理特征，拥有长久鲜活的生命力。忆往昔，“帝都之城”长安，是多个朝代的都城；“锦官城”成都，因蜀锦而闻名古代；“丝路绿洲”敦煌，作为文化交融之地闪耀于古代丝绸之路。抚今朝，西安作为古都，“历史古城”的城市品牌历久弥新；成都以休闲的生活方式和美食文化又多了“休闲之都”的现代品牌内涵；敦煌焕发新生，四大文明在此交流，东西方文化在此汇聚，仍是“丝绸之路上的明珠”。第二，我国城市品牌传播始终坚持和而不同的开放格局。中华民族几千年来一直强调“五方之民共天下，四海之内皆兄弟”，韩愈《原道》中言：“孔子作《春秋》也，诸侯用夷礼则夷之，进于中国则中国之。”进入新时代，中华民族共同体推动实现中华文明的生命更新和现代转型，让中华民族现代文明成为人类文明新形态。作为“丝绸之路经济带”和“21 世纪海上丝绸之路”的“一带一路”，既是发展倡议，又是文明倡议，它以共同体理念，促进沿线国家和城市发展与共、荣辱与共、命运与共的同时，助力城市品牌形象扬名海内外。

---

① 习近平：坚持依法治疆团结稳疆长期建疆 团结各族人民建设社会主义新疆[N].人民日报，2014-05-30(1).

(二)理论逻辑

城市品牌传播与中华民族共同体意识之间的关系,本质上是深层次的文化关联和历史传递,体现了地方特色与国家认同之间的互动。这种关系不仅是传统文化与现代传播实践的融合,也是马克思主义民族理论与中国具体实践相结合的现实体现。第一,中华民族共同体意识强调中华各民族共生共融的历史认同与文化认同,这为城市品牌传播提供了深厚的文化基础和情感链接。将共同体意识融入城市品牌传播,有助于城市品牌建立起更加广泛深入的文化共鸣,强化城市品牌的文化吸引力和感染力。在中华民族共同体视角下,城市品牌传播应更加注重文化自信的建立与推广,注重民族文化的深度挖掘和传播,充分利用中华文化的丰富资源,通过故事化、情感化的传播方式,将城市品牌建设与中华优秀传统文化、革命文化和社会主义先进文化相结合,塑造具有独特文化魅力和时代价值的城市形象。第二,城市品牌传播将城市定位与中华文化的传承发展相结合,是构建和加强中华民族共同体意识的重要途径。从文化认同理论角度看,城市品牌传播不仅是经济和技术的展示,更是文化和历史的传达。传播城市独特的历史文化、社会风貌和发展理念,可以增强公众对中华文化的认同感和归属感。从符号互动论角度看,城市品牌作为一种社会符号,其传播过程实际上是不同主体间的互动过程。在中华民族共同体视域下,城市品牌传播不仅仅是信息的单向输出,更是城市与公众之间、城市与城市之间相互作用、共同塑造意义的过程,从而强化共识,促进民族共同体意识的凝聚。

(三)价值逻辑

城市品牌传播通过弘扬共同的价值观和理念,促进了不同地区、不同民族间的相互理解和尊重,加强了国家整体的凝聚力和向心力。中华民族共同体意识的核心是推动民族团结和国家统一,这与城市品牌传播追求的目标不谋而合,并为城市品牌塑造了多重价值体系。第一,现实价值。城市品牌的构建与传播,符合中华民族共同体发展的需要,对促进民族地区经济高质量发展、维护社会和谐稳定意义重大。当今世界,百年未有之大变局加速演进,大国博弈、地缘冲突、民粹主义、全球性挑战交织联动,发展赤字、和平赤字、安全赤字、治理赤字持续加重,民族地区的发展稳定牵一发而动全身,我国9个边疆省区居住着全国60%的少数民族人口,2.2万千米陆地边界线中有

1.9 万千米在民族地区，141 个边境县中有 112 个在民族地区。[1] 中华民族共同体高举中华民族大团结旗帜，以中华民族伟大复兴为根本遵循，推动各民族为全面建设社会主义现代化国家共同奋斗，为民族地区的建设发展指明了方向。各民族广泛交往交流交融，共创美好生活，共享发展成果，民族地区城市品牌深入人心，美名远扬，共同守护中华民族战略大后方。第二，文化价值。城市品牌的构建与传播，有利于立体展现民族特色，有利于弘扬中华民族文化，有利于丰富中华民族共同体理论体系。民族文化种类繁多、内涵丰富、底蕴深厚，是中华优秀传统文化的重要组成部分，也是世界文明的巨大财富。2023 年 3 月，习近平主席在中国共产党与世界政党高层对话会上指出："我们要共同倡导重视文明传承和创新，推动各国优秀传统文化在现代化进程中实现创造性转化、创新性发展。"[2]中华民族共同体视域下的城市品牌传播，就是要通过对民族传统文化的创造性转化、创新性发展，实现民族文化的多样性交流融合，增强中华文明的认同感和自豪感。

二、中华民族共同体视域下城市品牌传播的现实困境

我国的城市品牌建设，经历了一个由自发到自觉、由个案到普遍、由地方探索到统筹推进的过程。[3] 十年来，中华民族共同体为城市发展带来更多契机，城市品牌数量快速增长、品牌概念不断出新、城市"出圈"机会增多，但也面临着不少传播困境。

(一)城市品牌传播缺乏整体规划

城市品牌规划是对城市识别系统的设计和建设，需要深入研究城市历史、文化和事件，提炼富有城市个性的概念，设计表达概念内涵的视觉符号和多样化的城市识别系统。从铸牢中华民族共同体意识出发，城市品牌的构建与传播在差异化精准定位、特色化内涵表达、制度化持续发力等方面都需要加强顶层设计。

1.品牌意识不强

一是混淆城市品牌和城市形象，将城市品牌简单等同于城市形象单维要素，如有些城市将品牌定位为"文明城市""平安城市""双拥模范城市""园林城市"等，无法充分

---

① 潘岳.铸牢中华民族共同体意识的形势任务和重大意义[R].北京：全国高校"形势与政策"集体备课会，2024-01-12.

② 习近平主席出席中国共产党与世界政党高层对话会并发表主旨讲话[N].人民日报，2023-03-16(1).

③ 王景强.城市品牌建设面临的问题及提升策略[J].青年记者，2018，12(35)：97.

发挥品牌的带动效应。二是混淆城市品牌和宣传口号,品牌内涵表达空洞,如有些城市将“争创一流城市”作为品牌定位,因过于笼统抽象,沦为无效传播。

2.品牌定位不清

一是过度求全,将多种诉求加诸一城,意图面面俱到,实则品牌定位失焦,难以形成有效传播。二是过度求新,缺乏品牌定力,盲目跟随热点时事,频繁切换城市定位,导致城市品牌缺乏稳定性和连续性,削弱品牌传播效果。三是过度求异,本意是从城市品牌竞争中异军突起,但过度标新立异导致品牌内涵与公众认知难以产生共鸣,甚至产生排斥感。

3.传播愿景不明

城市品牌的传播是城市发展理念、发展方式、发展成果抵达人心的关键环节,但长久以来,城市品牌的传播大多以增加旅游收入、带动经济发展、扩大城市影响为目标,而忽视了品牌愿景的表达,包括城市品牌传播为了谁、由谁做、何时达到何种效果、如何保障等重要事项并没有得到充分设计谋划。

(二)城市品牌传播内容相对单薄

中华民族共同体视域下,城市品牌传播内容应涵盖文化共融、历史传承、经济与社会发展、生态文明、国际视野等内容。从当前城市品牌传播实践看,其距离建设底蕴深厚、内涵丰富、形象生动的品牌内容,仍有不小的差距。

1.城市品牌文化内涵开发不够

一是重经济轻文化,一哄而上追求“流量”,缺乏对文化精神与时代脉络的深度探寻与凝练,文化意涵粗浅。如某城市为带动旅游经济增长,在景区引入“男女妲己”与游客亲密互动,初衷是让传统文化和时尚潮流相结合,但因内容出格遭到批评。[①] 二是重形式轻内容,文化表意浮于表面,对民族文化民族历史研究利用不足。如许多城市拥有丰富的历史文化资源、红色文化故事和民族文化传统,这些宝贵的历史馈赠往往被投射于城市建筑、景观设计之中,而缺乏对民族文化民族历史的深入研究,不能将文化内涵与城市品牌形象深度联结,便会削弱城市品牌的影响力。

2.城市品牌内容同质化、内卷化

一是城市资源禀赋利用不足,政治、经济、人文、历史、区位、环境、产业、制度、潜力

① 云台山景区就“男女妲己”与游客互动致歉:已改正[EB/OL].(2024-01-19)[2024-04-10]. https://news.cnr.cn/native/gd/20240119/t20240119_526563048.shtml.

等城市品牌要素区分度不高，各要素资源内部也缺乏差异化区分，导致城市环境趋同、城市功能趋同、城市文化趋同、城市形象趋同，“千城一面”，特色流失。如不少中小型城市，在经济欠发达的情况下，主打环境生态，但是未将自身资源进行细分，终而走向“中国最美乡村”“中国最美古镇”“最佳宜居城市”等同质化表达。二是城市品牌内容创新表达不够，“拿来主义”长期盛行，导致叙事结构雷同，浅表符号堆砌。比如，20 世纪 90 年代，威海市推出中国第一部城市品牌宣传片，该片在央视播出并受到关注，很快，各个城市都开始重视城市品牌宣传片的制作与传播，但总体来看，套路表达、图景空泛、内容雷同，公众难以通过城市品牌宣传片提升对城市的认知，甚至失去了对城市深入探索的兴趣与渴望。2023 年底至 2024 年初，自哈尔滨在短视频中喊出“我姓哈”并获得大量关注开始，“我姓 X”的喊麦体城市品牌宣传短视频大量涌现，公众的接受度和认可度也由飞速攀升转向快速跌落。

3.城市品牌内容情感观照不足

一是品牌故事化程度低，影响公众对城市的亲和度和亲近感。纵向来看，缺乏对故事的深度挖掘，历史感、趣味性、人格化的故事缺位。城市品牌叙事缺乏代表性内容，宏观宣传多，宏大叙事多。横向来看，城市品牌故事体系尚未建立，传播内容零散，难以形成联动，后继乏力。二是公众体验关联度低，影响公众对城市品牌的认知和共鸣。缺乏用公众视角宣传城市的意识能力，对微观的生活场景展示有限，大众的情感体验被大幅抽空，导致公众对城市产生更多疏离感，难以衍生强烈的地方认同和情感认同。

(三)城市品牌传播尚未形成合力

在数字信息构筑的拟态环境中，多元主体、各异渠道和异质信息共同参与城市形象的塑造，极大地扩展了城市品牌传播实践，但也带来了碎片化与零散性等问题，稀释了城市品牌传播质量。

1.多元主体传播带来认知差异风险

一是缺乏对多元传播主体的统一规划。城市不同部门之间联动部署不足，活动策划和信息传递相对分散，无法形成集中的传播力量，导致品牌传播活力释放有限，城市形象片面化、碎片化、浅薄化、单维化。二是缺乏对不同传播主体的引导协同。近年来，政府工作人员、明星、广大公众通过各种方式加入城市品牌传播，频繁将部分场景进行“网红”赋能放大，①这种由特定人物在特定地点拼凑而成的城市形象无法体现出城市的原生性和整体性，不利于公众对城市形成清晰明确的共同认知。

2.各种渠道传播缺乏有效整合

一是城市品牌传播新旧渠道整合不足。随着传播技术的迭代升级，围绕着人的感官进行传播的新媒介不断出现，传播活动由纸端转向指端，多频共振成为内容传播的新模式。但不少城市品牌传播仍过度依赖宣传片等传统手段，对新媒介利用不足、整合有限。二是主流话语与民间话语整合不足。在社交媒体的“去中心化”作用下，以城市宣传片、新闻报道、官方发布会为代表的主流话语吸引力、影响力明显下降，以短视频创作为代表的民间话语快速崛起，一方面，主流话语对民间话语引领有限，弱化城市品牌传播影响，另一方面，个体叙事、圈层传播让民间声量在城市品牌传播中越来越大，带来过度娱乐化、表意浅层化、品牌单一化等新的潜在风险，不利于城市长远发展。

3.异质信息并存消减城市品牌影响力

一是“流量”与“留量”交织演进，城市品牌影响的长期性、可持续性有待加强。不少城市过度倚重短线热度，追求“泼天的富贵”，热衷于“造梗”，对长线价值缺乏深度思考和行动准备。“网红城市”向“长红城市”的进阶也颇显不易，持续创新城市体验、提供更多情绪价值、持久凝聚城市共识成为摆在“网红城市”面前的一道难题。二是“扬名”与“正名”撕裂加剧，城市品牌国际影响力有待提升。城市品牌是城市参与国际竞争的魅力外显，也是城市国际话语权的坚实支撑。当前，中国城市品牌“走出去”面临城市污名化、议题解构、民族异化、宗教极化、文化消解等诸多挑战。

三、中华民族共同体视域下改进我国城市品牌传播的策略

中华民族共同体理念可以为城市品牌传播提供价值引领和实践路径，见于城市品牌传播全流程——源自理念规划，承载于传播内容，展现于传播平台，成效于传播影响，是一个科学的系统工程，是一个有机的整体，须持续发力、久久为功。

（一）引领：加强城市品牌规划

1.升级城市品牌传播理念

中华民族共同体视域下的城市发展，要秉持以人民为中心的品牌理念，矢志不渝

① 徐琳岚，文春英.媒介融合视域下城市品牌传播研究[J].今传媒，2024(1)：27-30.

守护广大人民的利益。一是坚持人民城市理念。2019 年 11 月，习近平总书记在考察上海时提出“城市是人民的城市，人民城市为人民”的重要论断，[①]为新时代推进城市建设提供了根本遵循。城市发展为人民，要满足人民对美好生活的向往，增强各族人民的获得感、幸福感、安全感。城市发展靠人民，要充分发挥人民的主体作用，发扬人民的首创精神，尊重人民对城市发展决策的知情权、参与权、表达权、监督权，实现共建共享、共治共管。二是深化协同传播理念。一方面，区分城市品牌和城市形象，深入研究城市历史和文化，挖掘更具深度和广度的城市品牌。另一方面，突破地域界限，促进资源共享，加强城市间的联动与合作，形成品牌传播的协同效应，在更广泛的范围内铸牢中华民族共同体意识，促进区域协调发展和民族团结。

2.精准明确城市品牌定位

城市品牌定位的精准和明确不仅体现在充分发掘和展示城市的独特价值上，也包括在国家整体战略下对城市未来发展的深远考虑。中华民族共同体为城市品牌定位提供了完整科学的框架体系，既要突出区域差异，各美其美，又要追求共同发展，美美与共。为实现这一目标，需要重点把握四对关系：一是独特性与多样性的关系，城市品牌应展现独特的地理、文化和历史特色，同时也要体现中华民族的文化多样性，从而塑造既具个性又富有民族共同体特色的城市形象。二是物质与精神的关系，城市品牌不仅要关注经济发展和民生改善，还要强调精神文明和价值观的传承。三是人与自然的关系，城市品牌应反映人与自然和谐共生的理念，既要充分发挥人的主观能动性，又要充分考虑生态保护的需要。四是当前与未来的关系，城市品牌的定位应具有前瞻性，不仅要满足当前需求，更要能够适应快速变化的全球趋势和国内发展的新要求。

3.规划城市品牌传播愿景

在全球化背景下，城市品牌传播不仅要面向国内，更要面向世界，传递中华文化的独特魅力和中华民族共同体的理念。一是明确核心愿景，不仅关注经济增长，更要关注文化传承、社会凝聚力提升等方面，让城市品牌传播真正惠及人民，彰显城市形象。二是设定短期目标，加强品牌建设顶层设计，建立协作联通机制，制定品牌传播策略，加大人财物保障力度，广泛动员政府、企业、社会等多方面力量，扩大城市品牌的知名度和美誉度，增强公众对城市品牌的认知度和参与度，让城市品牌传播更全面深入。三是建立长期愿景，弘扬“民族的才是世界的”理念，让城市品牌从地方走向全球，不仅

① 习近平：深入学习贯彻党的十九届四中全会精神 提高社会主义现代化国际大都市治理能力和水平[N].人民日报，2019-11-04(1).

要突出独特的地方特色和文化价值,也要考虑如何让这些特色在全球化语境中产生共鸣。

(二)优化:厚植城市特色内涵

1. 深耕民族文化、历史文化

民族文化的形成和发展源远流长,穿越几千年历史风雨而熠熠生辉。城市是文化遗产的集中承载地,城市品牌建设担负着延续城市文脉、展现城市独特魅力的重要职能。一是深挖城市文化遗产内涵,让文化遗产“活起来”。一方面,强化历史遗存的保护传承,平衡好城市历史文化街区更新中拆和留、新和旧的关系,维护文化遗产的历史真实性、风貌完整性、文化延续性。另一方面,强化非物质文化遗产的有效利用,不同民族在其独特场域中逐步形成的文化基因、精神特质、价值观念、气质情感等文化烙印,蕴藏着深厚的民族精神和丰富的文化底蕴,是城市品牌文化内涵的不竭源泉。如丽江古城以东巴文化为代表的少数民族文化和以母系遗风闻名的摩梭人以及“走婚”习俗,让自然、人文和神秘的魅力丰盈了丽江的城市形象。二是推动优秀传统文化创造性转化创新性发展,让文化遗产“火起来”。习近平总书记一再强调,要“把跨越时空、超越国度、富有永恒魅力、具有当代价值的文化精神弘扬起来”,[①]做好传统文化的现代表达。如作为中华文化的重要发祥地之一,济宁在历史上诞生了孔子、孟子、颜子、曾子和子思子五位儒家思想重要人物,有着得天独厚的资源禀赋。如今,济宁不仅有研究传统文化理论的孔子研究院、曲阜师范大学、孟子研究院、曾子研究院等世界儒学研究机构,而且推出“儒学讲堂”将传统文化送到百姓心里,依托曲阜“三孔”、邹城“两孟”等传统文化资源打造了全国首家以政德为主题的干部教育培训基地,实现了中华优秀传统文化的创造性转化创新性发展。[②]

2.创新内容表达、价值表达

一是创新城市语汇。城市语汇是城市的一种个性化细节,这些语汇通过特定的语法关系组合连缀起来,成为公众认知城市、感知城市的叙事话语。[③] 如“中国侨都”江门、“东方威尼斯”苏州、“中国硅谷”深圳等都是充分彰显某种资源要素的城市语汇。

---

① 习近平在联合国教科文组织总部的演讲[N].人民日报,2014-03-28(3).

② 【大时代】济宁:一脉相承中华传统文化活水 “孔孟故里”谱写“两创”新篇[EB/OL].(2022-08-10)[2024-03-11].http://v.china.com.cn/2022-08/11/content_78367835.html.

③ 眭谦.讲好品牌故事,需要什么样的城市语汇[EB/OL].(2021-11-26)[2024-03-11].https://baijiahao.baidu.com/s? id=1717509130083279933&wfr=spider&for=pc.

同时，社交媒体传播环境下，城市语汇可能是站台、花园、火车站、休憩场所，可能是交通工具、建筑景观，可能是生活习惯、休闲方式、土特产，甚至可能是某个门窗的图案色彩、某条街道的地面铺装，等等。2024年初，牡丹江市横道河子老火车站爆火，被公众普遍追捧的俄罗斯艺术风格、双层白色站楼、两座砖红色塔楼、映着雪景的铁路等，都构成这个百年小镇的城市语汇。二是创新价值叙事，巩固公众对城市的文化认同的价值认同，打造承载公众集体记忆与共同想象的城市品牌。2021年9月，郑州的城市生态影像片《天地之中是吾乡》火爆全网，上线后仅仅两天，影片正片及相关短视频的播放量就破亿次，“杜甫为郑州代言”相关话题登上微博同城榜热搜。[①]《天地之中是吾乡》打破狭义城市宣传片框架，用杜甫这一动态化的人物符号将唐装、宫廷、诗歌和建筑等形式符号串联起来，将郑州天然大气、气势磅礴的黄河风光和中华优秀传统文化与民族精神巧妙地串接起来，透过杜甫的价值思想和古今相同的精神追求，传递出郑州人仁爱、豁达、兼济天下的千年精神传承，传递出中国人“为天地立心、为生民立命”的民族大义大爱，将对城市的宣传主题延展至一座城的精神文化层面，并开创了“城市生态影像”传播叙事，为公众提供了有关郑州的全新认知和情感认同。

3.加强日常关联、情感关联

一是关联具身体验，强化感官传播。全媒体不断发展，导致舆论生态、媒体格局、传播方式都发生了深刻变化，[②]特别是社交媒体给公众提供了前所未有的沉浸式信息体验和狂欢式互动交流，为城市品牌传播带来更多可能。2023年，淄博、哈尔滨等城市爆火，都得益于大量网民自发在抖音、快手、小红书、B站等平台发布个人视频、图片、笔记等，并在海量的互动中形成高关注度。近年来，不少城市在加强城市品牌与公众具身体验的多样化关联方面不断探索，与时间空间关联、与信仰宗教关联、与生活方式关联等等，“烟火气”成为城市品牌新追求，“打卡体验”成为城市形象新利器，城市品牌的塑造传播迈入内容共创新阶段，城市形象变得更加丰满、真实和立体。二是关联情感体验，强化共情传播。法国社会学家埃米尔·涂尔干认为，人们聚集在一起就会出现共有体验强化的过程，进而形成集体兴奋现象。在这一过程中，所有的情绪都会呈现出来，每个人都会回应他人，并得到他人的回应，集体兴奋像雪崩一样不断向前发

① 穿越千年与杜甫隔空相逢！郑州城市生态影像片火出圈！［N/OL］.(2021-09-10)［2024-01-25］. https://m.gmw.cn/baijia/2021-09/10/1302568230.html.

② 习近平主持中共中央政治局第十二次集体学习并发表重要讲话［N/OL］.(2019-01-25)［2024-01-25］. https://www.gov.cn/xinwen/2019-01/25/content_5361197.htm.

展。[①] 社交媒体的崛起,将更多公众引入这种集体兴奋的状态中,使情感情绪在群体中的传播最大化。情绪体验、情感价值让城市品牌的塑造和传播更加鲜活灵动,更容易打动人心。2020 年 11 月,四川理塘的雪山下,一个名叫丁真的男孩羞涩的微笑让川西小城理塘一夜成名。2023 年 12 月,广西"小沙糖橘"的一次假期游学,不仅撬动了大江南北不同城市不同民族之间的一次情感交流交融,还启发了以"小+土特产"为名的新一轮城市品牌互动传播。

(三)融合:构建城市品牌传播共同体

1.传播与治理融合

一是整合政府部门、媒体机构、明星、网红、公众等多种力量,形成城市品牌"大传播"格局。一个城市品牌的传播,意味着城市社会动员,让全社会行动起来,既是对品牌的塑造,也是对品牌的认同。[②] 2023 年,淄博不仅在国内名声大噪,而且美名传扬至海外。网络平台上层出不穷的分享和攻略、论坛内各类玩梗取乐式的集体围观、主流媒体的跟进报道与评论让淄博相关话题热度持久不衰,政府各部门的人性化管理和动态联合补位强化了优质的"在场"体验,全社会各方主体共同塑造了良好的城市形象,同时推动了城市治理水平的提升。二是重视多元主体多语态融合传播,展现真实、立体的城市形象。新媒介环境中,广大群众的巨大传播潜力被短视频、直播等社交平台激活,人们以高涨的热情参与城市品牌传播的各个环节,构建出一个信息生产、扩散与互动的"循环体",[③]彼此交织的信息传播网络形成合力,并引发打破圈层的交流互动,让城市品牌传播变得更多元、立体。2024 年初,"冰城"哈尔滨在成功化解冰雪大世界退票危机之后,迅速跟进服务治理,热气球、人造月亮、逃学企鹅、飞马踏冰、非遗"打铁花"、冻梨摆盘、鄂伦春族人牵驯鹿巡游等各类视频火遍全网,"四川小熊猫""贵州小茅台""湖南小辣椒""台湾小当归"陆续抵达哈尔滨并受到热情款待,各类话题在"循环体"传播中让哈尔滨热度持续攀升,展现了全面立体的城市形象,呈现出各民族和谐交融的生动图景。

---

① 柯林斯.互动仪式链[M].林聚任,王鹏,宋丽君,译.北京:商务印书馆,2011:61.转引自:李庆林,彭仕亨.社交媒体时代呼唤情感素养的培养[J].青年记者,2021(3):44-45.

② 陈霖,韩雪.谁在言说:数字时代城市品牌传播的主体问题研究[J].传媒观察,2023(10):103-110.

③ 朱萍,包晓婷.建构·认同·扩散:媒介情境下短视频赋能城市形象传播研究:以淄博爆火出圈为例[J].新媒体研究,2023,9(17):98.

2.渠道与特色融合

一是拓宽视野,主张万物皆媒,联动更多具有传播价值的互联网产品和设施,打造城市品牌融媒体传播矩阵。一方面,推动媒介深度融合,结合传媒领域视频化、直播化的趋势和公众日益增长的互动需求,探索长视频、短视频、直播在城市品牌传播中的应用新样态,如《上新了·故宫》《登场了!敦煌》通过长视频展现城市文化内核,用云南菌菇、广西酸野等独特的美食符号创新城市传播路径,以城市直播为公众构建伴随式场景等传播渠道。另一方面,着眼城市自身特征,探索差异化审美,搭建新场景符号,打造具有本地特色和话题性的城市品牌。如成都宣传片《蜀道开·大运来》探讨"都说蜀道难,为什么成都这座城却又如此开放,而难于上青天的蜀道,究竟如何打开",不仅收获了关注和好评,而且引发了强烈的民族认同和文化共鸣。二是因时制宜,因事制宜,创新城市品牌传播载体,提升城市国际影响力。中国城市品牌海外传播突破的关键,在于具体的、富有地方特色的人与器物等文化符号的提炼与呈现,从而形成地方与国家印象、文化表象与内涵的转化和联结,唤起跨越国界的情感共鸣和观念认同。如2022年北京冬奥会处处呈现独具中国特色的文化符号,开闭幕式中的二十四节气倒计时、中国结、十二生肖、中国灯笼、折柳送别等设计,首钢滑雪大跳台融入敦煌壁画中的"飞天"元素,国家雪车雪橇中心中华文化图腾"龙"的创意等,都向世界充分展示了中华文化的特色,传递了北京开放、和谐、包容、文明的城市品牌形象。同时,要将城市放在全球化网络体系中,树立节点意识,强化借势传播,如近年来深圳、成都、杭州等城市加入"全球创意城市网络",在全球化平台上展现中国城市的创造创意形象,杭州、青岛等城市借承办大型国际活动的契机,城市品牌大放异彩。

3.守正与创新融合

一是根植中华优秀传统文化,打造具有全球辨识度的城市品牌。一方面,坚持城市文化自信,持续发掘自身特色文化传统的历史延伸价值和文化刚性价值,既要倾力打造国际化现代化大都市,更要注重塑造"小而美"特色城市品牌,突出唯一性、原真性、民俗性,积累城市文化资本,提升城市品牌核心竞争力。另一方面,提高城市文化自觉,警惕西方文化价值观、文化消费主义扩张对我国传统民族文化体系的文化渗透、文化覆盖,警惕西方式城市文化现代化对中国城市特别是少数民族城市文化的侵蚀,提升城市品牌国际传播力影响力,积极争取城市文化主动权、话语权、发展权。二是融合使用多种传播新技术,扩大城市品牌影响力。借助大数据、互联网、物联网、云计算、人工智能以及区块链等各类信息技术手段的推进和载体建设的发展,构建城市品牌所需要的城市素质、城市内涵和城市气质。如作为闻名全球的世界文化遗产，敦煌莫高窟正在科技手段助力下，穿越时空走进当下。2016 年，“数字敦煌”资源库平台上线，首次通过互联网向全球发布敦煌石窟 30 个经典洞窟的高清数字化内容及全景漫游。2020 年，“云游敦煌”微信小程序上线。2022 年底，“数字敦煌·开放素材库”向全球开放。2023 年 4 月，结合敦煌学研究成果与游戏科技的“数字藏经洞”上线。[①] 莫高窟的这些数字名片，也成为敦煌品牌“扬名”、城市“长红”的底气。

四、结论

城市品牌传播与中华民族共同体意识之间密切联系、相互促进。中华民族共同体意识不仅为城市品牌传播提供了丰富的文化资源和深厚的情感基础，还指导着城市品牌传播的策略和方向，促使其更加注重文化深度和情感链接。城市品牌传播是推广和强化中华民族共同体意识的重要途径，通过塑造独特而富有吸引力的城市形象，加强公众的历史认同和文化自信，促进民族团结和社会和谐。在新时代背景下，须进一步深入挖掘和广泛传播中华民族共同体意识，从而提升我国城市品牌的影响力和竞争力。

〔牛艳艳，中共北京市西城区委党校社会学教研室副教授〕

〔特约编辑：涂凌波〕

① 科技何以助力敦煌莫高窟再续千年？[EB/OL].(2023-08-17)[2024-01-30]. https://m.chinanews.com/wap/detail/cht/zw/ft10062735.shtml.

铸牢中华民族共同体意识视域下融合传播的四个维度*

Four Dimensions of Integrated Communication from the Perspective of Forging a Strong Sense of Community for the Chinese Nation

◎ 高永亮
Gao Yongliang

摘要:铸牢中华民族共同体意识视域下的融合传播,或者说通过融合传播推进铸牢中华民族共同体意识是一项事关中华民族伟大复兴的系统工程,要有明确的政治定位、清晰的理论指引、有效的实践进路和广阔的世界坐标。政治维度,以实现中华民族伟大复兴为出发点和落脚点,以坚持党的领导为根本政治保障,以坚决守住意识形态阵地为政治使命;理论维度,以习近平文化思想为遵循和指引,承担新时代新征程新的文化使命;实践维度,讲好中华民族共同体故事,以引进、应用与研发先进技术为支撑,创新管理保障融合传播;世界维度,积极回应和主动引导国际舆论,提升国际话语权,推动构建人类命运共同体。

关键词:中华民族共同体意识;融合传播;人类命运共同体

Abstract: Integrated communication from the perspective of forging a strong sense of community for the Chinese nation, or in other words, promoting the forging of a strong sense of community for the Chinese nation through integrated communication, is a systematic project related to the great rejuvenation of the Chinese nation. This requires distinct political positioning, clear theoretical guidance, effective practical approaches, and broad world coordinates. From a political perspective, take the realization of the great rejuvenation of the Chinese nation as the starting point and foothold, adhere to the leadership of the Party as the fundamental political guarantee, and firmly

* 本文系国家社会科学基金重大项目"健全重大突发事件舆论引导机制与提升中国国际话语权研究"(项目编号:20&ZD320)的阶段性成果。

hold the ideological position as the political mission; from a practical perspective, tell the story of the Chinese national community well, supported by the introduction, application, research and development of advanced technologies, innovate management to ensure integrated communication; from a global perspective, actively respond to and guide international public opinion, enhance international discourse power, and promote the construction of a human community with a shared future.

Keywords: sense of community for the Chinese nation, integrated communication, human community with a shared future

一、问题的提出及文献回顾

铸牢中华民族共同体意识是党的十八大以来习近平总书记关于新时代党的民族工作的重要新论断。习近平总书记在 2014 年 9 月召开的中央民族工作会议暨国务院第六次全国民族团结进步表彰大会上指出:"加强中华民族大团结,长远和根本的是增强文化认同,建设各民族共有精神家园,积极培养中华民族共同体意识。"①党的十九大提出"铸牢中华民族共同体意识"②并将其首次载入党章。党的二十大报告提出,"以铸牢中华民族共同体意识为主线,坚定不移走中国特色解决民族问题的正确道路"③。2023 年 10 月,习近平总书记在主持中共中央政治局第九次集体学习时进一步强调,"把铸牢中华民族共同体意识作为党的民族工作和民族地区各项工作的主线","在新的历史起点上不断构筑中华民族共有精神家园,为铸牢中华民族共同体意识奠定坚实的精神和文化基础"④。铸牢中华民族共同体意识已经被确立为新时代党的民族工作和民族地区各项工作的主线,直接关系到民族团结、社会稳定、国家长治久安,关系到第二个百年奋斗目标和中华民族伟大复兴的实现。构筑中华民族共有精神家园是铸牢中华民族共同体意识的重要文化基础和动力源泉。作为以精神生产及精神

① 习近平. 习近平著作选读:第一卷[M]. 北京:人民出版社,2023:285.

② 习近平. 决胜全面建成小康社会 夺取新时代中国特色社会主义伟大胜利:在中国共产党第十九次全国代表大会上的报告[M]. 北京:人民出版社,2017:40.

③ 习近平. 高举中国特色社会主义伟大旗帜 为全面建设社会主义现代化国家而团结奋斗:在中国共产党第二十次全国代表大会上的报告[M]. 北京:人民出版社,2022:39.

④ 习近平在中共中央政治局第九次集体学习时强调 铸牢中华民族共同体意识 推进新时代党的民族工作高质量发展[N]. 人民日报,2023-10-29(1).

产品产出为主要内容和职能的社会实践活动，媒介传播在构筑中华民族共有精神家园、推进铸牢中华民族共同体意识方面具有不可替代的重要作用。特别是近年来，随着大数据、5G、人工智能、区块链、VR/AR/MR等新兴技术在媒介传播领域的渗透、应用及更新迭代，新媒体、新业态、新产品层出不穷，媒体融合不断向纵深发展，多媒体、全媒体、数字化、智能化、可视化、移动化、平台化已成为媒介传播主导趋势，这在很大程度上推动了融合传播的传播力、引导力、影响力、公信力不断提升。融合传播在铸牢中华民族共同体意识中具有举足轻重的作用。如何更好发挥融合传播的优势，积极推进铸牢中华民族共同体意识，换言之，在铸牢中华民族共同体意识这个工作主线指引下，如何进一步做好融合传播，更好地服务于这个工作主线，这是当前传媒学术界、传媒业界乃至社会各界共同面临的时代课题。目前学术界已有的相关研究主要围绕以下六个方面展开。

（一）从传播理念、内容、手段、方法、机制等方面探讨融合传播媒介环境下如何更好发挥媒体融合优势，推进铸牢中华民族共同体意识

高晓虹、崔林、赵希婧提出，用新理念、新方法传播好中华优秀传统文化、传承好红色基因、展示好中国式现代化成果，用新技术、新作品讲好中华民族共同体故事，唤起中华民族共同的文化记忆、红色记忆、时代记忆，不断夯实铸牢中华民族共同体意识的思想基础、文化基础、情感基础①。王林平、高宇②，李巨星③，沈艾娥④等探讨了移动互联时代全媒体、新媒体语境下铸牢中华民族共同体意识的传播策略。

（二）关于主流媒体通过融合传播推进铸牢中华民族共同体意识的研究

如段鹏关于新疆主流媒体融合推进中华民族共同体意识传播的实践进路研究⑤，李志飞、滕婉蓉、郭长帅对中华民族共同体意识主流媒体传播现状的可视化分析⑥，李

① 高晓虹，崔林，赵希婧. 以融合传播铸牢中华民族共同体意识[N]. 光明日报，2023-11-24(6).

② 王林平，高宇. 移动互联时代铸牢中华民族共同体意识的传播挑战及其应对之策[J]. 内蒙古社会科学，2022，43(4)：169-176.

③ 李巨星. 铸牢中华民族共同体意识的全媒体精准传播[J]. 中南民族大学学报(人文社会科学版)，2023，43(4)：38-44，182.

④ 沈艾娥. 新媒体语境下中华民族共同体意识的传播策略[J]. 民族学刊，2021，12(5)：10-16，107.

⑤ 段鹏. 中华民族共同体意识传播中主流媒体融合发展的实践进路：以新疆为例[J]. 现代传播(中国传媒大学学报)，2020，42(7)：13-17.

⑥ 李志飞，滕婉蓉，郭长帅. 中华民族共同体意识主流媒体传播现状与展望：基于CiteSpace可视化分析[J]. 传媒论坛，2023，6(1)：45-48.

贵文[①]、高慧敏[②]、卿瑜[③]对主流媒体铸牢中华民族共同体意识的话语特征、叙事逻辑及新闻报道的研究等。

(三)关于网络空间铸牢中华民族共同体意识的传播范式、传播策略研究

刘建荣、杨正兵从推进技术普及、规正舆论导向、拓宽传播渠道、加强网络监管、促进话语融通等方面探讨了网络空间铸牢中华民族共同体意识的话语传播策略[④]。李明德、寇杰对铸牢中华民族共同体意识的网络具象化传播模式进行了研究[⑤]，张劲松、陆豪系统考察了网络空间铸牢中华民族共同体意识的协同逻辑[⑥]，沈桂萍、李军龙探讨了中华民族共同体意识网络传播议题设置与机制建设[⑦]。

(四)从文化传播、仪式传播、符号传播、互动仪式链等传播学、社会学及相关学科某一理论视角切入，对铸牢中华民族共同体意识进行研究

如詹小美、赵晓营以“七一”庆典为例对铸牢中华民族共同体意识仪式传播空间生产的研究[⑧]，赵琛、李明德基于传播观和仪式观两种传播学路径对铸牢中华民族共同体意识的研究[⑨]，毛嘉琪、张新关于媒介仪式与铸牢中华民族共同体意识的研究[⑩]，以

---

① 李贵文. 主流媒体传播中华民族共同体意识的话语特征[J]. 新闻论坛，2022,36(2):105-107.

② 高慧敏. 主流媒体关于中华民族共同体意识话语的建设性叙事逻辑：以中央广播电视总台《同心共筑中国梦》为例[J]. 中国广播，2021(9):11-14.

③ 卿瑜. 主流媒体有关铸牢中华民族共同体意识报道的研究[J]. 数据，2022(8):83-85.

④ 刘建荣，杨正兵. 创新网络空间中华民族共同体意识的话语传播策略探析[J]. 西藏发展论坛，2023(2):45-52.

⑤ 李明德，寇杰.铸牢中华民族共同体意识的网络具象化传播[J]. 北京工业大学学报(社会科学版)，2023,23(5):19-31.

⑥ 张劲松，陆豪. 网络空间铸牢中华民族共同体意识的协同表征及其逻辑[J]. 西北民族大学学报(哲学社会科学版)，2023(6):34-48.

⑦ 沈桂萍，李军龙. 中华民族共同体意识网络传播议题设置与机制建设[J]. 中央社会主义学院学报，2022(4):129-138.

⑧ 詹小美，赵晓营. 铸牢中华民族共同体意识仪式传播的空间生产：以“七一庆典”为例[J]. 云南社会科学，2022(6):78-85.

⑨ 赵琛，李明德. 从“传递观”到“仪式观”：铸牢中华民族共同体意识的传播学路径[J]. 青海社会科学，2022(2):67-74.

⑩ 毛嘉琪，张新. 媒介仪式：数字时代铸牢中华民族共同体意识具象化的载体和场域[J]. 西南民族大学学报(人文社会科学版)，2023,44(10):21-29.

及苏泽宇[①]，张媛、卢山郑秀[②]，马溧[③]从文化传播、视觉传播、情感传播及互动仪式链等理论视角对铸牢中华民族共同体意识的研究等。

(五)聚焦影视剧、纪录片、短视频等某一种媒介产品或融合传播样态研究铸牢中华民族共同体意识

马黛探讨了新时代中华民族共同体意识在民族题材电视剧中传播的实践进路[④]，赵鑫、钟悦以黄河题材纪录片为例对中华民族共同体意识的纪实影像传播策略进行研究[⑤]，白贵、张红光、杨雯雯、任青青通过研究央视新闻抖音号短视频新闻共情传播路径创新探讨主流媒体铸牢中华民族共同体意识的传播转型[⑥]。

(六)从国际传播理论与实践视角探讨铸牢中华民族共同体意识

于运全提出，从构建融通中外的中华民族共同体话语与叙事体系、塑造中华民族共同体认知、捍卫中华民族共有精神家园方面创新铸牢中华民族共同体意识的国际传播[⑦]。张毓强、姬德强从对外传播话语创新角度提出，对内铸牢中华民族共同体意识与对外推广人类命运共同体理念两者有机结合应是民族议题国际传播的中国话语框架[⑧]。乔彦军、武永江探讨了国际体育赛事铸牢中华民族共同体意识的实现路径[⑨]。

已有的研究较为系统地梳理了融合传播铸牢中华民族共同体意识的地位、功能、作用，涉及了各类媒体、多种媒介形态和产品样态推进铸牢中华民族共同体意识中融合传播的内容、机制、方法、范式等，从传播学、社会学、符号学、文化学等理论视角探讨了不断创新铸牢中华民族共同体意识视域下融合传播的理论与实践进路。其中，既有宏观考察又有个案分析，既有质性研究又有定量分析，立足国内的同时又兼顾世界。

---

① 苏泽宇. 文化传播视域下的中华民族共同体意识建构[J]. 哈尔滨工业大学学报(社会科学版)，2020,22(4)：56-61.

② 张媛，卢山郑秀. 中华民族共同体意识的视觉传播研究[J]. 青年记者，2021(12)：52-54.

③ 马溧. 华裔青年中华民族共同体意识的情感传播路径：互动仪式链理论视角[J]. 华侨大学学报(哲学社会科学版)，2021,2：23-32.

④ 马黛. 想象与认同：新时代中华民族共同体意识在民族题材电视剧中传播的实践进路[J]. 中国编辑，2022,2：82-85,91.

⑤ 赵鑫，钟悦. 中华民族共同体意识的纪实影像传播策略研究：以黄河题材纪录片为例[J]. 电视研究，2022,7：71-73.

⑥ 白贵，张红光，杨雯雯，等. 央视新闻抖音号短视频新闻共情传播的路径创新：兼谈主流媒体铸牢中华民族共同体意识的传播转型[J]. 新闻论坛，2022,36(5)：62-66.

⑦ 于运全. 铸牢中华民族共同体意识的国际传播新进路[J]. 民族研究，2022(3)：33-49,139.

⑧ 张毓强，姬德强. "中华民族共同体"的对外话语创新与国际传播实践[J]. 对外传播，2023,5：67-71.

⑨ 乔彦军，武永江. 以国际体育赛事铸牢中华民族共同体意识[J]. 宁夏社会科学，2023,6：60-68.

铸牢中华民族共同体意识视域下的融合传播或者说通过融合传播推进铸牢中华民族共同体意识是一项事关中华民族伟大复兴的系统工程,要有明确的政治定位、清晰的理论指引、有效的实践进路和广阔的世界坐标。因此,本研究尝试从政治、理论、实践、世界四个维度对铸牢中华民族共同体意识视域下的融合传播进行观照和考察,以期为融合传播更好推进铸牢中华民族共同体意识提供全方位、多角度、立体式的理论与实践参考。

二、政治维度:把握中华民族伟大复兴的战略定位

党的新闻舆论工作是“治国理政、定国安邦的大事”[①],“事关旗帜和道路,事关贯彻落实党的理论和路线方针政策,事关顺利推进党和国家各项事业,事关全党和全国各族人民凝聚力和向心力,事关党和国家前途命运”[②]。“做好民族工作,事关祖国统一和边疆巩固,事关民族团结和社会稳定,事关国家长治久安和中华民族伟大复兴。”[③]新闻舆论工作和民族工作在党和国家各项事业及治国理政工作全局中均占有至关重要的位置。铸牢中华民族共同体意识视域下的融合传播是这两项工作的交叉与结合,其重要性在很大程度上也体现出这两项工作各自重要性的叠加甚至是乘数效应,远远超过其中任何一个单一工作自身的重要性。因此,必须以高度的政治意识和政治责任感从战略和全局角度审视融合传播,推进铸牢中华民族共同体意识。

(一)以实现中华民族伟大复兴为出发点和落脚点

中国共产党在其一百多年的发展历程中团结带领中国人民进行革命、建设、改革的伟大实践,使中华民族实现从站起来到富起来强起来的伟大飞跃,特别是新时代以来团结带领全国人民全面建设社会主义现代化国家,使党和国家各项事业取得历史性成就、发生历史性变革。第一个百年奋斗目标已经实现,小康社会已经全面建成,党领导全国人民正朝着实现第二个百年奋斗目标和中华民族伟大复兴的新征程进发。“全面建设社会主义现代化国家,一个民族都不能少。”[④]中华民族是包括 56 个民族在内的多元一体的民族大家庭,中华民族伟大复兴需要各族人民共同努力、接续奋斗,“铸

---

① 习近平. 习近平谈治国理政:第二卷[M]. 北京:外文出版社,2017:331.
② 习近平. 习近平谈治国理政:第二卷[M]. 北京:外文出版社,2017:331-332.
③ 习近平. 习近平著作选读:第二卷[M]. 北京:人民出版社,2023:507-508.
④ 习近平. 习近平著作选读:第二卷[M]. 北京:人民出版社,2023:508.

牢中华民族共同体意识是实现中华民族伟大复兴的必然要求”①。当前,我国正处于实现中华民族伟大复兴的关键时期,通过融合传播,推进铸牢中华民族共同体意识要以实现中华民族伟大复兴为出发点和落脚点。

(二)以坚持党的领导为根本政治保障

“中国共产党领导是中国特色社会主义最本质的特征,是中国特色社会主义制度的最大优势,是党和国家的根本所在、命脉所在,是全国各族人民的利益所系、命运所系。”②铸牢中华民族共同体意识视域下的融合传播必须以坚持党的领导为根本政治保障,任何时候任何情况下都不能动摇和背离这个原则。在融合传播推进铸牢中华民族共同体意识工作实践中,一方面要紧紧围绕铸牢中华民族共同体意识这个主线,坚持党的民族工作路线方针政策;另一方面要坚持党的新闻舆论工作方针和原则,包括坚持党性原则、坚持马克思主义新闻观、坚持正确舆论导向、坚持正面宣传为主等。这些路线方针政策都是党的领导在民族工作和新闻舆论工作中的具体体现,坚持和贯彻这些路线方针政策是做好融合传播推进铸牢中华民族共同体意识的政治保障。

(三)以坚决守住意识形态阵地为政治使命

新闻舆论工作处于意识形态斗争的前沿。新闻舆论工作中涉民族因素的内容是意识形态中最重要、最敏感的问题之一。国内外反华势力经常通过各种现代化的媒介技术和传播手段制造、散布涉民族因素的负面舆论,对我国进行意识形态渗透,妄图颠覆、破坏和分裂中华民族共同体。涉民族因素问题是意识形态斗争中最尖锐最复杂最严峻的领域之一,这一领域的斗争事关意识形态安全甚至是国家安全。“民族领域的思想阵地,同其他思想阵地一样,如果我们不用正确思想去占领,错误思想就会去占领。”③铸牢中华民族共同体意识视域下的融合传播就是要用正确思想去占领民族领域的思想阵地,“要推动各民族树立正确的国家观、历史观、民族观、文化观、宗教观,增强国家意识、公民意识、法治意识,坚定对伟大祖国、中华民族、中华文化、中国共产党、中国特色社会主义的高度认同”④,“要引导各族人民牢固树立休戚与共、荣辱与共、生

① 习近平在中央民族工作会议上强调 以铸牢中华民族共同体意识为主线 推动新时代党的民族工作高质量发展[N]. 人民日报, 2021-08-29(1).

② 习近平. 习近平著作选读:第二卷[M]. 北京: 人民出版社, 2023:482.

③ 习近平. 习近平著作选读:第一卷[M]. 北京: 人民出版社, 2023:285.

④ 习近平. 习近平著作选读:第二卷[M]. 北京: 人民出版社, 2023:508.

死与共、命运与共的共同体理念”[①]。通过引导各族人民牢固树立中华民族共同体理念、铸牢中华民族共同体意识抵消和削弱涉民族因素负面舆论的影响和渗透,妥善处理和解决涉民族因素意识形态问题,坚决守住意识形态阵地,这是铸牢中华民族共同体意识视域下融合传播责无旁贷的政治使命。

三、理论维度:以习近平文化思想为遵循和指引

铸牢中华民族共同体意识视域下的融合传播以铸牢中华民族共同体意识为出发点和归宿,以融合传播为载体和依托。铸牢中华民族共同体意识最基础、最根本、最重要的是培养、塑造和增强文化认同。“文化认同是最深层次的认同,是民族团结之根、民族和睦之魂。”[②]因此,铸牢中华民族共同体意识视域下的融合传播在很大意义上可以被看作是通过融合传播形塑和增强文化认同的实践活动。融合传播、文化认同等内容都属于宣传思想文化工作范畴,铸牢中华民族共同体意识视域下的融合传播要以习近平文化思想为根本遵循和理论指引。

习近平总书记在对宣传思想文化工作作出的重要指示中提出“七个着力”[③],为新时代做好宣传思想文化工作指明了方向、确立了目标,也提出了要求。“七个着力”中的很多内容与铸牢中华民族共同体意识视域下的融合传播直接相关,为融合传播推进铸牢中华民族共同体意识提供了理论遵循和实践指南。

(一)承担新时代新征程新的文化使命

党的十八大以来,中国特色社会主义进入新时代。当前,中国共产党团结带领中国人民和中华民族正迈向实现第二个百年奋斗目标的新征程,实现中华民族伟大复兴进入关键时期。同时,世界百年未有之大变局加速演进,新时代新征程面临严峻复杂的内外形势及各种各样的风险挑战和不确定性,也面临新的文化使命。这个新的文化

① 习近平在中共中央政治局第九次集体学习时强调 铸牢中华民族共同体意识 推进新时代党的民族工作高质量发展[N]. 人民日报,2023-10-29(1).

② 习近平. 习近平著作选读:第一卷[M]. 北京:人民出版社,2023:285.

③ “七个着力”指着力加强党对宣传思想文化工作的领导,着力建设具有强大凝聚力和引领力的社会主义意识形态,着力培育和践行社会主义核心价值观,着力提升新闻舆论传播力引导力影响力公信力,着力赓续中华文脉、推动中华优秀传统文化创造性转化和创新性发展,着力推动文化事业和文化产业繁荣发展,着力加强国际传播能力建设、促进文明交流互鉴。[张烁. 习近平对宣传思想文化工作作出重要指示强调 坚定文化自信秉持开放包容坚持守正创新 为全面建设社会主义现代化国家 全面推进中华民族伟大复兴提供坚强思想保证强大精神力量有利文化条件[N]. 人民日报,2023-10-09(1).]

使命就是“在新的历史起点上继续推动文化繁荣、建设文化强国、建设中华民族现代文明”[①]。通过融合传播推进铸牢中华民族共同体意识既是推动文化繁荣、建设文化强国、建设中华民族现代文明的实践举措，同时也为践行新的文化使命提供强大的传播动力。

(二)提升“四力”，增强实效

铸牢中华民族共同体意识视域下的融合传播要取得实际效果才能真正推动和助力文化强国及中华民族现代文明建设。融合传播效果主要体现为传播力、引导力、影响力、公信力。因此，融合传播推进铸牢中华民族共同体意识必须注重提升传播力引导力影响力公信力，不断在理论与实践中探索增强和提升“四力”，让铸牢中华民族共同体意识视域下的融合传播真正取得实效，才能不断增强中华民族的情感认同、文化认同、价值认同，不断铸牢中华民族共同体意识。

(三)赓续中华文脉

中华民族在五千多年的发展历程中创造了光辉璀璨、博大精深的中华文化。数字化、智能化的融合传播具有强大的媒介记忆功能，通过媒介记忆可以把中华优秀传统文化记录、保存下来并加以传承，进而不断强化和巩固中华民族集体记忆。铸牢中华民族共同体意识视域下的融合传播要注重把马克思主义基本原理与中华优秀传统文化相结合，注重通过发挥媒介记忆功能赓续中华文脉，不断推动中华优秀传统文化创造性转化和创新性发展。

(四)文化事业与文化产业共进

铸牢中华民族共同体意识视域下的融合传播实践兼具文化事业和文化产业属性。这两种属性不是对立的而是统一的，要在坚持把社会效益放在首位的同时，实现社会效益与经济效益相统一。融合传播推进铸牢中华民族共同体意识过程中产出的高质量融媒文化产品往往也会有比较好的市场表现，进而实现经济效益。经济效益的取得有利于进一步激发多元传播主体融合传播文化产品生产的积极性、主动性和创造性，不断生产出更多更高质量的融媒文化产品，进而增强中国特色社会主义文化认同和文

---

① 张烁. 习近平对宣传思想文化工作作出重要指示强调 坚定文化自信秉持开放包容坚持守正创新 为全面建设社会主义现代化国家 全面推进中华民族伟大复兴提供坚强思想保证强大精神力量有利文化条件[N]. 人民日报，2023-10-09(1).

化自信,不断推进铸牢中华民族共同体意识。因此,铸牢中华民族共同体意识视域下的融合传播要坚持文化事业与文化产业辩证统一、协同共进,二者不可偏废。

(五)推动文明交流互鉴

中华文明有着数千年与世界各种文明交流互鉴的历史,正是这种交流互鉴使中华文明不断丰富、发展、创新,也铸就了中华文明开放、包容、和平的内在品格。铸牢中华民族共同体意识视域下的融合传播要积极推进中华民族自身的文化认同,但并不是以自我为中心、故步自封、自说自话,而是要在增强自身文化认同的同时,不断推动和加强中华文明与世界其他文明之间的交流互鉴,在交流互鉴中进一步增强中华民族文化认同和文化自信,进一步推动中华文明传承、发展、创新,进而不断提升国家文化软实力和中华文化影响力。

四、实践维度:内容为本、技术支撑、管理保障

习近平总书记在2013年8月19日召开的全国宣传思想工作会议上指出:"要适应社会信息化持续推进的新情况,加快传统媒体和新兴媒体融合发展。"①2014年8月18日,中央全面深化改革领导小组第四次会议审议通过了《关于推动传统媒体和新兴媒体融合发展的指导意见》。这次会议和这个文件通常被视为国家层面正式开始推动传统媒体与新兴媒体融合发展的标志。媒体融合至今已经开展十年,不断向纵深发展。截至2023年6月,我国网民规模达10.79亿人,其中,手机网民规模达10.76亿人,网民使用手机上网的比例为99.8%。网络视频、短视频用户规模分别达10.44亿人和10.26亿人②。数字化、移动化、智能化、可视化、平台化等融合传播趋势越发明显,大数据、人工智能、VR等现代科技为媒体深度融合持续注入新动能,融合传播的传播力、引导力、影响力、公信力显著提升。北京冬奥会相关报道在中央广播电视总台平台的跨媒体总触达人次已达484.74亿次,其中电视端触达人次319.73亿次,新媒体多平台总触达人次165.01亿次③。全国2585个县级融媒体中心建成运行④,县级融媒体中心建设全面展开。媒体融合不断向纵深发展,这为融合传播推进铸牢中华民族

---

① 中共中央文献研究室. 习近平关于全面深化改革论述摘编[M]. 北京:中央文献出版社,2014:84-85.

② 中国互联网络信息中心. 第52次中国互联网络发展状况统计报告[EB/OL].(2023-08-28)[2024-01-28]. https://www.cnnic.net.cn/n4/2023/0828/c88-10829.html.

③ 胡正荣,黄楚新. 中国新媒体发展报告:2023[M]. 北京:社会科学文献出版社,2023:64.

④ 胡正荣,黄楚新. 中国新媒体发展报告:2023[M]. 北京:社会科学文献出版社,2023:66.

共同体意识提供了更多便利和可能。

2020年6月30日召开的中央全面深化改革委员会第十四次会议强调,“建立以内容建设为根本、先进技术为支撑、创新管理为保障的全媒体传播体系”①。这里指出了媒体融合、建立全媒体传播体系的三个关键词——内容、技术、管理。这也是铸牢中华民族共同体意识视域下融合传播的三条实践进路。

(一)内容至上:讲好中华民族共同体故事

融合传播推进铸牢中华民族共同体意识必须首先在内容上以社会主义核心价值观为引领讲好中华民族共同体故事,包括系统宣介和阐释中华民族历史与文化,构建和传播中华民族共同体理论体系,宣传贯彻党的民族工作理论和路线方针政策,宣传中国共产党领导下新时代民族工作取得的历史性成就,宣传56个民族之间在平等团结、互助合作基础上开展的交往交流交融,以及中华民族与世界其他民族和各国人民之间交流互鉴共同推动构建人类命运共同体等,“讲清楚中国共产党领导和社会主义制度是我国各民族共同发展进步的可靠保障,讲清楚中华民族是具有强大认同度和凝聚力的命运共同体,讲清楚中国特色解决民族问题的正确道路所具有的明显优越性”②。

(二)技术支撑:引进、应用与研发并重

融合传播以先进技术为支撑,或者说融合传播在很大程度上就是先进技术驱动的结果。物联网、大数据、人工智能、区块链等先进技术是融合传播的支撑与驱动力,这些技术在很大意义上重塑了信息产品的生产、分配、交换、消费方式及其背后所反映的人际交往关系和交往逻辑,甚至重新定义了人们的思维方式、行为方式和感觉方式。铸牢中华民族共同体意识视域下的融合传播一方面要积极拥抱、大胆引进、广泛应用各类新兴技术助推和支撑讲好中华民族共同体故事,例如,近年的春晚、北京冬奥会开闭幕式等大型活动中大量运用多媒体直播、手机或网络互动、弹幕、表情包、VR、人工智能、虚拟数字人、激光全息等多种融合传播元素、手段和技术,极大增强了融合传播效果;另一方面,要勇于探索、加大自主研发力度,要在关键领域和核心技术方面拥有

① 习近平主持召开中央全面深化改革委员会第十四次会议强调 依靠改革应对变局开拓新局 扭住关键鼓励探索突出实效[N]. 人民日报,2020-07-01(1).

② 习近平在中共中央政治局第九次集体学习时强调 铸牢中华民族共同体意识 推进新时代党的民族工作高质量发展[N]. 人民日报,2023-10-29(1).

更多自主知识产权,这样才能拥有更大的技术自主权,才能在融合传播推进铸牢中华民族共同体意识方面不断掌握更多主动权。

(三)管理保障:创新驱动融合传播

在为融合传播推进铸牢中华民族共同体意识提供许多新的便利和可能的同时,各种新兴技术也给融合传播带来更多的风险挑战和不确定性。因此,加强管理是做好融合传播的保障。习近平总书记在谈到媒体融合时指出,“正能量是总要求,管得住是硬道理,用得好是真本事”[①]。这里强调融合传播要弘扬正能量,为了实现这个总的目标和要求,一方面要管得住,一方面要用得好,管得住是用得好的前提和保障,用得好是管得住的目的和旨归,也就是要扬长避短、趋利避害,“用主流价值导向驾驭‘算法’”[②]。此外,融合传播管理上要不断创新,特别是要不断探索涉民族宣传报道在内容、形式、方法、手段、体制机制等方面的创新,“构建铸牢中华民族共同体意识宣传教育常态化机制”[③]。

五、世界维度:提升国际话语权,推动构建人类命运共同体

新时代以来,党团结带领全国各族人民全面建设社会主义现代化国家,取得了举世瞩目的巨大成就。我国经济实力、科技实力、综合国力显著提升,人民生活水平不断提高,各项社会事业全面进步,当今中国日益走近世界舞台的中央。但一些西方国家和西方媒体出于意识形态或政治立场偏见在国际舆论场上大量炮制和散布有关中国的负面舆论,如“中国威胁论”“中国强硬论”“中国傲慢论”“中国掠夺论”“中国不负责任论”“中国搭便车论”“中国失败论”“中国崩溃论”“中国全输论”[④]等。在涉疆涉藏涉台涉港等问题上,很多负面舆论都在妄图瓦解、颠覆和分化中华民族共同体。因此,铸牢中华民族共同体意识视域下的融合传播必然要放在国际舆论场域从世界维度加以考察。

马克思在《路易·波拿巴的雾月十八日》中指出:“人们自己创造自己的历史,但是他们并不是随心所欲地创造,并不是在他们自己选定的条件下创造,而是在直接碰到

① 习近平. 论党的宣传思想工作[M]. 北京:中央文献出版社,2020:356.

② 习近平. 论党的宣传思想工作[M]. 北京:中央文献出版社,2020:355.

③ 习近平在中央民族工作会议上强调 以铸牢中华民族共同体意识为主线 推动新时代党的民族工作高质量发展[N]. 人民日报,2021-08-29(1).

④ 习近平. 论党的宣传思想工作[M]. 北京:中央文献出版社,2020:119-120.

的、既定的、从过去继承下来的条件下创造。”[①]融合传播推进铸牢中华民族共同体意识就是要在“西强我弱”的国际舆论格局下向世界不断发出中华民族共同体的声音，让世界了解我们铸牢中华民族共同体意识的坚强决心和实际行动，以及与世界各国人民一道共同构建人类命运共同体的美好愿景。

（一）积极回应和主动引导国际舆论，提升国际话语权

有研究者通过对美联社、路透社、法新社、《纽约时报》《华盛顿邮报》《华尔街日报》《卫报》《环球邮报》《时代周刊》《印度斯坦报》等20家西方主要媒体自党的十八大以来涉“中华民族”的218篇新闻报道进行内容分析发现，西方媒体从民族历史、民族关系、民族制度、民族治理、民族未来等方面，建构起了一整套围绕“中华民族”的负面话语与叙事，如“侵略殖民”“强制同化”“专制压迫”“侵犯人权”“种族灭绝”等[②]。因此，我国要从加强国际传播能力建设、全面提升国际传播效能的角度开展铸牢中华民族共同体意识视域下的融合传播，在国际舆论场上积极回应和主动引导国际舆论，不断争取和提升国际话语权。一方面，“只有铸牢中华民族共同体意识，构建起维护国家统一和民族团结的坚固思想长城，各民族共同维护好国家安全和社会稳定，才能有效抵御各种极端、分裂思想的渗透颠覆”[③]；另一方面，打造融通中外的铸牢中华民族共同体意识话语体系和叙事体系，在世界范围内通过融合传播推进铸牢中华民族共同体意识，也有利于向世界展现真实立体全面的中国，塑造可信可爱可敬的中国国家形象，进一步提升中国国际话语权。

（二）推动构建人类命运共同体

习近平总书记在党的二十大报告中指出：“构建人类命运共同体是世界各国人民前途所在。万物并育而不相害，道并行而不相悖。只有各国行天下之大道，和睦相处、合作共赢，繁荣才能持久，安全才有保障。”[④]14亿多中国人组成的中华民族共同体是人类大家庭中至关重要的一员，是人类命运共同体的有机组成部分。通过融合传播推进铸牢中华民族共同体意识就是要向世界表明，中华民族共同体意识不仅符合而且代

---

① 马克思恩格斯选集：第一卷[M]. 中共中央马克思恩格斯列宁斯大林著作编译局，译.北京：人民出版社，2012：669.

② 于运全. 铸牢中华民族共同体意识的国际传播新进路[J]. 民族研究，2022，3：33-49，139.

③ 习近平在中央民族工作会议上强调 以铸牢中华民族共同体意识为主线 推动新时代党的民族工作高质量发展[N]. 人民日报，2021-08-29(1).

④ 习近平. 习近平著作选读：第一卷[M]. 北京：人民出版社，2023：51.

表和反映了和平、发展、公平、正义、民主、自由的全人类共同价值,铸牢中华民族共同体意识有利于进一步弘扬和传播全人类共同价值,为推动构建人类命运共同体和解决在充满挑战和不确定性的时代全人类面临的问题贡献中国智慧、中国方案、中国力量。此外,以世界为坐标参照系,把铸牢中华民族共同体意识放在推动构建人类命运共同体这个更宏阔的视野、更深切的关注、更远大的志向中,可以进一步明确和强化中华民族共同体的自我认知和共同体成员的认同感、归属感,增强铸牢中华民族共同体意识的责任感、使命感、紧迫感。通过铸牢中华民族共同体意识推动构建人类命运共同体,在推动构建人类命运共同体过程中进一步强化铸牢中华民族共同体意识,二者相辅相成、相得益彰。

六、结语

围绕铸牢中华民族共同体意识这个新时代党的民族工作主线开展融合传播,是当前和今后一时期新闻舆论工作的重要任务。涉民族因素问题的敏感性与复杂性使得铸牢中华民族共同体意识视域下的融合传播具有与一般意义上的新闻舆论工作不同的特殊性和重要性,体现出党的民族工作和新闻舆论工作各自重要性的叠加甚至是乘数效应。立足实现中华民族伟大复兴关键时期这个历史方位考察融合传播推进铸牢中华民族共同体意识,事关党和国家工作全局和大局,既要有鲜明的政治立场和政治原则,又要有明确的理论遵循和指引,还要有清晰、可操作的实践进路,立足本土的同时,又要有更为开阔的全球视野,从政治、理论、实践、世界四个维度对铸牢中华民族共同体意识视域下的融合传播进行观照,提供了一种比较完整和宏观的关于融合传播推进铸牢中华民族共同体意识研究的理论模式和参照。随着国内国际形势的变化,中华民族伟大复兴进程的推进,媒介环境、传播科技、舆论格局也会不断发展变化,铸牢中华民族共同体意识视域下的融合传播实践一定会遇到许多新问题,也必然会有更多的理论回应。

〔高永亮,中国传媒大学媒体融合与传播国家重点实验室副教授〕

〔特约编辑:涂凌波〕

新闻传播理论与历史

智能新闻学发展的全球图景：平台分流、区域差异与中国路径　　吴炜华　苗琨鹏

镜子·玩具·桥梁：算法身份的建构机制研究　　毛湛文　张佳颖

智能新闻学发展的全球图景：平台分流、区域差异与中国路径*

Artificial Intelligence and Journalism：Platform Practices，North-South Divide and Chinese Path

◎ 吴炜华　苗琨鹏

Wu Weihua　Miao Kunpeng

摘要：人工智能深刻改变了全球新闻传播业的格局与版图。本文立足于智能媒体时代全球智能新闻传播业"平台化"发展的实践趋向，梳理人工智能技术扩展背景下智能新闻学发展的"南北殊异"，从"技术-文化"框架下的媒介社会学方法论视角深入中国特色智能新闻学的关键知识与实践模式。发展中国特色的智能新闻学，应在马克思主义新闻观的知识谱系与学理视域下开展技术哲学思辨与新闻实践活动，为新型舆论场建设提供智能平台与社会信息服务。

关键词：人工智能；中国特色新闻学；平台新闻；南北鸿沟；马克思主义新闻观

Abstract：Artificial intelligence has profoundly revolutionized the landscape and structure of the global news communication industry. This article is based on the practical trend of "platformization" in the global intelligent news communication industry in the era of smart media，and it examines the North-South gap in the development of intelligent journalism under the background of artificial intelligence technology expansion. From the perspective of media sociology methodology within the technology-culture framework，this article delves into the key knowledge and practice patterns of Chinese characteristics intelligent journalism. To develop intelligent journalism with Chinese characteristics，it is necessary to conduct technological philosophical speculation

* 本文是研究阐释党的十九届六中全会精神国家社科基金重点项目"加快新型主流媒体国际传播能力建设研究"（22AZD073）和国家社科基金重大项目"建强新时代国际传播专门人才队伍研究"（22&ZD315）阶段性成果。

and news practice activities under the knowledge lineage and theoretical perspective of Marxism journalism, providing intelligent platforms and social information services to support the development of the new public opinion field.

Keywords: artificial intelligence, Chinese characteristics journalism, platform news, north-south gap, Marxism journalistic views

一、绪论

党的二十大报告指出,要加快构建中国特色哲学社会科学学科体系、学术体系、话语体系;要加强全媒体传播体系建设,塑造主流舆论新格局。在人工智能的技术加权下,算法、程序、终端正作为一种倾轧性的力量介入新闻与信息编辑、生成、出版与发行环节,催生了智能新闻学,推动全球新闻传播业出现革命性的变化。与此同时,我国主流媒体和党报党刊的人工智能新闻学实践,目前仍处于摸索实验阶段:“中央厨房”与“地方云”的阶段性成就,为人工智能技术的主流化应用铺就了基础;机器人新闻与 AI 主播的实验性成果,设计了人工智能新闻学的本土应用样本。随着人工智能与我国新闻传播业的深度融合,智能技术影响信息挖掘、舆情跟踪与资讯重组的深度与广度也日渐明显,其对党的新闻宣传和意识形态工作带来前所未有的机遇与挑战,也对建设马克思主义新闻观提出新的要求。

发展中国特色的智能新闻学,既呼应了建设具有中国特色的新闻传播学的学理内涵,也是直面全球智能媒体产业冲击、建设全媒体传播体系、推进互联网治理的实践要求。中国特色的新闻传播学,是在马克思主义新闻观指导下的学、理、术、用与智能媒体环境的多重结合,更应是前沿性、科技性、未来性与本土性的复合架构。本研究将立足于智能媒体时代全球智能新闻传播业“平台化”发展的实践趋向,梳理人工智能技术扩展背景下智能新闻学发展的“南北殊异”,并聚焦于发展中国特色的智能新闻学之核心问题的挖掘,从“技术-文化”框架下的媒介社会学方法论视角深入中国特色智能新闻学的关键知识与实践模式,辩证地阐述与探讨具有中国特色的智能新闻学的形成、规范与特征,探究其实践、应用的过程。

二、平台分流:智能新闻学发展的实践趋向

人工智能为新闻的自动化生产与个性化分发提供了技术路径,并在平台生态系统

重构的信息流动格局中分流出差异的实践方向。在“普遍连接、位置敏感、实时反馈、媒介融合”①的智能传播环境中，以大型互联网平台公司为主导的信息传播新型基础设施正在从技术、市场、政治和文化等多个层面，重构全球传播的信息流动新格局、地缘政治新秩序和文化交往新生态②。平台生态系统具有数据支撑、算法驱动、商业模式构建、用户协议管理的特征，是由三个关键元素组成的体系结构：低可变性的核心组件，高可变性的补充组件，以及核心和补充组件之间的模块化接口③。平台研究具有三个层面：微观层面的个体平台、中观层面的平台生态、宏观层面的平台地缘政治④。在此基础上，智能新闻学分流出差异的实践范式，既构建了平台生态系统中重要的信息景观，又以新闻传播学科的知识体系与价值导向影响着数字平台的内部生态。具体而言，人工智能赋能下的新闻自动化生产与个性化分发，使其能与 Netflix、Facebook 和 Amazon 等大型平台争夺用户的注意力，但其中也暗含了新闻传播业商业化运作与承担公共服务职能的冲突。此外，“全球平台传播”⑤的语境下，国际传播平台具有规制信息传播的垄断性权力，其内置意识形态的平台算法深刻影响了智能新闻学的内容版图与传播生态。

微观层面，人工智能增强新闻生产的内容深度与流程自动化，使其在个性化的信息分发场景中获取用户流量与商业利润。作为后疫情时代的新型信息基础设施⑥，音视频流媒体、网络视频会议、超级社交网络、大型和社区电商等“数字平台”在人们的日常生活与数字生存中具有不可替代的功用。而新闻业在人工智能的技术赋能下能在这些“数字平台”的围挤下争夺自身的发展空间。首先，在新闻的深度内容生产层面，《洛杉矶时报》记者使用分类器的数据挖掘方法检测洛杉矶警察局减少犯罪的方法的情况⑦；路透社通过主题建模找到最高法院请愿者的权力中心⑧。这些新闻报道揭示

① MCQUIRE S. Geomedia：networked cities and the future of public space [M]. Cambridge：Polity Press，2017.

② 姬德强. 数字平台的地缘政治：中国网络媒体全球传播的新语境与新路径 [J]. 对外传播，2020，11：14-16.

③ BALDWIN C Y，WOODARD C J. The architecture of platforms：a unified view [J]. Platforms，markets and innovation，2009，32：19-44.

④ VAN DIJCK J，POELL T，DE WAAL M. The platform society：public values in a connective world [M]. Oxford：Oxford University Press，2018.

⑤ 沈国麟. 全球平台传播：分发、把关和规制 [J]. 现代传播（中国传媒大学学报），2021，43(1)：7-12.

⑥ 姬德强. 平台化突围：我国国际媒体提升传播效能的路径选择 [J]. 中国出版，2021，16：8-11.

⑦ Los Angeles Times. How we reported this story [N/OL]. 2015-10-15 [2023-11-20]. https://www.latimes.com/local/cityhall/la-me-crime-stats-side-20151015-story.html.

⑧ Reuters. Analysing the impact of the Supreme Court bar [N/OL]. 2014-12-08 [2023-11-20]. https://www.reuters.com/article/uk-scotus-elites-methodology/analysing-the-impact-of-the-supreme-court-bar-idUSKBN0JM10B20141208 .

了智能新闻学在深化新闻内容、创新新闻表达方面发挥的突破性作用。其次,在新闻的自动化生产层面,《今日美国》通过 Wibbitz 制作短视频;路透社的算法预测工具 News Tracer 帮助记者衡量推文内容的完整性;BuzzFeed 的软件 BuzzBot 能从现场来源收集新闻事件的信息①。这些自动化新闻生产工具能在短时间内处理、分析与总结大量数据,一定程度上减轻了记者的负担。最后,人工智能工具能够通过监测用户活动,了解其兴趣偏好,并在其信息浏览的过程中创造出个性化的体验,进而转化为用户参与率和投资回报率,从而使新闻媒体在争夺用户流量的层面更具竞争力,能进一步通过矩阵传播与自有平台建设与 Netflix、Facebook 和 Amazon 等大型平台竞争。

中观层面,新闻编辑与技术人员系统性的知识断裂、公共服务责任与商业化的流量诉求使智能新闻业的运作实践与平台生态内含价值导向的矛盾。虽然数字平台作为现代广泛可用、普遍与相对稳定的基础设施,其在支撑社会正义、提升生活质量等方面具有重要作用,但其对基本需求与在线数字生活的全面渗透也带来了潜在的政治、环境和道德风险②。如何在个性化与公共服务之间找到平衡点,是新闻业在数字时代面临的关键问题之一,而这往往表现在新闻作为一种商业的、以利润为导向的运作和其向公众提供信息的社会责任之间的冲突③。人工智能技术延伸出的个性化新闻虽能增强用户黏性,但也会造成"过滤气泡"(filter bubbles)、信息回音室(echo chamber)等问题。此外,新闻的个性化生产则进一步通过使用 NLP(自然语言处理)来塑造文章,使用户能按照其喜好的语气、政治立场等进行阅读,这不仅进一步模糊了新闻传播业与市场营销的边界,差异化的信息内容还使公共记录面临风险,使媒介可信度(media credibility)与媒体公信力面临危机。ProPublica 展示了机器如何学习成为种族主义者④,这则进一步揭示了智能新闻学深层的意识形态风险。在深度智能化的信息流动场景中,将符合公共利益的编辑价值融入智能新闻的策展过程,既考验着工程师对计算机代码代表的编辑价值的理解深度,也是发展智能新闻的内在要求。

宏观层面,高度技术整合的全球应用生态系统形成了以巨型数字平台为主导的移

① HANSEN M, ROCA-SALES M, KEEGAN J M, et al. Artificial intelligence: practice and implications for journalism [R/OL]. (2017-09-14) [2023-11-20]. https://academiccommons. columbia. edu/doi/10. 7916/D8X92PRD.

② PLANTIN J C, LAGOZE C, EDWARDS P N, et al. Infrastructure studies meet platform studies in the age of Google and Facebook [J]. New media & society, 2018, 20(1): 293-310.

③ HANSEN M, ROCA-SALES M, KEEGAN J M, et al. Artificial intelligence: practice and implications for journalism [R/OL]. (2017-09-14) [2023-11-20]. https://academiccommons. columbia. edu/doi/10. 7916/D8X92PRD.

④ ProPublica. Breaking the black box: how machines learn to be racist [N/OL]. 2016-10-09 [2023-11-20]. https://www.propublica.org/article/breaking-the-black-box-how-machines-learn-to-be-racist? word=Trump.

动生态结构，规制着智能新闻学的发展路径与实践前景。在计算机行业以及后来的“Web 2.0”系统和服务中，平台战略的兴起使“平台的基础设施化”成为可能。谷歌、Facebook 与其他企业巨头已经学会了利用平台的力量以获得立足点，巨型数字平台的垄断成为 19 世纪末和 20 世纪铁路、电话和电力公用事业垄断的现代翻版①。研究发现，谷歌与 Facebook 等数字平台通过对 SDK（Software Development Kit）服务持续性地分解与重组，实现对移动生态结构的整合。巨型数字平台首先将自身的平台功能分解为服务组合（service assemblage），并通过技术集成的形式重组至其他应用程序的源代码中，使用户即便退出谷歌与 Facebook 的生态系统，也在其他应用程序中与之相连。平台化就是这种对 SDK 服务进行分解和重组，并深刻改变移动生态结构的持续过程，这在推动平台（应用程序）之间依赖与竞争关系的同时，塑造巨型数字平台在权力与经济上的主导地位②。虽然已有通过人工智能开发信息自动生产的平台的研究先例，研究者通过 Python 的机器学习与自然语言处理工具包（Natural Language Toolkit）模块分析社交媒体平台的趋势，并在此基础上通过新闻源与社交媒体信息的数据挖掘、数据分类与数据分析开发新闻信息自动生产的平台③。但在主要的数字平台中，智能新闻学的发展依然受制于谷歌和 Facebook 等巨型数字平台塑造的地缘政治与信息版图。但高度技术整合的全球应用生态系统同时意味着，国际范围内影响力有限的数字平台（腾讯、阿里巴巴等）能在服务组合中留痕，这难以从应用程序的技术集成中移除④。服务去中心化和重组的平台化为新型平台力量的出现提供了基础，这也昭示着智能新闻学发展的方向与未来图景——内置意识形态的平台算法对新闻的话语表达起到规制性作用，如何在国际传播平台主导的地缘政治与大型数字平台主导的信息版图中突围，拷问智能新闻学的学科合法性。

三、区域差异：智能新闻学的南北比较

人工智能技术在全球北方新闻传播业的应用与推广具备技术可供性与文化适应

① PLANTIN J C, LAGOZE C, EDWARDS P N, et al. Infrastructure studies meet platform studies in the age of Google and Facebook [J]. New media & society, 2018, 20(1): 293-310.

② BLANKE T, PYBUS J. The material conditions of platforms: monopolization through decentralization [J]. Social media+society, 2020, 6(4): 1183-1202.

③ VISVAM DEVADOSS A K, THIRULOKACHANDER V R, VISVAM DEVADOSS A K. Efficient daily news platform generation using natural language processing [J]. International journal of information technology, 2019, 11(2): 295-311.

④ BLANKE T, PYBUS J. The material conditions of platforms: monopolization through decentralization [J]. Social media+society, 2020, 6(4): 1183-1202.

性。21世纪始，路透社与《纽约时报》等有影响力的全球新闻机构宣布在新闻生产中使用算法与自动报道等智能技术①。当今，西欧与北美的许多新闻编辑室越来越多地在日常新闻报道实践中采用人工智能②。在此过程中，智能新闻学的实践应用与伦理规范引发了广泛的讨论，如记者在智能新闻制作流程中的角色变化③，新闻机构在公众视野中的媒介可信度④等。而在新闻传播业界，逐渐形成了两种智能新闻学的实践模式：以彭博新闻社（Bloomberg News）为代表的“整体方法”（holistic approach），即大部分新闻实践由人工智能驱动，适用于全球范围运营、资源丰富的大型新闻机构；以微软全国广播公司（MSNBC）为代表的“技术方法”（technological approach），即人工智能软件驱动大部分新闻采集设备（摄像机等），而不干涉新闻生产的过程。

相较之下，全球南方的数字鸿沟限制了其新闻媒体的人工智能技术扩展，进一步形成智能新闻学发展的“南北差异”。人工智能技术的应用为记者带来了三重冲击：新闻生产与新闻机构的权力巨变下的认知调适困境⑤，人工智能应用与新闻生产转型带来的技术习得压力⑥，以及新闻工作结构调整与“人-机”职业竞争的恐慌与焦虑心理⑦。而这些冲击对发展中国家影响更大⑧。一项针对巴基斯坦的智能新闻实践的研究显示，缺乏经济资源与准确数据的获取、人工智能国家发展战略缺位以及智能新闻教育的落后是制约其智能新闻学发展的三大主要因素⑨。此外，一项关于南非新闻机构的研究显示，虽然南非公共广播公司（SABC）等主流媒体正缓慢而系统地围绕人工智能展开新闻实践，但存在技术能力不足、财力负担沉重与意识形态的道德伦理争议等问题，使其智能新闻业发展呈现出积极的技术挪用（technology appropriation）倾向

---

① KIM S Y，KIM B Y. Big data analysis of AI news and robot journalism trends [J]. Technology (elmsford，NY)，2020，11(10)：1395-1402.

② BISWAL S K，GOUDA N K. Artificial intelligence in journalism：a boon or bane? [J]. Optimization in machine learning and applications，2020：155-167.

③ SUDMANN A. The democratization of artificial intelligence：net politics in the era of learning algorithms [M].Bielefeld：transcript Verlag，2019.

④ ALI W，HASSOUN M. Artificial intelligence and automated journalism：contemporary challenges and new opportunities [J]. International journal of media，journalism and mass communications，2019，5(1)：40-49.

⑤ GRAEFE A. Guide to automated journalism [R/OL].(2017-07-10)[2023-11-20].https://academiccommons.columbia.edu/doi/10.7916/D80G3XDJ.

⑥ PEISER J. The rise of the robot reporter [N/OL]. The New York Times，2019-02-05[2023-11-23].https://www.nytimes.com

⑦ COHEN S，HAMILTON J T，TURNER F. Computational journalism[J]. Communications of the ACM，2011，54(10)：66-171.

⑧ BISWAL S K，GOUDA N K. Artificial intelligence in journalism：a boon or bane? [J]. Optimization in machine learning and applications，2020：155-167.

⑨ JAMIL S. Artificial intelligence and journalistic practice：the crossroads of obstacles and opportunities for the Pakistani journalists [J]. Journalism practice，2021，15(10)：1400-1422.

与悲观的记者态度倾向交织的矛盾现状①。新闻传播业在全球南方的发展存在既有阻力，而人工智能的冲击放大了经济、技术与结构性失业的压力，并带来道德、伦理的争议，数字资源分配的不均等造成了智能新闻学发展的“南北鸿沟”。

而在人工智能的学术研究中，美国与英国是智能新闻学研究与学术发表的主要国家。一项针对智能新闻学的文献研究，通过梳理 2015—2021 年 358 篇该主题的英文出版物，绘制了智能新闻学的全球科学出版物地图。其中，美国（128 篇）与英国（42 篇）发表的文章共计 170 篇，超过在该主题有至少 10 篇出版物国家的文献数总和（166 篇），也远超中欧国家（德国、瑞士、西班牙）与北欧国家（瑞典、挪威、芬兰）。此外，南半球（9 篇）与大洋洲（12 篇）落后于亚洲地区（38 篇）的出版数量，而非洲仅有 3 篇②，该研究结果呼应了其他智能新闻学发展分布与地区分异的相关研究成果③。一定程度上，该研究也揭示了学术研究与智能新闻学业界实践的内在关联——全球南方与全球北方由人工智能技术扩大的智能新闻学实践差异，在学术研究中被转化为研究产物与学术话语权的差异，这进一步与本土人工智能相关的国家战略、新闻教育与认知观念深度勾连，形塑更深层次智能新闻学的实践范式与学术研究层面的“南北鸿沟”。

在此背景下，智能新闻学研究人员的多样性与代表性对于全球南方和边缘社区的智能发展与社会问题解决至关重要。人工智能系统的构建与问题的解决受到编码者价值观与意识形态的影响④。2016 年神经信息处理系统（NeurIPS）会议（人工智能社区重要会议）的约 8500 位参与者中，只有 6 位黑人研究人员⑤，2019 年没有一个非洲国家排在政府人工智能就绪指数（治理、基础设施和数据、技能和教育以及公共服务）前 50 名⑥。研究人员构成缺乏多样性与数据样本的不足，进一步导致南方国家与边缘社区的社会问题在人工智能系统中的缺失与价值失序，这意味着人工智能因此难以

① MUNORIYARWA A，CHIUMBU S，MOTSAATHEBE G. Artificial intelligence practices in everyday news production：the case of south africa's mainstream newsrooms [J]. Journalism practice，2021：1-19.

② PARRATT-FERNÁNDEZ S，MAYORAL-SÁNCHEZ J，MERA-FERNÁNDEZ M. The application of artificial intelligence to journalism：an analysis of academic production [J]. Profesional de la información，2021，30(3).DOI：10.3145/epi.2021.may.17.

③ CALVO-RUBIO L M，UFARTE-RUIZ M-J. Artificial intelligence and journalism：systematic review of scientific production in web of science and scopus (2008-2019) [J]. Communication & society，2021，34(2)：159-176.

④ ABEBE R. Why AI needs to reflect society[EB/OL].(2018-11-29)[2023-11-30].https://www.forbes.com/sites/insights-intelai/2018/11/29/why-ai-needs-to-reflect-society/.

⑤ ECHAIZ L F，NEUPANE B，RIVERA L M，et al. Steering AI and advanced ICTs for knowledge societies：a rights，openness，access，and multi-stakeholder perspective[M].UNESCO Publishing，2020.

⑥ MILLER H，STIRLING R，CHUNG Y，et al. Government artificial intelligence readiness index 2019 [R]. London：Oxford Insights，2019：32.

解决全球大多数人面临的问题。以人工智能系统中优质健康数据的可用性为例,研究显示,女性①、移民者②、生活在中低收入国家的个体③和老年群体④更难以获得此类数据。这种数据的不平等限制了人工智能理解这些社区不同而复杂的健康需求。沿承新闻学的学科责任与实践范式,智能新闻学对于边缘社区与歧视、贫困和压迫等问题的关注,能使人工智能为所有人的利益服务,在使全球南方、边缘社区的需求得到满足的同时,刺激公众重新关注他们。与此同时,智能新闻学也能通过与人机交互(Human-Computer Interaction)、信息与通信技术促进发展(Information and Communication Technology for Development)和科学、技术与社会研究(Science, Technology and Society)等人工智能学术子领域展开学科对话与交流,进行功能与职责的互补,并推动人工智能行业改善社会生活的方方面面⑤。

四、智能新闻学的本土哲学观与实践观

(一)中国特色智能新闻学的技术哲学与传播思辨

人工智能技术带有深刻的政治性,这使智能新闻学的"在地化"发展与研究需要把握其意识形态属性。相较于人工智能在新闻业中能做什么,智能新闻学更关注人工智能在新闻业中应该做什么。以现实观之,复杂的国际新闻传播生态、话语争夺与意识形态斗争,集中呈现在智能新闻学的产业场景中。恶意拦截信息的新闻黑客、国际社交媒体上的反华机器人、低俗色情信息的半智能型推送、商业资讯平台的恶性算法竞争等现象,层出不穷,愈演愈烈,这些案例深刻展现了人工智能技术的政治性,同时对我国发展中国特色的智能新闻学提出了迫切的要求与严酷的挑战。而把握中国特色智能新闻学的意识形态属性,首要的问题是:智能新闻学应该为谁服务?中国新闻业的发展具有鲜明的本土色彩与浓厚的历史文化语境,并生成了带有中国特色的新闻制

---

① Data2X, Mapping gender data gaps[EB/OL].(2014-11)[2023-11-20].http://data2x. org/wp-content/up8 loads/2014/11/Data2X_MappingGenderDataGaps_FullReport. pdf.

② FOUNTAIN C, BEARMAN P. Risk as social context: immigration policy and autism in California 1[C]// Sociological Forum. Oxford, UK: Blackwell Publishing Ltd, 2011, 26(2): 215-240.

③ ABEBE R, HILL S, VAUGHAN J W, et al. Using search queries to understand health information needs in africa[C]//Proceedings of the International AAAI Conference on Web and Social Media. California: AAAI, 2019, 13: 3-14.

④ IEAG. A world that counts: mobilising the data revolution for sustainable development[R/OL].(2014-11-07)[2023-11-20].http://www.undatarevolution.org/wp-content/uploads/%202014/12/A-World-That-Counts2. pdf.

⑤ ABEBE R, GOLDNER K. Mechanism design for social good [J]. AI matters, 2018, 4(3): 27-34.

度、新闻观念、新闻价值观与新闻实践观。相较于西方国家绝对的市场逻辑与资本逻辑，中国新闻业坚守党和国家、社会现代化的底层逻辑，以国家和社会为重，并鲜明地体现为坚持党管媒体、党性和人民性的统一等特征[①]。在商业化平台与网络公众的复杂舆论场景中，人工智能起到了架构数字系统与活化传播渠道的关键作用。面对不断分化的社会话语与日趋缠结的信息景观，以及以中国式现代化全面推进中华民族伟大复兴的宏伟愿景，发展中国特色的智能新闻学的核心议题，则在于如何统合社会层面众声喧哗的舆论生态以及国家层面高质量发展的共同愿景。概言之，如何通过人工智能落实"团结稳定鼓劲，正面宣传为主"新闻舆论工作基本方针，并正向赋能我国新闻舆论的治理工作，发挥其在推进中国式现代化，实现中华民族伟大复兴中的重要作用，是发展中国特色的智能新闻学的重中之重。

马克思主义新闻观的知识谱系与学理视域，为发展中国特色的智能新闻学提供了新闻应用的实践路径与哲学思辨的学理路径。马克思主义新闻观作为中国新闻传播学与新闻舆论工作的根本遵循，其坚持以人民为中心的马克思主义新闻价值范式，指出了发展中国特色的智能新闻学的价值要义与实践方向。方法论层面，智能新闻学应呼应马克思主义"解释世界"与"改造世界"辩证统一的实践精神，运用马克思主义新闻观的理论与方法理解智能媒体产业的实践经验，并通过逐步提炼形成对中国智能媒体行业具体实践具有解释力的逻辑自洽的概念体系[②]。学理路径层面，应关注智能新闻学的学理意涵与马克思主义新闻观的范式对话与理论互构。以马克思主义新闻观引领中国特色的智能新闻学发展，应运用辩证唯物主义与历史唯物主义对智能时代的新闻实践，以及新闻实践与智能技术的关系予以分析[③]。与此同时，在智能媒体环境与媒体深度融合背景下，智能新闻学的本土化发展也推动了马克思主义新闻观与时俱进，以新型理论范式、认知模式、实践构型与表达形式丰富马克思主义新闻观的时代内容。实践路径层面，应关注主流媒体智能发展与融合实践，以及新闻从业者、新闻教育的观念更新与实践沿革。伴随着媒体深度融合的纵深发展，"央—省—市—县"四级融合发展布局向纵深开掘，"移动优先""中央厨房""全媒体传播矩阵"等话语既反映出智能新闻学实践性与学理性的双重特性，又投射出发展中国特色智能新闻学的巨大潜能与本土前景，更凸显了智能新闻学的实践与研究在全媒体传播体系建设中的重要方

① 涂凌波，虞鑫．"新闻价值"学术对谈：数字新闻语境下的变革及其未来［J］．青年记者，2022(9)：12-17.

② 贺雪峰．"大循环"：经验的本体性与中国社会科学的主体性［J］．探索与争鸣，2017(2)：29-31.

③ 杨保军，樊攀．马克思主义新闻观研究的"转向"：从"史论偏重"到"史论与实践并重"［J］．新闻与传播研究，2022，29(4)：5-20,126.

位。此外，在新文科建设的背景下，算法训练师与新闻工作者理念互通的现实要求，使新时代中国新闻教育应践行“实践赋能”的教育理念，在实践中将价值塑造、知识传授、能力培养有机整合，以实践带动创意、创作、创新、创业全流程贯通，培育适应新时代要求的应用型复合型智能媒体人才①。

（二）马克思主义新闻观：智能新闻学的实践应用

随着人工智能与新闻传播业的深度融合，它给党的新闻宣传和意识形态工作带来前所未有的机遇与挑战，也必然对建设马克思主义新闻观提出新的要求。发展中国特色的智能新闻学意味着以本土化的意识形态与文化思维对人工智能进行训练，在其中，马克思主义新闻观处于核心位置。马克思主义新闻观作为党的新闻舆论工作的“定盘星”，决定了新闻舆论工作的发展方向与实践路径，也进一步引领了社会前进的方向。践行马克思主义新闻观，要求智能新闻学坚持正确舆论导向，以正面宣传为主，这实际上为人工智能的供应链、产业链与价值链发展提供了方向。智能环境的深刻变革结构了传统线性新闻生产模式，使新闻文本信息以数据形式于云端存贮，智能算法逐渐成为新闻资源的组织方式与内容的分发主体。在此背景下，人民日报社以“主流算法”应对智能媒体环境的变革与挑战。“主流算法”以正向价值观统摄内容审核系统，实现传播内容的质量把控，并进一步以数据输入、召回算法、模型排序和生成列表等方式，基于机器学习构建主流价值引领的推荐系统。此外，“主流算法”还能对传播内容进行动态监测，聚焦热点事件，智能分析舆情传播路径及引导力。进一步，节点化的传播格局与连接模式使以数据信息为代表的生产要素得以高效流动，进而催生了以连接和数据为主导的新价值链体系②。因此，主流媒体的智能新闻学信息生产与分发模式不仅应牢固“正能量”的内容供给结构，更应深度提升内容对用户的信息附加值，以权威声音与专业视角纾解大众知识之惑，通过人工智能实现“情绪价值”“信息价值”与“专业价值”的多维价值跃升。

坚持马克思主义新闻观，主流媒体的智能新闻学发展应能在众声喧哗的舆论生态中正确认识主流与支流、成绩与问题、全局与局部的关系，并相应地以主流话语与优质内容绘制相应的内容图景。智能媒体时代算法推荐的应用使互联网行业陷入“算法焦虑”与“流量之困”，标题党、假新闻与虚假信息成为网络信息结构的重要组成部分。在

① 高晓虹，涂凌波.“实践赋能”视野下中国新闻传播教育的理念与模式创新［J］. 中国高等教育，2022(8)：24-27.

② 黄家圣，陈昌凤. 构筑智能媒体全链条的三重理念：产品、数据、平台［J］. 电视研究，2022(1)：8-12.

此背景下，构建健康的舆论生态，营造清朗的网络空间，意味着主流媒体应在物质层面与媒介层面把握智能媒体环境中网络空间的空间逻辑，并在其中起到支配性的主导作用，这不仅需要对数字平台等信息中枢进行规制，使其承担相对应的信息管理责任，亦需要深入网络传播的血管与脉络，在信息乱丛中捕捉关键的传播节点，以充足的主旋律内容供给构建健康活跃的新媒体内容生态。需要注意的是，智能技术在新闻传播业的应用关涉理性与社会性的双重维度①。在信息生产、信息分化与互动反馈的人工智能训练过程中，关涉理性的智能技术受到人为干预和修正改造，这也揭示了智能技术“人工”与“智能”的统一关系。因此，发展中国特色的智能新闻学，应把握人民性的核心价值，捕捉舆论图景反馈民情民意，对关涉理性的技术应用，如数据挖掘与知识发现、情感分析与社会计算、问答系统、人机交互系统等，持续以马克思主义新闻观的价值导向与理论意涵进行训练，从而优化智能新闻学的主流内容生产与精准信息分化流程，最终实现马克思主义新闻观贯穿于智能技术价值培育与智能新闻学发展的全流程。

五、融合生产与信息协同：智能新闻学发展的中国路径

（一）智能转型：新型主流媒体的功能融合

相关的学理争议集中在人工智能技术的本体特征与认知区间、道德伦理与价值规范、应用场景与实践模式等层面。人工智能技术深刻改变了新闻传播业的生产模式、工作机制与传播流程，并带来了相关的伦理审思。人工智能技术内嵌设计师与开发人员建构在其中的价值观，在数据采集、算法搭建与系统训练等方面约束了人工智能系统选择的方向②，在其构架下的应用程序、算法与社交媒体深刻影响着公共生活数字化的进程。一方面，这为记者与新闻机构提供了一种媒介可供性（media affordance）的赋能，使其得以将自身组织、制度与专业价值观嵌入驱动新闻生产的技术中③，为新闻价值与人工智能意识形态属性的耦合提供了可能。另一方面，非新闻媒体公司与数字平台亦能通过人工智能技术实现价值传播④，这客观上型塑了网络舆论场中多元主

① 陈昌凤，虞鑫. 智能时代的信息价值观研究：技术属性、媒介语境与价值范畴 [J]. 编辑之友，2019(6)：5-12.

② SHILTON K. Values and ethics in human-computer interaction [J]. Foundations and trends in human-computer interaction，2018，12(2)：107-171.

③ BROUSSARD M，DIAKOPOULOS N，GUZMAN A L，et al. Artificial intelligence and journalism [J]. Journalism & mass communication quarterly，2019，96(3)：673-695.

④ ANANNY M，CRAWFORD K. A liminal press [J]. Digital journalism，2015，3(2)：192-208.

体争夺话语权的复杂景观,对新闻工作者在数字公共空间与智能传播场景中的话语空间与价值引导能力提出了挑战。

人工智能技术重塑了新闻业的生产与传播范式对主流媒体提出了新挑战。首先,在数字化、社交化、智能化的融合传播时代,专业媒体机构不再具有新闻生产的垄断性地位,版面或节目空间也不再成为新闻能否得以刊载的限制性因素。新闻样态的"液态化""泛在化"使传统新闻媒体话语权式微与职业新闻工作者的权威消减,"社交媒体空间权威信息的供给不足与不实信息的无序传播则成为增加信任成本、认知偏差和社会焦虑的温床"①。在此背景下,我国新型主流媒体承担着大众与平台无法达成的建构主流价值、化解认知分歧、引导民众共识、记录文明历史的使命。其次,人工智能技术构建了多元的媒体生态结构与分布式的信息传收结构,面对不断变动的信息选择与过滤机制,新闻的生产和传播与平台深度绑定,并受制于智能算法影响下效果端用户注意时间的局限,这意味着新闻难以离开平台这一基础设施所制订的基本规则,"新闻制作将逐渐适应并遵循平台生态系统的机制和组织原则"②,这实际上为主流价值宣传与意识形态工作带来了新的挑战,并要求新闻生产、传播与宣传工作进行智能化、移动化、平台化的采编范式转型。

网络空间公众的广泛参与以及复杂的信息传播环境,要求智能新闻的功能性兼具信息传播、沟通对话与关系维系等维度③。在智能传播环境中,受众、渠道、象征资源、传播控制权均发生了深刻的变化,非编辑利益相关者、非新闻媒体公司与平台媒体的替代价值观,会填补新闻分发过程中的价值空白④,这进一步挤占了新型主流媒体在智能媒体环境中争夺话语权、构建新型内容生态的空间,也倒逼主流媒体新闻工作者的理念、能力、技术与渠道的系统性变革⑤。走好新时代的群众路线,实际上为智能媒体环境中主流媒体的舆论宣传工作与社会服务工作指引了实践路径。一方面,这要求主流媒体重新审视其报道范式,跳脱"媒体稀缺"时代的发展路径,审视其内容生产"视野的有限性、形式的凝固性、内容价值挖掘的不充分"⑥等局限,主动应对智能媒体环境的变化与冲击,做好新时期核心价值的宣传和社会服务的保障,做好智能环境下优

---

① 黄典林.移动社交十年,我们如何被改变[N].光明日报,2021-01-27(2).

② 席志武,李辉.平台化社会重建公共价值的可能与可为:兼评《平台社会:连接世界中的公共价值》[J].国际新闻界,2021,43(6):165-176.

③ 涂凌波,虞鑫."新闻价值"学术对谈:数字新闻语境下的变革及其未来[J].青年记者,2022(9):12-17.

④ ANANNY M, CRAWFORD K. A liminal press [J]. Digital journalism, 2015, 3(2): 192-208.

⑤ 张涛甫.传播格局转型与新宣传[J].现代传播(中国传媒大学学报),2017,39(7):1-6.

⑥ 彭兰.文化隔阂:新老媒体融合中的关键障碍[J].国际新闻界,2015,37(12):125-139.

质信息与主流内容的充分供给。另一方面，在人工智能技术的帮助下，新型主流媒体应建设全面、科学、跨界融合的智慧型新闻应用、信息引擎、数据跟踪与公共服务平台，拓展智能媒体实用功能、对话功能、传播功能的多维效用，实现对新闻、政务、服务、商务四大板块的连接，推进全程、全息、全员、全效媒体建设，扩大主流价值影响力版图。

(二)机制整合:社会服务与信息服务一体化

智能媒体技术带来信息传播模式、话语体系与社会情景的变化，也对新型主流媒体的信息传播与社会服务的工作提出了更高的要求。伴随着媒体融合的纵深发展与智能生活的全方位铺展，大数据、云计算、深度学习等智能技术已深入人们的日常生活，媒体对社会生活的介入程度已达到前所未有的高度。随着媒体环境的"数字化"、个体生存的"媒介化"，新闻的社会服务与信息协同也应迈向融合、升级与协作的"智能化"，推进信息服务平台与社会服务平台的一体化搭建。在现代信息技术的支持下，我国主流媒体应以全媒体传播体系应对智能新闻学的挑战，凭借其积累的平台、资源与公信力优势，在养老、就业、医疗、托幼等重点民生领域，为公众提供现实需要的多样化信息服务，并推动民生热点问题解决，既要搭建与民众在现实空间与网络空间的双端信息桥梁，还应在移动化、视听化的智能传播场景中打造跨屏的情感链接，实现信息资讯、价值引领与社会服务的多维功能。此外，面对我国社会服务资源供给总量不足，城乡、区域间发展不平衡，优质资源稀缺的既有现实，我国主流媒体与地方媒体应积极与既有社会服务体系融合，构建数据共享的信息网络，满足人民群众实时性、个性化的社会服务需求，使社会服务摆脱时间与空间的限制，打通社会服务与信息服务的"最后一公里"。

最后，发展中国特色的智能新闻学，要求主流媒体顺应智能媒体环境，发展智能新闻思维，探索出一种符合全媒体建设的信息协同机制体系，以及符合社会健康发展的社会服务体制框架。2020 年 9 月，中共中央办公厅、国务院办公厅印发《关于加快推进媒体深度融合发展的意见》，指出坚持媒体深度融合，不仅要扩大优质内容产能，还要深化体制机制改革，坚持以人民为中心的工作导向①。近年来，我国媒体主动求变，尝试搭建全媒体建设的综合平台与媒体深度融合的综合机制。2023 年 1 月 18 日，由中共浙江省委宣传部指导，浙江日报报业集团、浙江广播电视集团、浙江出版联合集团、浙江省文化产业投资集团四大省属文化集团共同发起的传播大脑科技公司正式在

① 中共中央办公厅，国务院办公厅.关于加快推进媒体深度融合发展的意见[EB/OL].(2020-09-26)[2023-11-20]. https://www.gov.cn/xinwen/2020-09/26/content_5547310.htm.

杭州揭牌成立。传播大脑科技公司的目标是打造引领媒体变革的技术集成中心、数据交互中台、融合传播中枢。① 主流媒体与科技公司的合作与融合通过优势资源的有效整合,规避了地方融媒体资源分散、业务重合、利益冲突的内耗,既能推进智能平台与信息分发引擎的自主搭建,增强人工智能技术支持的有效性,又能推进“新闻+服务”的功能应用,以“共享共建”的智能系统思维推进媒体深度融合发展与全媒体传播体系建设。因此,发展中国特色的智能新闻学,既呼应了全球新闻产业的颠覆性变革的技术哲学力量,也标志着我国新闻传播业与新型计算科学、媒介技术的全面融合、持续推进、开放包容的战略性转型。

虽然人工智能技术一度引发了新闻工作者的主体性焦虑,但在新闻实践中,人工智能往往用来协助(而非取代)新闻工作者。人工智能技术智能驱动系统能协助新闻工作者完成新闻生产、分发,并通过数据监测评估社会影响(开展舆情监测),提升其工作的效率与质量②。在此背景下,人工智能在追踪突发新闻③、新闻事实核查与简化工作流程④等方面增强了新闻机构的功能,增强型记者(augmented journalist)能在人工智能的帮助下分析数据,并同时报道不同主题类型的新闻内容⑤。此外,人工智能技术实际上创造了新的工作类型,如参数化、知识管理、数据生产,以及建立和操作自动内容生产系统所涉及的模板编写任务⑥,优化了新闻传播业的工作结构。如何协调人工智能技术数据生产与内容研究的人类功能以及智能系统的自动化功能,并在信息传播模式的变革中应对其可能带来的风险,生产真实、优质与多元的新闻内容,是中国特色智能新闻学未来发展的重要议题。

六、结语

发展中国特色的智能新闻学,应关注本土新闻传播业的核心问题,并依据“在地

---

① 中国新闻网.浙江建起“传播大脑” 以技术赋能媒体深度融合[EB/OL].(2023-01-18)[2023-11-26]. https://www.chinanews.com/cj/2023/01-18/9938399.shtml.

② DIAKOPOULOS N. Automating the news: how algorithms are rewriting the media [M]. Cambridge, Massachusetts: Harvard University Press, 2019.

③ GUZMAN A L, LEWIS S C. Artificial intelligence and communication: a human-machine communication research agenda [J]. New media & society, 2020, 22(1): 70-86.

④ HANSEN M, ROCA-SALES M, KEEGAN J M, et al. Artificial intelligence: practice and implications for journalism[J]. 2017. DOI:10.13140/RG.2.2.17735.39849.

⑤ TEJEDOR S, VILA P. Exo journalism: a conceptual approach to a hybrid formula between journalism and artificial intelligence [J]. Journalism and media, 2021, 2(4): 830-840.

⑥ LINDÉN C-G, TUULONEN H, BÄCK A, et al. News automation: the rewards, risks and realities of ‘machine journalism’[M]. Frankurt: WAN-IFRA, 2019.

化”经验与实践策略,构建带有本土特征的知识体系与实践范式。本文依循“人工智能应该为我国新闻业做什么”的问题思路,从“技术-文化”框架下的媒介社会学方法论视角深入中国特色智能新闻学的关键知识与实践模式。研究发现,发展中国特色的智能新闻学,在宏观层面,应在马克思主义新闻观的知识谱系与学理视域下开展技术哲学思辨,并关注本土新闻应用与传播实践;中观层面,应在人工智能加权下,开展主流媒体的跨界融合,为新型舆论场的建设提供智能平台与信息分发引擎,通过主动设置议程、引领形成共识,激发社会基层治理的正向反馈与良性互动;微观层面,应走好新时代的群众路线,推动智能新闻生产、传播和宣传与意识形态工作、社会服务与信息协同的融合、升级与协作。主流媒体作为全媒体传播体系中的新型服务者,其社会服务与信息治理工作与人民群众形成的强连接背后,是新型主流媒体传播人民的利益诉求与意见呼声的必然要求,亦是发展中国特色智能新闻学的重要推进力量。

〔吴炜华,中国传媒大学电视学院、出版学院教授,编辑出版系主任,媒体融合与传播国家重点实验室博士生导师;苗琨鹏,中国传媒大学融合出版与文化传播新闻出版署重点实验室研究助理〕

〔特约编辑:涂凌波〕

镜子·玩具·桥梁:算法身份的建构机制研究

Mirro, Toy, Bridge: A Study of the Mechanisms of Constructing Algorithmic Identities

◎ 毛湛文　张佳颖

Mao Zhanwen　Zhang Jiaying

摘要:算法已经深深地嵌入我们与世界日常交往的系统中,影响着我们对自我和世界的认知。本研究使用建构型扎根理论,采用半结构化深度访谈收集数据,从更广泛的社会-技术的语境探究算法身份对自我认知的作用机制,剖析用户主动重塑算法身份的过程、动机和遭遇的阻碍。本研究发现,作为中介的算法可成为"镜子""玩具"与"桥梁",生产具有文化意义的算法身份,提供身份探索的空间和自我观察的横截面。算法身份的建构、控制、整合和修正的过程伴随着用户使用社交媒体的过程不断循环进行。具有文化意义的算法身份参与用户的身份建构,又因算法审查、预设身份和偏见等,被遮蔽、边缘化甚至删除。

关键词:算法身份;中介;平台

Abstract: Algorithm has become deeply embedded in the system of our daily interactions with the world, influencing our perceptions of self and the world. Using constructive grounded theory and semi-structured in-depth interviews to collect data, this study explores the mechanisms by which algorithmic identity affects self-perception in a broader socio-technical context, and analyses the processes, motivations, and barriers to users' proactive remodelling of algorithmic identity. This study finds that algorithms as mediators can become "mirrors," "toys," and "bridges," producing culturally significant algorithmic identities, providing a space for identity exploration and a cross-section of self-observation. It provides a space for identity exploration and a cross-section for self-observation. The process of constructing, controlling, integrating and revising algorithmic identities is a continuous cycle that accompanies users' use of social media. Algorithmic identities with culturally significance participate in the construction of users' identities and are obscured, marginalised or even deleted due to algorithmic censorship, pre-established identities and bias.

Keywords: algorithmic identity, media, platform

算法作为计算机领域的专业术语,如今已渗透人们的日常生活和社会的方方面面。譬如,算法驱动的个性化推荐系统,正通过分析人们在网络世界留下的数字足迹,塑造社会成员的网络身份。在使用算法的过程中,越来越多的用户通过主动理解和调适信息传播,在灰色的、流动的算法环境中不断尝试,试图建立自身对算法运行机制的理解。基于用户的反思性实践,响应和创建特定算法的过程成为算法文化研究中的一个新的问题。

在算法社会中,人的情绪、情感等过去不容易被量化的心理状态都被数据化,自我传播进入新阶段,以往通过社会评价获得的"客我"正在被标签化和评分化,原来属于"精神自我"与"物质自我"的反身性对话,也会变成个人与他人、环境之间的一种新型的互动形式。那么,通过反身性互动形成的算法身份,能否参与我们认识自己的过程呢?在柏拉图的洞穴隐喻中,算法又能否成为洞穴外的一支火把,让墙壁上摇曳的影子变得清晰些呢?本研究希望从用户反思性实践的视角出发,探究算法在中介自我认知和身份建构中的作用与影响,同时审视用户算法身份建构中的问题。

一、文献综述

(一)算法身份的感知与意义

身份工作是个人随着时间的推移持续参与的过程,是人们参与"形成、修复、维护、加强或修改"个人身份的过程[①]。在洛克看来,自我的建构是一个持续地、有生产性地对过去的经验和未来的可能性进行自我整合的结果[②],人们可以通过临时身份或观察

---

① SNOW D A, MCADAM D. Identity work processes in the context of social movements: clarifying the identity/movement nexus[M]//Self, identity, and social movements. Minneapolis, MN: University of Minnesota Press, 2000: 41-67.

② 阿斯曼. 回忆空间:文化记忆的形式和变迁[M].潘璐,译.北京:北京大学出版社,2016.

潜在的未来身份来理解自己的自我认同①。

随着技术的发展,主体的身份在虚拟和现实交织的空间中被赋予更大和更灵活的延展性②,算法可以识别用户使用平台的习惯,以推断用户的身份类别。Cheney-Lippold 认为互联网的基础设施追踪用户在不同网站和服务器上的活动,通过数字算法基于数据主体的数据痕迹可以推断出用户的类别,定义性别、阶级和其他身份类别的含义,通过统计形成一个完全数字化的、可以测量的算法身份(algorithmic identity)③。可以说,算法创造了永远都处在"成为"(becoming)状态的个体④。在社交媒体上,算法身份以视觉上的自我呈现为主,如照片、视频等解释了一个人身份的不同面⑤,通过社交媒体上的过滤表演,促进关系、记忆、规范和意识形态的建立和维持⑥,并被广泛理解为身份形成和交流的工具。

与此同时,个人账号的使用痕迹可以记录、存档并展示在社交媒体空间中⑦,构成一种生活化的叙事,成为记录生活的数字档案⑧。当身份交流的"舞台"迁至具有线上展览馆性质的社交媒体与社交网站⑨,自我呈现由表演转向"展览",用户作为曾经的表演者由于对其内容呈现控制权的加强变为"策展人"(curator),可以进行身份的自我披露⑩,以往的研究主要集中在用户如何通过社交账号公开可见的部分进行形象展

---

① IBARRA H, PETRIGLIERI J L. Identity work and play[J]. Journal of organizational change management, 2010, 23: 10-25.

② 何祎金. 解锁技术嵌入的社会性与数字麻烦:大数据时代的社会学想象力[J]. 社会学评论, 2021, 9(6): 156-174.

③ CHENEY-LIPPOLD J. Anew algorithmic identity: soft biopolitics and the modulation of control[J]. Theory, culture & society, 2011, 28(6): 164-181.

④ PREY R. Nothing personal: algorithmic individuation on music streaming platforms[J]. Media, culture & society, 2018, 40(7): 1086-1100.

⑤ BOYD D. It's complicated: the social lives of networked teens[M]. New Haven: Yale University Press, 2014.

⑥ HOGAN B. The presentation of self in the age of social media: distinguishing performances and exhibitions online[J]. Bulletin of science, technology & society, 2010, 30(6): 377-386.

⑦ SCHWARTZ R, HALEGOUA G R. The spatial self: location-based identity performance on social media[J]. New media & society, 2015, 17(10): 1643-1660.

⑧ LINCOLN S, ROBARDS B. Editing the project of the self: sustained Facebook use and growing up online[J]. Journal of youth studies, 2016: 1-14.

⑨ 董晨宇, 丁依然. 当戈夫曼遇到互联网:社交媒体中的自我呈现与表演[J]. 新闻与写作, 2018(1): 56-62.

⑩ FREELON D, MCILWAIN C D, CLARK M D. Beyond the hashtags: #Ferguson, #Blacklivesmatter, and the online struggle for offline justice[J]. Social science research network, 2016.DOI:10.2139/ssrn.2747066; GRUZD A, WELLMAN B, TAKHTEYEV Y. Imagining Twitter as animagined community[J]. American behavioral scientist, 2011, 55(10): 1294-1318.

演,满足社交需求[①],或隔绝社交圈,建立具有强烈私人和自主性考量的小号的方式[②],防止既有状态或真实生活的表露等方面。

目前,有关算法推荐与用户身份认同及策展的研究依然较少。在算法推荐的过程中,算法固然会对用户产生规训,但用户更掌握着控制算法的主动权。即使是普通用户也拥有直接决定算法推荐结果的能力,这反映出算法中人的自我认知[③]。上述不同的研究体现了一些共同的趋势:用户对算法的感知和意义构建是一个解释过程,而不仅仅是一个技术理解的问题;情感反应值得关注,因为不同的情感体验展现了使用算法矛盾的感受,以及使用数据和算法的矛盾经验,这些表明我们都或多或少对自己和我们居住的世界有潜在和不精确的概念[④]。围绕算法的个性化推荐与用户之间的交互的文献越来越多,但其过程和动态依然有许多悬而未决的问题。

(二)算法身份构建的民间理论

社交媒体上的内容并非仅由技术决定,参与者会以自己的方式来配置技术以满足自己的需求[⑤],人们会与不同圈层的人互动,得到算法化的身份形象[⑥]。例如,人们可以使用匿名或间接方式披露有关自我身份和经历的潜在污名化信息[⑦],社交媒体及其算法构建了矛盾的身份空间,既侵犯了个人用户的某些身份,又为用户提供了自我呈现和构建身份的空间[⑧]。

在用户适应算法机制的情况下,社交媒体的推荐页面(For You Page)可被用于边

---

① CHUA T H H, CHANG L. Follow me and like my beautiful selfies: Singapore teenage girls' engagement in self-presentation and peer comparison on social media[J]. Computers inhuman behavior, 2016, 55: 190-197.

② 王昀,刘思佳.重塑网络"舒适圈":多重账号实践中的用户自我呈现:基于微博小号现象之考察[J].传播与社会学刊,2022(62):147-175.

③ 王学成,任千里.算法推荐中的自我传播与自我认知[J].传媒,2022(16):94-96.

④ YTRE-ARNE B, MOE H. Folk theories of algorithms: understanding digital irritation[J]. Media, culture & society, 2021, 43(5): 807-824.

⑤ BOYD D. Can social network sites enable political action? [J]. International journal of media & cultural politics, 2008, 4(2): 241-244.

⑥ BHANDARI A, BIMO S. Why's everyone on TikTok now? The algorithmized self and the future of self-making on social media[J]. Social media + society, 2022, 8(1): 20563051221086241.

⑦ ANDALIBI N, FORTE A. Announcing pregnancy loss on Facebook: a decision-making framework for stigmatized disclosures on identified social network sites[C]//Proceedings of the 2018 CHI Conference on Human Factors in Computing Systems. Montreal QC Canada: ACM, 2018: 1-14.

⑧ SIMPSON E, SEMAAN B. For you, or for "you"? everyday LGBTQ+ encounters with TikTok[J]. Proceedings of the ACM on human-computer interaction, 2021, 4(CSCW3): 1-34.

缘化的身份表达,建构正常化的群体身份①。社交媒体则提供了一种建构身份的途径,可以帮助用户实现自我创造(self-creation)②、建构数字世界中的自我和群体形象。目前已有的有关算法推荐页面的研究大多聚焦于 For You Page 推荐机制和用户的算法想象。

算法依据来自用户交互的数据、视频信息以及设备和账户设置向用户展示与其兴趣最相关的视频,而用户体验推荐页面、认识算法,思考算法是什么以及如何运作③,进而在具体的使用情境下以行为溯源的方式进行逆向实践,形成关于算法的民间理论(folk theory)用以实现抵抗目的④。

尽管算法依然被视作"黑箱",其客观性、准确性和公正性常常受到质疑⑤,但是,人们仍然能够通过多种途径感知其带来的种种风险与负面体验并采取规避措施⑥。当下学界已经关注到用户这种与算法"斗智斗勇"的使用方式,并围绕其特定抵抗战术展开研究,用户可以结合民间理论来进行"过滤表演",对算法进行抵抗和反驯⑦,开展"可见性游戏"(playing the visibility game)⑧,包括对隔绝算法产品、重组算法规则、反向控制算法、重塑算法身份等行为的描摹⑨。

目前有关可见性游戏的研究大多聚焦内容创作者如何在他人界面获得更高的可见性,但较少涉及用户个人如何安排自己推荐页面的可见性⑩。有关算法抵抗以及驯化的研究,也缺乏对"为什么抵抗"等问题的探讨。与算法抵抗行为"是什么"相比,用

① SIMPSON E, SEMAAN B. For you, or for "you"? everyday LGBTQ+ encounters with TikTok[J]. Proceedings of the ACM on human-computer interaction, 2021, 4(CSCW3): 1-34.

② LEE F L F, CHAN J M. Digital media activities and mode of participation in a protest campaign: a study of the Umbrella Movement[J]. Information, communication & society, 2016, 19(1): 4-22.

③ BUCHER T. "Machines don't have instincts": articulating the computational in journalism[J]. New media & society, 2017, 19(6): 918-933.

④ 洪杰文, 陈嵘伟. 意识激发与规则想象:用户抵抗算法的战术依归和实践路径[J]. 新闻与传播研究, 2022, 29(8): 38-56,126-127;黄淼, 黄佩. 算法驯化:个性化推荐平台的自媒体内容生产网络及其运作[J]. 新闻大学, 2020,1: 15-28,125.

⑤ 黄杨. 算法新闻推送中个性化与公共性的博弈[J]. 青年记者, 2021,6: 103-104.

⑥ COTTER K. Playing the visibility game: how digital influencers and algorithms negotiate influence on Instagram[J]. New media & society, 2019, 21(4): 895-913.

⑦ 黄淼, 黄佩. 算法驯化:个性化推荐平台的自媒体内容生产网络及其运作[J]. 新闻大学, 2020,1: 15-28,125.

⑧ COTTER K. Playing the visibility game: how digital influencers and algorithms negotiate influence on Instagram[J]. New media & society, 2019, 21(4): 895-913.

⑨ 张萌. 从规训到控制:算法社会的技术幽灵与底层战术[J]. 国际新闻界, 2022, 44(1): 156-173.

⑩ PETRE C, DUFFY B E, HUND. E "Gaming the system": platform paternalism and the politics of algorithmic visibility[J]. Social media + society, 2019, 5(4): 205630511987999; BUCHER T. Want to be on the top? Algorithmic power and the threat of invisibility on Facebook[J]. New media & society, 2012, 14(7): 1164-1180.

户算法抵抗的形成过程和认知变化的研究，能够为用户的意识觉醒及素养培育提供参考路径，这恰恰是既有研究较少关注的。本文将重点关注用户建构算法身份的过程中由抵抗行为出发开展的种种身份的重构实践。

二、研究设计

本研究采取扎根研究的方法。其中，经验材料来自针对哔哩哔哩视频社区（以下简称 B 站）用户的半结构化深度访谈。预访谈发现，用户可以借助算法进行自我身份的建构、控制、整合、组织和修正。数据收集方面，本研究采取理论抽样，没有遵循量化研究设计的抽样逻辑，旨在促进概念和理论的深化①，而非透过大量的抽样及统计推论得到“普遍性”②。

本研究选择 B 站群体主要有两个原因：第一，B 站是聚合类视频平台，算法起到沟通用户和内容的显著驱动作用。第二，预访谈对比了受访者多个平台算法的使用习惯，B 站上的自我身份建构的过程也更显著，B 站上的青年群体算法使用习惯存在较强的主动性和反思性。

本研究招募并访谈了 17 位使用 B 站 4—11 年的用户。受访者主要为 21—36 岁，平均使用 B 站 7 年，使用 B 站的频次集中在每周多次到每天一次，平均每日使用时间从 0.5 小时到 3 小时不等。每次访谈时间为 50—80 分钟，在取得访谈者的同意后，对访谈过程录音并转成文字。随机抽取 10 份访谈资料，编号为 P1—P10，用于编码分析。其余 7 份编号为 P11—P17，用于理论饱和度检验。

扎根理论作为一种研究的方法论，一个重要优势是系统的数据分析，可以进行数据的排序，提供了数据和类别之间的可追溯性③。扎根理论在发展过程中出现了三种不同的取向：以 Glaser 等为代表的经典扎根理论学派、以 Strauss 等为代表的程序化扎根理论学派和以 Charmaz 为代表的建构型扎根理论学派④。各派别之间存在有关预设、数据处理和扎根规范的争论⑤，Charmaz 是 Glaser 和 Strauss 的学生，他在二者

---

① 卡麦兹. 建构扎根理论：质性研究实践指南[M]. 边国英，译.重庆：重庆大学出版社，2009.

② DAVID M，SUTTON C D. 研究方法的基础[M]. 王若馨，黄郁青，夏嫩婷，等译.台北：韦伯出版社，2006.

③ GOLDKUHL G，CRONHOLM S. Adding theoretical grounding to grounded theory：toward multi-grounded theory[J]. International journal of qualitative methods，2010，9(2)：187-205.

④ 贾旭东，衡量. 基于“扎根精神”的中国本土管理理论构建范式初探[J]. 管理学报，2016，13(3)：336-346.

⑤ 陈向明，王富伟. 扎根理论研究需要如何读文献？兼论扎根理论不同版本的界定之争[J]. 比较教育学报，2020,2：3-14；费小冬. 扎根理论研究方法论：要素、研究程序和评判标准[J]. 公共行政评论，2008(3)：23-43,197.

的研究基础上发展了建构型扎根理论,增加了对人类复杂性、交叉性和可变性的探讨[①]。建构型扎根理论突出了研究人员作为作者的概念,强调研究者需要以将参与者的叙述嵌入最终研究结果的方式沉浸在数据中[②],研究者与参与者之间进行意义的共同建构。研究者准备半开放的访谈问题,每获得一个访谈文本,立即对其进行开放式编码,并针对其中涌现的概念增加提问,其中高频出现的概念和其他重要概念作为下一次访谈的重点。

建构型扎根理论的编码过程包含三个步骤:初始编码,聚焦和选择编码,理论编码[③]。本研究使用 NVivo 作为编码的辅助工具。

首先,对数据进行初始编码(initial coding)、不断比对扎根的过程至关重要,本研究编码者遵循贴近数据的原则,进行全面、开放和无方向的编码,并且使用备忘录来跟踪分析、开发相关观点。结合多次的阅读,尽量不发生概念的跳跃,尽量囊括任何一个可能的理论方向。在尽量保留原始话语的基础上,研究对概念或类型相似的标签进行合并和重组,删除冗余内容后,得到了概念性编码。

其次,本研究开展了聚焦编码(focused coding)和轴心编码(axial coding),初始编码出现频次高的编码,逐步开放的理论框架中占有重要地位的编码,会成为得到重点关注的编码,并且返回原始数据,验证编码,提炼出的范畴中多次出现重复编码,由此判定该核心范畴已经达到理论饱和[④]。之后,研究者对这些重要范畴和高频范畴进一步归类形成核心范畴。经过对数据的反复比对,本文提炼出算法身份探索、算法身份感知、算法身份整合、算法身份暴露、算法身份修正和算法身份消失的核心范畴。

最终,本研究确立三个维度作为探讨上述核心范畴的理论线索,包括:算法作为镜子在用户认知层面——算法发生从工具到具有个人身份文化意义的转变;算法作为玩具在用户行为层面——被重构的算法身份;算法作为桥梁在用户行为层面——算法的文化意义完成集体身份文化意义的转变。

---

① KASSAM S, MARCELLUS L, CLARK N, et al. Applying intersectionality with constructive grounded theory as an innovative research approach for studying complex populations: demonstrating congruency[J]. International journal of qualitative methods, 2020, 19: 1609406919898921.

② MILLS J, BONNER A, FRANCIS K. The development of constructivist grounded theory[J]. International journal of qualitative methods, 2006, 5(1): 25-35.

③ 贾旭东, 衡量. 扎根理论的"丛林"、过往与进路[J]. 科研管理, 2020, 41(5): 151-163.

④ WERTZ F J, CHARMAZ K, MCMULLEN L M, et al. Five ways of doing qualitative analysis: phenomenological psychology, grounded theory, discourse analysis narrative research, and intuitive inquiry [M]. New York:Guilford Press, 2011.

三、算法作为镜子:感知算法身份

鞋匠使用锤子专心敲打鞋底时,并没有注意到锤子,即锤子在鞋匠手中是透明的。海德格尔认为,用具的存在论状态或其存在类型首先就是"上手性",这意味着某物只有在被用于某种特殊目的时才会成为其自身,并恰如其分地获得其"物性"[①]。算法也是如此,其作为工具被使用时,通常是不可见的。算法并不会时时刻刻引发用户的反思,大多数时候是作为日常工具被使用。用户的注意力通常聚焦在算法筛选出的信息上,而非算法这一工具本身。被访者用"沉浸""不去思考复杂的事情""一气呵成""心流"来描述有关的经验。但当我们意识到手中握着锤子,去观察锤子上留下的痕迹时,工具就变得显著、突兀又无可回避。[②] 这种情况的出现是工具从"上手性"到"在手性"的转变,一般是因为事物失灵、崩溃,原本顺手的成了"拦路的"[③]。

用户通常需要某些诱因才能主动感知算法身份、思考算法的作用机制以及自己的个人算法身份。例如,首页的内容同质化,引起了用户的注意。当进行被迫或意外的自我披露时,后台转为前台,用户也会主动对算法身份进行检视,由自己的算法身份观照前一段时间的社交媒体使用情况。

人们主动反思,在这一过程中与算法"照面",感知到算法推荐反映出个人使用社交媒体的习惯,并思考算法的文化意义。此时算法被赋予更多的价值表达,从工具转变为具有文化意义的行动者。首页推荐页面就像一面破碎的镜子,它有时能反映出用户的重复身份,但也有无法映照的部分。当用户通过这面"镜子"观察自己时,它便提供了关于用户身份的镜像——算法因此获得了文化意义。

(一)算法身份的私密舞台:身份探索与自我观察

个体处于他人面前时,常常会在自我的行为中注入各种各样的表演符号。表演结束后,演员回到后台,其真实面目才显现出来。后台是观众看不到的,屏幕分隔了舞台与后台,也分隔了表演展现出来的世界和真实的现实[④]。用户独处时,完全由算法生成的推荐页面对用户来说是可以提供安全探索自我身份的后台。

在本研究中,尽管受访者拥有不同的知识背景,但他们都意识到可以通过行为训

① 贡克尔,泰勒.海德格尔论媒介[M].吴江,译.北京:北京广播学院出版社,2019.

② HEIDEGGER M. Being and time[M].San Francisco:Harper,1962.

③ BENSO S. The face of things[J]. Symposium,1997,1(1):5-15.

④ 戈夫曼.日常生活中的自我呈现[M].冯钢,译.北京:北京大学出版社,2016.

练算法以获得个性化的兴趣推荐,并认同首页推荐能够成为了解自己的一个窗口(参见 P1、P2、P4、P5、P6、P7、P8、P10)。受访者通过不同的方式认识到算法推荐在首页的作用:一部分受访者首次接触平台后通过搜索、点击浏览、观看、点赞、投币、收藏、分享、评论和发弹幕的行为,结合首页推荐发生的变化感知推荐页面的算法,推导出算法的作用机制(P1、P2、P3、P5、P8);一部分受访者了解一定的计算机或有关平台与算法的知识,有意识地寻找算法作用机制(P1、P9、P10)。大部分受访者提到希望首页推荐"有新有旧",既能够根据用户原有兴趣爱好进行推荐,也可以适当拓展推荐范围。

B 站的首页推荐页面是基于算法的个性化信息推送,用户长按视频预览图时,会出现"不感兴趣""此类内容过多""推荐过"的选项,用户选择后可以减少相似内容推荐;内容"恐怖血腥""色情低俗""封面恶心""标题党/封面党"也有反馈方式。这些渠道对用户管理首页推荐有一定的提示。

"算法以'座驾'的方式实现着对人的自由度的新限定"[①],平台以这种方式赋予受众网络主体的身份,赋权用户调整自己首页推荐的个性化算法。这种反馈机制让参与者获得一种权力感,对于受访者来说,算法是去人格化的。算法不具有个人意志、价值评价和伦理规范,并不能对受访者的使用行为加以指责。

> 我在 B 站上看的东西是比较私密的,首页反映的是我不想让人家了解我的那部分。看到我的首页,别人能了解到我最近在关注什么东西、个人信息、地理位置、学校。我会在 B 站磕 cp,平常我不会给别人看我的 B 站首页,这是我的朋友们不知道的。我内心隐隐地觉得别人看到我的 B 站首页后,会认为我是品位很低下、兴趣很奇怪的人。但面对算法无所谓,它就是机械的算法。(P10)

除非在社交场景下展示,首页推荐一般不具有社交属性,是面向用户个人的私域。所以在使用首页推荐的时候,受访者也相应地更坦诚。对算法的信任让算法身份的建构、探索和整理成为可能。

用户在使用平台时,会和个性化算法频繁互动,这些算法反复让用户面对他们自己身份角色的各个方面,但算法身份和现实身份一样,都呈现出多重的、支离破碎的、不完整的和不和谐的状态。首页推荐在视觉上和界面设计上都以吸引用户为目标,用

① 喻国明,耿晓梦.智能算法推荐:工具理性与价值适切:从技术逻辑的人文反思到价值适切的优化之道[J].全球传媒学刊,2018,5(4):13-23.

户浏览一类内容越多,算法推荐越多。算法作为工具的使用痕迹越多,算法身份的文化意义越具有代表性。

可以看出,用户打开首页推荐,能够推测自我算法身份的特征,算法身份可以成为用户观察自我的一个横截面。

(二)算法身份的裂痕:身份不可控性体验与社交披露困境

算法身份也可能与用户的自我认知相矛盾。[①] 首页推荐页面私人化、不公开的属性为用户提供了断开社会联系的可能。用户感知首页推荐时,不一定能够得到理想的、正面的算法身份。多位受访者(P2、P3、P5、P6、P7、P9)都表达了对算法身份的复杂情感。

算法的推荐机制灵活性低,难以配合使用情境进行算法身份的表达。受访者使用时的任何行为都会被记录转化为算法身份。受访者提到在看一些自己感兴趣(interested in),但并不需要(need)的视频时,为了防止算法大量推送这类内容,会选择不点赞。但点击视频和观看时长也会留下数字痕迹,算法可以据此识别用户会点击的内容,从而进行推送。首页推荐因此出现不可控的自我叙事。

> 我有的时候也会看美女擦边。但是出于我对自己的一种控制,我并不会关注(擦边 up 主)。但在首页推荐里面,算法会给你自己真实的反应。在这个层面上,算法反倒是比我自己看自己要更真实。(P7)

受访者 P4 在日本留学,使用 B 站的目的是保持和国内朋友的联系。B 站是其获取国内信息的主要途径,因此受访者会主动调整首页,让更多的国内热点和梗文化被推荐。但 B 站往往根据地理位置等,向受访者推送有关日本的视频。B 站同时展示中日两种文化的视频,受访者见到首页同时出现这两种内容时,便会感到"分裂"。

> 我使用 B 站意味着我跟国内的舆论是相连的,我会很努力地跟我的朋友交流,努力地跟我国内的人们建立联系。我来日本之后,还是一直试图去看一看我的文化里面到底发生了什么。但从 B 站给我推荐的首页视频内容、视频评论(来看),以及我将视频分享给朋友和朋友讨论时,我会感受到我

① BHANDARI A, BIMO S. Why's everyone on TikTok now? The algorithmized self and the future of self-making on social media[J]. Social media + society, 2022, 8(1): 20563051221086241.

不属于原来的群体了。我在B站上经常被推荐一些国内就业率、政治经济发展的视频,能感受到两国的东西都在我的首页上,虽然有点“分裂”,但正反的观点我都尽量理性对待。(P4)

不可控的自我叙事增强了算法身份的私密性,受访者(P2、P5、P9)在访谈中被要求向研究者分享首页推荐的截图时,会有“尴尬”“羞耻”“不太喜欢”“不坦然”的情绪。首页推荐算法身份具有的文化意义可能是用户认可但不愿展示的。也正因如此,在感知到算法身份后,用户会采取措施获得身份的反思和修正。

除了算法身份与期待不符,算法身份的被动披露也会引发用户对其不可控属性的警觉。相比收藏夹、个人主页等由用户自己筛选建立的页面,首页推荐完全由算法生成的方式使其自我叙事不可控,后者的后台属性更强、管理更为松散。当首页推荐被放到社交中,用户则会对空间的内容进行主动的重构,预防社交场合出现过度的自我披露,或者在社交场合紧急调整算法身份。

有一段时间,我特别想拉双眼皮。首页就经常给我推荐类似的内容。有一次和学长面对面交流的时候,我差点让他看见我的主页,我觉得非常尴尬。我从来没有让别人知道我要拉双眼皮的事情的意愿,但首页会很诚实地反映出来我最近在关注什么。(P8)

四、算法作为玩具:塑造算法身份的可见性游戏

从横向的角度看,算法作为镜子,可以为用户提供探索自我身份和进行自我叙事的空间。从纵向的角度看,算法也可以作为玩具,用户可以根据对算法和平台的了解,主动并且持续地、有生产性地协调过去的身份,进行自我整合,对比过去的自我和现在的自我,建构未来自我发展的可能性。

(一)重塑算法身份:付出成本进行管理

平台通过可见性的控制和智能适配的技术逻辑影响用户探索自我身份的过程,算

法作为技术手段是隐蔽的，对内容生态和用户表达都有很大的影响①。用户可以通过反向规训算法，来获得更好的使用体验。其中，算法的抵抗又可以从动机方面分为抵抗意愿(resistance willingness)和抵抗意图(resistance intention)，二者分别代表了“理性”和“非理性”的行动倾向②。在这个过程中，算法成为用户手中的玩具。如莱文森所说，人们先在玩具的一般流程中寻求快乐，然后才集中注意力看看这新玩意儿能为我们做什么③。当人们意识到手中握有算法时，算法身份的塑造就像游戏中的玩具一样存在，用户因此处于“役物”的状态。用户能够主动协调算法推荐记录下来的身份，让算法推荐适应随着时间改变的用户，这是围绕算法身份的可见性游戏。

在想象、感知和体验算法之外，用户可以参与算法。例如，用户在点击推荐视频前，会基于界面信息对视频内容质量、主题和类别进行快速的判断，斟酌点击观看的后果。用户点击观看塑造算法身份的动机是复杂的。在B站首页推荐页面，用户可以通过封面、博主名称、点赞量、观看量、弹幕量和视频长度判断一个视频的基本信息。受访者认为，首页推荐的个性化内容分为两类，一类是用户自身感兴趣的视频，一类是用户不感兴趣但对用户有实用价值的视频。在不同的情境下，用户点击观看的目的也不同。受访者表示希望首页推荐可能有利于个人发展的视频，但更容易被有意思的视频吸引，于是会通过向算法反馈“不感兴趣”，调整首页推荐。

> 我喜欢看比较搞怪、生活化的视频，我会希望首页多推荐一些生活区的、主题比较轻松快乐的视频。但是算法没有区分的能力，它并不知道我看视频是为了喜欢，还是不得不去看，比如考研单词是我不喜欢看而不得不看的内容。我不希望这种内容出现在我的首页推荐上。因为我可能在休闲的时候打开B站，这些内容会严重影响我的心情。所以我会在首页推荐学习相关的内容时，点“不感兴趣”，把这些内容从首页彻底抹掉。理想状态是只有我主动搜索时，B站才能出现这些视频。(P6)

> 有些B站买了版权的剧会被放到重要位置，换标题让你点进去看，我被

① 许加彪，王军峰. 算法安全：伪舆论的隐形机制与风险治理[J]. 现代传播(中国传媒大学学报)，2022，44(8)：138-146.

② POMERY E A, GIBBONS F X, REIS-BERGAN M, et al. From willingness to intention: experience moderates the shift from reactive to reasoned behavior[J]. Personality & social psychology bulletin, 2009, 35(7): 894-908.

③ 莱文森. 数字麦克卢汉[M]. 何道宽，译.北京：北京师范大学出版社，2014.

骗了好几次,非常烦,我点了"不感兴趣",但还给我推,最后我PTSD了,看见封面我就点"不感兴趣"。(P3)

感知算法身份后,尽管管理算法身份需要一定的时间和精力成本,一部分用户依然会持续地进行算法身份的调整。用户希望自己参与可见性游戏,留下有目的的浏览痕迹,协调算法身份,在未来获得一定的正向反馈。这种获得特定的算法身份以促进自我激励的方式,可以被看作用户基于算法在自身多重身份之间进行的一种"身份重组"。算法类似无限的积木块,不同的搭法可以达到不同的效果,有限的空间内,用户可以对积木进行对比和调整,获得最佳的拼砌结果。需要注意的是,即便有主动管理的行为,用户也会有不能如愿的时刻。

我希望它给我推一些有利于我学业进步或者技能提升的东西,但我真正喜欢的不是这样的。我会刻意多搜索或者点击学习的东西,但当首页真的全是提升自我的视频,我又不喜欢了,我既不会点进去看,又很少打开B站。因为惰性,慢慢首页还是滑向原先的、我想反省的娱乐化的样子。(P9)

(二)组织算法身份:多重身份间选择与反思

虽然目前B站算法的具体工作原理没有公开,但其基本机制被认为是考虑了用户交互的数据(浏览记录、点赞、投币、分享、评论、弹幕、关注的账户等)、平台上的消费行为、身份信息(性别、年龄、教育水平和地理位置等,如果允许访问通讯录,平台还可以获取社交关系)、设备和账户信息(语言偏好、设备类型等)[①]等因素。

主动塑造算法身份需要消耗较多的时间精力、成本,也需要对算法基本机制的较强感知。根据首页推荐中算法身份与自我认知冲突程度的不同,用户会采取不同的抵御式抵抗。对于只是不感兴趣的视频,受访者不会拒绝推荐,只划走无视或者通过刷新寻找期待的视频。受访者提到了几个会拒绝并减少算法推荐的内容:视频质量不高、不符合用户的期待、视频内容不是用户需要的内容、视频内容会带来负面情绪以及用户的兴趣发生转变。

当视频带来强烈负面情绪时,用户会更为明确地与算法互动,引发塑造算法身份

---

① B站推荐机制解剖:什么样的内容,才容易被推荐?[EB/OL].(2020)[2024-03-11].https://www.yunyingpai.com/media/607027.html.

的行为。算法作为玩具，对用户的意义可大可小。用户能够通过建立新账号、关闭个性化推荐和退出平台等措施，以更多元的方式参与可见性游戏。

我的小号主要拿来学习，因为我很容易沉迷娱乐类的内容，打开B站会有很多我一刷就停不下来的推荐。为了减少娱乐，规划时间，我就分两个账号：小号学习，大号看娱乐视频。(P4)

算法身份中会有一部分基于长远的发展视角，或者生产性的目的被塑造出来。用户为了有价值的目标和标准而主动进行算法身份的管理。积极的算法身份被保留，例如上进、学习、找工作等的身份。同时，用户会反思不利于自我发展的某个身份，将其抛弃。这种主动塑造的行为在间隔一段时间后，用户现实身份发生变化后再去观察算法身份时，算法身份的整合表现得尤为明显。

我有段时间没用B站，再下载回来后，我发现首页的推荐基本上是雅思和SEVENTEEN，这些我前段时间看得比较多的内容。我就觉得：好幼稚啊，我怎么天天看这种东西？我赶紧重新搜索，让算法给我推其他的。(P5)

值得注意的是，用户获得有关算法的民间理论后，也会和周围的人进行一定的互动，例如受访者P2会提醒父母不要一直刷视频，和父母讲解算法推荐的机制；受访者P9观察到推荐算法会获取语音，将语音中的信息作为推荐的凭据，在她想要改变父母的想法时，会在父母手机旁“念叨”有关的内容，让算法按照她的训练推荐给父母有关的视频，改变父母的想法。在这些案例中，受访者都相信算法能够对他人的观念产生影响，并且运用自己已知的算法机制和抵抗方式对他人的算法进行改造。

可以看出，算法作为镜子与现实世界之间并不存在简单的反映、模仿或一一对应的关系。用户的现实身份是多重的，目前的算法还不能以准确的方式区分时间、地点以及用户需要的情境来完成内容推荐。算法是一面破碎的镜子，能映出用户一部分、重复或变形的形象。算法身份的意义是从用户的观察中产生的，用户通过实践理解算法以及算法身份的产生与呈现，从用户的身份工作角度，用户进行观察的实践要比算法本身的运作更加重要。

五、算法作为桥梁:社交网络中的算法身份

Khazraee和Novak将社交媒体的可供性的描述分为两类,一些用于话语,一些用于表演。前者是允许身份认同、集体讨论和集体身份构建,以及分享个人故事和促进意义共享协商的工具,后者指的是允许使用叙事之外的创造性元素,通过身份的展示来传播话语①。

身份建构是与他人和环境之间相互作用的,在自我身份建构时,用户也会参与集体身份的建构,两者互为建构、连续循环②。上文探讨了B站的算法在身份建构中的作用,而从集体身份与社群(community)的角度,受访者认为算法也提供了与兴趣、观点或者身份社群的连接。社群作为个人身份的一部分,在现实人际网络中既可以成为社交的资源,又可能会让用户陷入尴尬的境地。算法依靠的是巨量的内容产出和用户的互动,当B站的社群消失,内容产出消失,算法便失去了支持和确认用户身份的作用,算法作为桥梁的作用受到情境和社群状态的影响,是脆弱的。

(一)集体认同:算法身份归属感与社交资源构建

威廉·詹姆斯在《心理学原理》中写道:"如果可行,对一个人最残忍的惩罚莫过如此:给他自由,让他在社会上逍游,却又视若无物,完全不给他丝毫的关注……要不了多久,我们的心里就会充满愤怒,我们就能感受到一种强烈而又莫名的绝望。"对于个体来说,无人关注、没有群体归属感是莫大的折磨。个体会对群体产生认知与归属感,会将其看成自我概念的组成部分,群体中的个体也并非一成不变,而是会随着环境不断分化与整合③。

算法身份连接了个人与集体身份。一方面,集体身份能为算法身份提供文化意义的支持。受访者表示首页推荐可以表现短期的、不完整的集体身份(P1、P2、P3、P4、P8、P10)。

> 要通过首页来了解我的话,它反映的是由某一时间段、某一成长阶段中

① KHAZRAEE E, NOVAK A N. Digitally mediated protest: social media affordances for collective identity construction[J]. Social media + society, 2018, 4(1): 205630511876574.

② 丁未. 新媒体赋权:理论建构与个案分析:以中国稀有血型群体网络自组织为例[J]. 开放时代, 2011,1: 124-145.

③ 陈丹丹, 刘涛. "入迷"与"出坑":盲盒玩家群体的趣缘形态及消费心理研究[D].广州:暨南大学, 2021.

兴趣所在的地方，甚至只是专注于某时某刻。并且因为我知道算法的存在，我会敏感地反思算法是否给我推荐重复的内容以及我是否被算法操控，我会浅浅发挥自己的能动性，做一些改变，让算法给我推优质的内容。而且算法是静止的反映，是不完整的我，或者更好的我的反映。(P10)

但即使所体现的集体身份是短期的、不完整的，算法身份依然可以带给用户以归属感。用户产生归属感的原因有很多，如算法推荐符合现实身份和信息获取的需求、算法身份能够给用户带来积极情绪、算法身份带来群体内更多的交流与认同、用户对这一身份具有强烈认同感、集体氛围和谐等。

当用户愿意将社群的集体身份作为个人身份的一部分，跨平台与社群成员交流，算法身份作为桥梁就成为一种社交资源。算法以客观的立场，展现出有关指向集体身份的推荐内容，基于成员之间的默契，完成集体身份认同的实现。

在我追剧的过程中，和同好被一起推荐相同的内容是很奇妙的事情。我会在微博认识也在追这个剧的人，之后去微信交流。我会分享给她今天我的首页上全是这个剧，或者算法给我推荐了某个视频。有的时候我们很激动，会刷到同样的视频，我被推荐的视频她竟然也收到推荐。当我和很多人都喜欢相同的，我也会觉得我和大众都在追寻相同的热点。(P3)

当同一社交网络中的成员认同算法身份被赋予了集体身份的文化意义，用户可能会主动披露算法身份。在建构社交连接的过程中，算法身份从私域转向公域。

值得注意的是，从自我披露的角度看，多位受访者(P1、P2、P3、P5、P6、P7、P8、P9、P10)都表示，目前的算法推荐无法呈现出绝对完整的自我身份，他人可以通过算法身份了解自己，但了解到的并不是完整、深层的自己。但当受访者观看他人的首页推荐时，由于“所观即标签”，算法身份的归纳判断标准往往是不一致的。

身份认同工作位于私人领域和集体行动维度的十字路口①，算法身份从私域转向公域后，用户的算法实践动机也相应变化。当算法身份处在私域，从算法可以推导出一个人的兴趣爱好、身份信息和社群身份，算法身份是隐私，只对自我开放。有受访者表示，在分享算法身份前，会担心自我身份没有吸引力，“我怕别人觉得我是一个很无

① MILAN S. When algorithms shape collective action: social media and the dynamics of cloud protesting[J]. Social media + society, 2015, 1(2):2056305115622481.

聊的人”(P1),或者他人意义系统的解读与自己的不同,导致“我觉得,别人看我的首页觉得我品位低下,或者兴趣很奇怪,是个不怎么样的人”(P10)。所以即使在熟悉的朋友前展示首页,也会让受访者尴尬。受访者在遇到需要披露首页推荐的情境时,会选择对首页推荐进行过滤,暂时隐藏部分算法身份。

(二)算法厌恶:算法身份修改权限与隐私担忧

算法厌恶(algorithm aversion)目前并没有统一或公认的定义,有学者认为其含义是尽管算法在性能上更胜一筹,但用户仍然不愿意与算法进行交互,表现为对算法的消极态度和行为①。过往算法厌恶的研究集中在两个方面,一是员工被算法评估,算法成为企业的监督手段②,二是在决策状态下人们对算法的厌恶,人们采纳算法意见的意愿低③。

> 我就在宣城上学,前几天B站给我推送了一个“你以为的宣城”。视频里的宣城非常豪华。我刷到这个视频是因为我的地理位置和视频有联系,但内容却和我的现实差别太大了。宣城就相当于一个类似于寿光那样的小县城。在这种情况下,我在首页刷到我现实生活中的身份,会让我特别没归属感。(P6)

> 算法会在我的休闲时间给我推学习、考研的视频,甚至察觉到我租房的需求后,会给我推租房的视频。我觉得它是察觉到我考研结束就要租房了,因为我从来没有搜过租房的内容,但算法会给我设定现实是临近毕业的形象。我认为公司要让受众掌握主动权,应该设置几个键,用户去选想看到什么内容,而不是让我觉得它在冒犯我的隐私。(P5)

---

① JUSSUPOW E, BENBASAT I, HEINZL A. Why are we averse towards algorithms? A comprehensive literature review on algorithm aversion[C]//28th European conference on information systems, 2020.

② KELLOGG K C, VALENTINE M A, CHRISTIN A. Algorithms at work: the new contested terrain of control[J]. Academy of management annals, 2020, 14(1): 366-410; JARRAHI M H, NEWLANDS G, LEE M K, et al. Algorithmic management in a work context[J]. Big data & society, 2021, 8(2): 20539517211020332.

③ DIETVORST B J, SIMMONS J P, MASSEY C. Algorithm aversion: people erroneously avoid algorithms after seeing them err[J]. Journal of experimental psychology: general, 2015, 144(1): 114-126; 李游,梁哲浩,常亚平. 用户对人工智能产品的算法厌恶研究述评及展望[J]. 管理学报, 2022, 19(11): 1725-1732.

在多平台共同使用的情况下，用户会生成不同的关于算法推荐的经验。在连接性的媒体生态系统中，不存在一个单独的、与商业空间相隔离的非营利性或公共的平台空间[①]。但不同平台对用户个人信息的使用方式是不同的，用户就可能在不同平台算法的对比中产生算法厌恶。准确的算法需要大量信息的投喂，投喂的成本与低效的身份建构也是算法厌恶产生的原因之一。

算法是扎根于平台被设计、优化和发展的。为了减轻算法厌恶，公司会向用户开放一定“修改算法”的权利。在感知算法身份可修改的空间、修改算法身份、使用算法身份的行为链中，用户的算法身份能够被调整。无论修改权限大小如何，有控制和改变算法的权限，用户便有继续使用算法的倾向。

六、中介即遮蔽：被遮蔽的身份

在海德格尔的论证中，中介作为“揭示的去蔽”存在着一个对立面：遮蔽[②]。技术的本质是对那些被遮蔽着的东西的一种去蔽，就是让真理敞开。然而，当我们进入技术使用的环境时，我们会受到技术的促逼，自己成为技术的一部分[③]。海德格尔认为，我们还没有理解技术的本质，因为缺乏理解，我们正处于一个可能导致灾难的境地[④]。当前，算法不仅作为工具被应用于生活实践中，更在身份建构与社会互动中起到关键作用。作为一种技术，算法已深刻融入日常生活，使个体难以逃避其潜在影响。

人的身份的完整性是由两把“钥匙”开启的，一把自己拿着，另一把由他人拿着。前文探讨了算法拿起这把“钥匙”的可能性，但当算法拿起这把钥匙的时候，或许也有可能会造成“钥匙”的毁坏。

(一)建构“我”的身份：算法预存偏见下的身份建构

算法并不仅仅是静态的“实体性存在”，算法本质上是社会与技术性行动者关联互动形成的“关系性存在”[⑤]。算法身份只能呈现被平台预先过滤的信息，在算法的代码和模型中，各种社会和技术要素关联的存在让算法身份的建构存在预存偏见。

---

① 迪克．连接：社交媒体批评史[M]．晏青，陈光凤，译．北京：中国人民大学出版社，2021.

② 贾玉凤．遮蔽还是解蔽：追问智能时代的媒介技术[J]．新媒体研究，2021，7(11)：23-25.

③ 蒋晓丽，贾瑞琪．论人工智能时代技术与人的互构与互驯：基于海德格尔技术哲学观的考察[J]．西南民族大学学报(人文社科版)，2018，39(4)：130-135.

④ HUTTUNEN R，KAKKORI L. Heidegger’s critique of the technology and the educational ecological imperative[J]. Educational philosophy and theory，2022，54(5)：630-642.

⑤ 张海柱．行动者网络理论视域下的算法黑箱与风险治理[J]．科学学研究，2023，41(9)：1545-1551.

在算法开发的阶段，算法设计者的价值与偏好会嵌入系统内，算法运营的阶段，算法监管者的价值与偏好会影响算法的修改。这种偏见反映在首页推荐页面表现为推荐数量、种类和内容的不同。关于一个社群身份，在社会文化中会有不同的认知，算法习得偏见后，会给用户推荐更多的含有偏见的内容。对于社会边缘化或者刻板印象的群体来说，带来的负面影响则更为广泛。

> 我留学日本，算法因为地理位置会给我推关于中国人看待日本的大学排名、中日大学比较的视频。这个与我的身份相关，也会让我思考我与在国内的同龄人之间的关系，但我更不想被这个身份限制住，我不希望以这个方式被定义。我还是希望B站算法变成我手上的学术的机器就好，不要来定义我的现实身份。(P4)。

算法对一些群体预设身份，这种预存偏见源于现实社会。技术性偏见和突生性偏见又会让这些预存偏见进一步扩大。嵌入算法身份的偏见会让集体身份遭到带有歧视的传播，使得一部分群体被边缘化。对身份的沉默有时是因为基于系统的自我学习模式的技术问题，有时会出现用户恶意喂给算法歧视性内容的现象①。算法推荐能够成为用户自我观照身份的工具，但也可能会使一些身份出现错误的呈现，当这种身份呈现变得显著，会对与之相关的个人和集体造成危害。

当算法偏见不能得到矫正，算法身份更显著地以错误的方式呈现②，会造成一种“责任缺口”，如果处理不当，可能会对社会的道德框架构成威胁③。用户的算法身份可能会遭遇被预先设定、被管控、修改和沉默的情况。作为社群成员的用户即使能够控制算法为自己提供镜子、玩具和桥梁的功能，但并不能阻止算法操控的集体身份的文化意义的产生。这时，算法作为中介，遮蔽了用户对某一社群身份的想象。算法身份是围墙内的花园，每个人都有自己的花园，但花园中并不一定都是健康生长的花草树木。

---

① NEFF G, NAGY P. Talking to bots: symbiotic agency and the case of tay[J]. International journal of communication, 2016, 10: 4915-4931.

② 许向东；王怡溪. 智能传播中算法偏见的成因、影响与对策[J]. 国际新闻界，2020，42(10)：69-85.

③ MATTHIAS A. The responsibility gap: ascribing responsibility for the actions of learning automata[J]. Ethics and information technology, 2004, 6(3): 175-183.

(二)删除"我"的身份:算法驱逐和桥梁断裂

算法基于把关获得的权力,可以通过对信息进行筛选和过滤,为人们设置个性化的议程①。算法可以干涉意义的建构,甚至成为符号产生的过程②。算法可以做出超出技术实践领域的内容"再分配",对用户的参与进行安排和调节③。算法的运行依赖数据,数据如果消失,把关、设置议程和文化意义的建构便无从谈起。

当信息不符合社会规范,或属于算法审查中不被允许传播的内容,在算法的再分配中,内容被一并遮盖,即使这些内容符合个人的算法身份,也无法在用户的首页显示。数据消失后,集体中成员进行交流和共享意义的算法身份也不复存在。例如,粉丝大规模"脱粉",或者艺人"被封杀",会造成内容被大规模消除。粉丝大规模"脱粉"的原因往往在于社群内容,而艺人"被封杀"则涉及算法的内容审查。如受访者 P3 是某剧的剧粉,认为算法推荐曾经给自己提供过有关社群的归属感,但 2021 年剧中某艺人遭到"封杀",B 站将包含该艺人的影视二创剪辑下架。有关身份的内容源消失,算法身份构建的机制随之失灵,算法身份也失去了呈现空间。可见,内容审查造成的删除,其实也造成了用户部分算法身份的消失。

伍尔夫在《一间自己的房间》中曾说:"要握紧你手中的火炬,但首先,你必须照亮自己的灵魂,照见它的深刻与浅薄,虚荣与宽宏,并要说出,你的美貌或平庸对你意味着什么……"当算法发展得愈加智能,算法除了能为我们提供更加精确的问题答案、让我们更加便捷地获取信息、提供更加个性化的娱乐,能否帮助我们解答"认识你自己"的命题呢?算法身份建构过程所显示的文化意义及其带来的遮蔽与断裂,将成为未来的研究需要进一步思考的命题。

〔毛湛文,中央民族大学新闻与传播学院教授、副院长;张佳颖,中央民族大学新闻与传播学院硕士研究生〕

〔特约编辑:付晓光〕

---

① 温凤鸣,解学芳. 短视频推荐算法的运行逻辑与伦理隐忧:基于行动者网络理论视角[J]. 西南民族大学学报(人文社会科学版),2022,43(2):160-169.

② MILAN S. When algorithms shape collective action: social media and the dynamics of cloud protesting[J]. Social media + society, 2015, 1(2):2056305115622481.

③ MARINO S. Making space, making place: digital togetherness and the redefinition of migrant identities online[J]. Social media + society, 2015, 1(2): 2056305115622479.

媒介技术前沿

元宇宙视野下虚拟主播的虚实互动与文化建构　　栾轶玫　鲁　妮
舞台在云端：文化艺术网络演播的媒介演进与审美特性　　丰　瑞

元宇宙视野下虚拟主播的虚实互动与文化建构*

Virtual Anchor's Virtual Real Interaction and Cultural Construction from the Perspective of Metaverse

◎ 栾轶玫　鲁　妮

Luan Yimei　Lu Ni

摘要:元宇宙概念兴起的人工智能时代,虚拟主播直播成为一种新的传播现象,同时也是元宇宙的一大重要应用场景。然而,虚拟主播的组成具有复杂性,市场规模大、参与人数众多,且在虚实交互下可能存在真假难辨、隐蔽性欺骗等问题。亟须厘清虚拟主播发展现状,探究其虚实互动机制与文化运作逻辑,从而保障其良性发展。本研究通过对虚拟主播定义与分类进行辨析,以及对B站虚拟主播直播进行参与式观察,提出:虚拟主播的直播场域是超越现实的世界,是虚拟空间与现实世界深度交互的虚实共生世界。虚拟主播与观众共同构建了这一虚实共生世界的文化运作逻辑,并基于共识与情感联系,维护与丰富这一虚实共生世界的运作。这一过程中,虚拟形象的扮演者在虚实互动中可能出现虚实混淆,而观众则可能产生情感投射。

关键词:元宇宙;虚拟主播;虚实互动;文化建构

Abstract:In the era of artificial intelligence, more and more people are paying attention to the metaverse. Virtual live streaming has also become a novel means of communication and an important application scenario within the metaverse. However, the composition of virtual anchors is complex, with a vast market scale and numerous participants, thus raising concerns regarding the difficulty in discerning authenticity between the virtual and the real. Therefore, it is crucial to gain a clear understanding of the current development status of

* 本文系中国人民大学"双一流"建设马克思主义新闻观创新研究"习近平关于新闻舆论工作的重要论述与新闻传播人才培养研究"(项目号:MXG202302)的阶段性成果。

virtual anchors, exploring this kind of live broadcast mechanisms for virtual-real interaction and the cultural operations that underpin them. Through observational the virtual anchors on the Bilibili platform, this study analyzes the definitions and features of virtual anchors, and proposes that the virtual anchor live broadcast establishing a world where virtual and real coexist. Within this realm, virtual anchors and audiences collaboratively construct the cultural operational logic of this virtual-real symbiotic world, upholding and enriching its functions through consensus-building and emotional connections. Notably, throughout this process, virtual anchors may encounter a sense of confusion in virtual real interaction, while the audience may project their liking and dependence on virtual anchors onto the Middle person (actors of virtual anchors in reality).

Keywords: metaverse, virtual anchor, virtual real interaction, cultural construction

近年来，元宇宙概念大为火热，除了各大科技公司相继在相关领域布局，它也成为资本市场追逐的热点。普华永道发布的《2023 年全球消费者洞察调研》预测，2030 年，元宇宙的市场规模将达到 1.5 万亿美元。[①] 元宇宙首次出现于美国作家尼尔·斯蒂芬森的科幻小说《雪崩》(*Snow Crash*)[②]中，小说中的人类通过数字替身生活于人造的虚拟空间，这个虚拟空间便是元宇宙。全国科学技术名词审定委员会对元宇宙概念作出界定，元宇宙即人类运用数字技术构建的，由现实世界映射或超越现实世界，可与现实世界交互的虚拟世界[③]。《中国移动互联网发展报告(2023)》蓝皮书显示，5G 发展也将推动“元宇宙”向着虚实结合、虚实共生的方向演进，虚拟现实产业总体规模将进一步扩大。尽管目前元宇宙仍是一个概念，但包括学术界在内的各界都对其充满兴趣。“元宇宙将当前和未来的所有数字技术集成并融合，被视为一种终极数字媒介。”[④]元宇宙将是线上线下打通交叠的、虚实互动的虚拟世界。

① 马换换.普华永道：预计 2030 年元宇宙经济对全球经济贡献将达 1.5 万亿美元[EB/OL].(2023-09-21)[2023-10-01].https://baijiahao.baidu.com/s? id=1777648857066536287&wfr=spider&for=pc.

② 王琳，陈泓舟，蔡玮. 元宇宙中的教育：现状与革新的未来 [J]. 华东师范大学学报(教育科学版)，2023，41(11)：38-51.

③ 孙自法.“元宇宙”等如何定名释义？全国科技名词委研讨会形成共识[EB/OL].(2022-09-14)[2023-10-01].https://baijiahao.baidu.com/s? id=1743948283817284671&wfr=baike.

④ 李颖，王家琪. 拓展与重塑：元宇宙背景下我国虚拟主持人发展前瞻 [J]. 中国电视，2023，8：100-105.

虚拟主播直播是元宇宙的一大重要应用场景。虚拟主播直播作为一种新兴的直播形式和传播现象，也受到越来越多的关注。2016 年，日本主播“kizuna AI”（中文名：“绊爱”）在 YouTube 上发布自己的第一个视频，成为世界上首个具有较大影响力的虚拟主播。近年来，虚拟主播乘着 B 站的东风，在中国也迅速发展。一是其产业规模大，艾媒咨询数据显示，2020 年中国虚拟偶像核心产业规模为 34.6 亿元，同比增长 70.3%[①]。二是其市场规模大，2021 年中国虚拟人带动产业市场规模和核心市场规模，分别为 1074.9 亿元和 62.2 亿元，预计 2025 年将分别达到 6402.7 亿元和 480.6 亿元[②]。从文化元宇宙视野来看，虚拟主播既是元宇宙的人物具身构成，也是元宇宙虚实互动的重要主体，与观众共同建构了这一元宇宙的媒介景观。本研究通过对虚拟主播概念与分类进行辨析，对 B 站 100 位虚拟主播直播进行参与式观察，以及对直播受欢迎程度较高的 17 位虚拟主播的深入考察，试图回答元宇宙视野下真人实时扮演的虚拟主播的构成、特点是什么？虚拟主播如何进行角色扮演，以及如何进行虚实互动？

一、AI 与扮演：虚拟主播的分类

虚拟主播由 AI 技术驱动，从广义上来讲，虚拟主播可以分为三类：一是基于数字孪生技术的人工智能数字孪生主播，其以现实世界的真人主播为对象在虚拟空间进行映射与建构，是真人主播的 AI 分身；二是不基于任何真人主播的虚拟数字人主播，其拥有自己的全新外形和人设，是元宇宙中的数字人；三是基于真人实时扮演的虚拟主播，其虚拟形象背后是基于人工智能动作实时捕捉的真人扮演。

（一）数字孪生主播

数字孪生主播主要是指“运用人工智能技术，‘克隆’出与真人主播拥有同样播报能力的‘分身’”[③]。具体而言，数字孪生主播是对真人主播的声音、外形、表情、肢体动作等进行数据采集，再结合语音合成、唇形合成、表情合成和深度学习技术进行多模态联合建模训练后，生成的与真人无异的虚拟主播。其无须真人主播在背后操控，便可自行完成新闻播报。

① 艾媒网.中国虚拟人市场趋势分析：虚拟主播缺口高达 900 万[EB/OL].(2022-05-11)[2022-10-01].https://www.iimedia.cn/c460/85493.html.

② 艾媒咨询.2021 中国虚拟偶像行业发展及网民调查研究报告[EB/OL].(2021-07-01)[2022-06-10].https://www.iimedia.cn/c400/79469.html.

③ 房晓楠.搜狗“分身术”：AI 合成主播背后的秘密[J].机器人产业，2019，2：88-92.

目前，数字孪生主播已经完成了从“坐立式”到“站立式”、从 2D 到 3D、从演播室单一播报到跨场景沉浸式播报的演进。2018 年底，搜狗和新华社联合推出全球首个数字孪生主播“新小浩”，其以新华社新闻主播邱浩为原型，在输入文字后，其便能如真人主播一般完成新闻播报。仅 3 个月后，“新小浩”便完成了迭代升级，成为首个站立式数字孪生主播。2020 年两会期间，全球首个 3D 形态的数字孪生主播“新小微”问世，其以新华社记者赵琬微为原型，能 360 度全视野播报，还可以一秒换装，甚至在虚拟演播室的不同虚拟场景中穿梭。此外，以《北京日报》主持人春妮为原型的“时间小妮”、以央视财经评论员王冠为原型的“AI 王冠”、以主持人姚雪松为原型的数字孪生主播“姚小松”等数字孪生主播也逐步走入大众视野，并以多元化的态势应用于各类媒体节目。

（二）数字人主播

数字人是利用信息科学的方法对人体在不同水平的形态和功能进行虚拟仿真，以达到对人体从微观到宏观的精确模拟。数字人常常用于科学、医学领域的研究，而近年来，数字人更多地应用到各个领域，并且具备了一定的社会属性。有学者认为，数字人是“数字技术和人工智能技术的产物，是‘人造物’，数字人可以视为在元宇宙中实践并能实现自然人部分功能的数字人”[①]。简单来说，数字人是在人工智能算法的驱动下，不基于真人形象而生成的具有一定人设的虚拟形象，其不需要真人实时操控，可在算法驱动下“自主发言”和“自主做动作”。

在新闻传播领域，数字人主播蓬勃发展。能够跨场景播报，实时穿梭在演播厅及远在千里之外的采访现场的数字人主播“雅妮”就是搜狗首个自有形象数字人主播。能将各种复杂的语言转化为听障人士更容易理解的手语的全球首个手语数字人主播“小聪”也没有真人主播原型，不需要对真人主播进行肢体特征采集。此外，每经 AI 的数字人主播[②]，以及数字人记者小诤，拥有自己独特的外形和声线，与现实中的任何一个真人都不相同。

除了是否基于真人外，数字人主播与数字孪生主播的另一大不同在于应用场景。数字孪生主播目前更多的还是应用于新闻传播领域，进行新闻播报。而数字人主播应用的场景更广阔，“一方面趋向了虚拟主持、数字人明星等泛娱乐场景；另一方面则是

---

① 谢新水.虚拟数字人的进化历程及成长困境：以“双重宇宙”为场域的分析[J].南京社会科学，2022，6：77-87，95.

② 温梦华，李佳宁. 虚拟数字人出圈：1 年新增 6 万家企业，1 月融资超 4 亿[N]. 每日经济新闻，2022-01-26 (5).

金融、文旅、教育等实用场景”[①]。虚拟偶像、数字人电商直播、数字人短视频层出不穷。例如，清华大学推出的数字人女学生华智冰，抖音平台的数字人柳夜熙，每经AI数字人主播，腾讯知识官平台的数字人梅涩甜，数字人偶像洛天依……此外，还有部分智能助理、数字员工等类型的数字人密集出现在社交平台和我们的生活中。

数字人在服务、营销等场景中显现了一定的优于真实人类的优势，以及元宇宙概念的兴起，引发了“各领域的头部企业试水布局”[②]，资本加速投注数字人。第一，数字人相关企业激增。相关数据显示，2021年间，中国新增了6万家与数字人相关的企业。第二，数字人领域融资金额多。2022年1月初始，就有超过4亿元的融资金额在数字人领域发生[③]。第三，数字人未来市场规模十分可观。《虚拟数字人深度产业报告》预测，至2030年，“我国虚拟数字人整体市场规模将达到2700亿元”，“身份型”数字人的市场规模预计为1750亿元，而“服务型”数字人的总规模则将超过950亿元[④]。

（三）真人实时扮演的虚拟主播

真人“躲”在虚拟形象背后实时扮演的虚拟主播目前是二次元文化的延伸，此种类型的虚拟主播直播即“使用虚拟形象或架空形象在各大网络直播平台或视频平台进行直播互动和投稿的行为”[⑤]，此类虚拟主播也是本研究关注的重点。为论述方便，以下将“真人实时扮演的虚拟主播”简称为“虚拟主播”。直播间中的该类虚拟主播由两部分组成，一是虚拟形象（创造人），二是虚拟形象背后的真人扮演者（中之人）。虚拟形象通过前期设计建模而来，而直播时虚拟形象所做的动作、表情，以及所发出的声音、与观众的互动，则来自对虚拟形象背后的真人扮演者的表情、动作的实时捕捉。也就是说，该类虚拟主播受到真人扮演者的实时控制，相比于由算法驱动的数字孪生主播与数字人主播，该类虚拟主播借助计算机图形渲染、动作捕捉等人工智能技术，由真人实时驱动。

“中之人”与“创造人”是构成虚拟主播的核心。“中之人”这一说法来源于日语“中の人”，其本身就指操纵虚拟形象进行直播的人，也泛指任何提供声音来源的工作者。

---

① 李冰，张博，佘俊毅. 虚拟数字人“超生潮”来袭 从“玩偶阶段”到“有脑阶段”并不容易[N]. 证券日报，2021-12-10（B01）.

② 曲忠芳，李正豪. 虚拟数字人“扎堆”亮相 商业化仍艰难探索[N]. 中国经营报，2022-01-17（C02）.

③ 温梦华，李佳宁. 虚拟数字人出圈：1年新增6万家企业，1月融资超4亿[N]. 每日经济新闻，2022-01-26（5）.

④ 量子位智库. 虚拟数字人深度产业报告[EB/OL].（2021-12-15）[2022-11-08]. http://www.100ec.cn/index.php/detail--6604822.html.

⑤ 宋辰婷，邱相奎. 超越体验：虚实交互下的身份重组和文化行动：基于虚拟形象直播青少年亚文化的研究[J]. 中国青年研究，2021，8：85-93.

本研究取前一种定义,即“中之人”是直播间的虚拟形象背后控制虚拟形象、与观众语音交流互动的虚拟形象扮演者。本研究将通过建模、绘图设计等流程,被人为创造出的、具有一定人设的虚拟形象,称为“创造人”。因为这一虚拟形象是人为创造的,由人设概念延伸而来,却又不同于人设,故本研究将其定义为“创造人”。“创造人”可以在“中之人”的实时扮演驱动下实时做出和“中之人”一模一样的动作。“中之人”和“创造人”相辅相成,共同构成了活跃在元宇宙的虚拟主播。

在传统直播主播的研究中,多数学者将主播的行为定义为一种情感劳动[①],也有少数学者认为主播是在做一种关系劳动[②],其所形成的社会关系能够孵化其工资等利益[③]。目前,由于大部分虚拟主播形象基本是二次元动漫形象,许多研究者都从亚文化的视野来研究虚拟主播及其中的互动关系[④]。也有研究者将虚拟主播视为虚拟偶像的新面孔,是技术驱动下虚拟偶像的延伸[⑤]。少有研究关注到虚拟主播作为人的维度,缺少对虚拟主播背后的中之人的观察。

二、元宇宙视野下的虚拟主播

元宇宙视野下,虚拟主播具有一定的可控性、市场经济性和伦理复杂性。

(一)虚拟主播的可控性

粉丝经济时代,真人偶像塌房事故频发,资本需要可控的偶像持续获利,而虚拟偶像正满足了资本的这一需求。元宇宙视野下,虚拟偶像以虚拟主播的形式出现于直播间,通过直播间与观众互动进行商业活动。首先,虚拟偶像的形象是通过绘画设计、建模完成的,其不会出现真人偶像的变老、变胖等问题,在外观上能保证完全可控。其次,虚拟偶像的背后扮演者与虚拟形象可分离,虚拟偶像不会出现真人偶像所可能出现的逃税、酒驾、暴力等负面新闻。最后,相比于真人偶像,虚拟偶像背后的扮演者更好控制,公司可采取一系列措施弱化扮演者对虚拟偶像的影响,保证 IP 的归属。

---

① CUNNINGHAM S, CRAIG D, LV J. China's livestreaming industry: platforms, politics, and precarity[J]. International journal of cultural studies, 2019,22(6):719-736.

② 董晨宇,叶蓁. 做主播:一项关系劳动的数码民族志[J]. 国际新闻界, 2021, 43 (12): 6-28.

③ BAYM N K. Connect with your audience! The relational labor of connection[J]. Communication review, 2015,18(1):14-22.

④ 宋辰婷,邱相奎. 超越体验:虚实交互下的身份重组和文化行动:基于虚拟形象直播青少年亚文化的研究[J]. 中国青年研究, 2021, 8: 85-93.

⑤ 陈一奔,宋钰. 真实与虚拟的双重扮演:虚拟主播的演变、问题与展望[J]. 青年记者, 2022, 8: 95-97.

(二)虚拟主播的市场经济性

元宇宙视野下,虚拟主播的市场经济性主要体现在市场规模不断扩大、经济回报性较高两方面。

1.市场逐渐扩大

随着技术的发展,虚拟主播入场门槛降低,以及元宇宙概念带来的新契机,未来,虚拟主播市场将越来越大。

一是市场规模大。《2021中国二次元产业研究报告》显示,2020年二次元产业整体市场规模可达一千亿,年增速达到32.7%,泛二次元用户预计2023年达到5亿[①],作为二次元产业延伸的虚拟主播直播也占了重要一环。

二是用户和内容生产多。在数字技术的驱动下,虚拟主播直播日趋成熟,入场成本降低,通过免费App生成虚拟形象后,一人一手机便可开展虚拟主播直播活动,这也使越来越多的虚拟主播入场。B站CEO陈睿曾提到,2020年6月至2021年6月,共有32412位新的虚拟主播在B站开播,同比增长40%,总投稿量超189万[②]。虚拟主播"下沉"带来虚拟主播队伍迅速扩大。艾媒咨询调研数据显示,47.5%的受访用户认为未来真人主播和虚拟主播将共存,45.7%的受访用户认为虚拟主播将会替代某些领域的真人主播,仅有6.8%的受访用户认为虚拟主播不好看且比较难取代真人主播[③]。

三是多平台布局。2018年,B站便开始布局虚拟主播的业务,2022年2月,B站推出虚拟主播直播分区,该板块全部都是使用二次元形象直播的虚拟主播。同时,B站还陆续推出了"虚拟形象星光计划""虚拟形象大集市"等活动,激励新人开启虚拟主播直播之旅,并给予其流量扶持。此外,抖音及快手等短视频直播平台、虎牙及斗鱼等游戏直播平台,以及淘宝及京东等电商直播平台都在虚拟主播方面有所涉猎,进行布局。

2.经济回报性高

虚拟主播直播通过获取观众的打赏,达到最终的经济目的,而头部虚拟主播的经

---

① 艾媒咨询.2021年中国二次元产业研究报告[EB/OL].(2022-01-25)[2023-11-05].https://m.thepaper.cn/baijiahao_16405246.

② 新熵.B站又套上了二次元的"皮"[EB/OL].(2021-05-17)[2023-11-01].http://finance.sina.com.cn/tech/csj/2022-05-17/doc-im2022-05-17cwiwst7941114.shtml.

③ 艾媒网.中国虚拟人市场趋势分析:虚拟主播缺口高达900万[EB/OL].(2022-05-11)[2022-10-01].https://www.iimedia.cn/c460/85493.html.

济回报性非常高。第一，虚拟主播收入高。第三方网站 Darkflame 的数据显示，中国虚拟艺人的月直播收入从 2020 年 1 月的 761 万元增长至 2021 年 10 月的 4862 万元①。虚拟主播“vox”在 B 站首播仅 1.7 小时，营收 111 万元人民币，付费人数接近 4 万人次②，付费率达 73.3%③。由乐华娱乐和字节跳动打造的虚拟主播偶像女团 A-SOUL 此前大受欢迎，其中，“珈乐”在 2021 年 11 月单月进账 214 万元④。第二，虚拟主播公司收入增长迅速。2021 年乐华娱乐的招股书显示，2021 年，由于 A-SOUL 虚拟主播的商业发展，乐华娱乐泛娱乐业务实现营业收入 3790 万元，相比 2010 年的 2108.2 万元增长了 79.77%⑤。而这得益于乐华虚拟艺人组合的相关运营成本较低，拥有相对较高的毛利率。日本虚拟主播公司彩虹社凭借着旗下 160 多名虚拟主播，2022 财年（2021 年 5 月 1 日—2022 年 4 月 30 日）销售收入为 141.64 亿日元（约合人民币 7.17 亿元），同比增加 85.5%；营业利润 41.91 亿日元，同比增长 188.6%；净利润 27.93 亿日元（约合人民币 1.41 亿元），同比增长 198%⑥。

（三）虚拟主播的伦理复杂性

虚拟主播直播存在多方面的伦理问题。虚拟主播由于涉及多方，躲在虚拟形象背后的“中之人”具有不少隐蔽性，不论从人的主体性来看，还是从“中之人”的隐形欺骗来看，虚拟主播都面临着复杂的伦理问题，需要研究先行，进一步分析在元宇宙空间“戴上面具”所带来的深度造假性和欺骗性。

三、虚拟主播的隐蔽与显露

元宇宙视野下，虚拟主播在不断的虚实互动中，隐蔽性与显露性共存，自由与制约同时影响着虚拟主播的呈现。

---

① 中国网.B 站《创世之音》歌舞剧音乐会，推进虚拟 UP 主艺人化、主流化[EB/OL].(2021-11-21)[2023-11-05]. http://tech.china.com.cn/roll/20211122/382798.shtml.

② 沈昭.虚拟主播 vox 中国首播，直播一个小时营收破百万，谁在为他买单？[EB/OL].(2022-05-09)[2023-09-05].https://baijiahao.baidu.com/s? id=1732334130023172508&wfr=spider&for=pc.

③ 任宏伟，何艳玲.有的火出圈，有的被“休眠”：虚拟主播是不是又一个泡沫？[EB/OL].(2022-05-27)[2023-11-11].https://baijiahao.baidu.com/s? id=1733942912316424604&wfr=spider&for=pc.

④⑤ 罗亦丹.珈乐离团 A-SOUL“塌房”，虚拟人“热赛道”遇冷？[EB/OL].(2022-05-20)[2023-11-15].https://www.163.com/dy/article/H7R9S75H0512D3VJ.html.

⑥ 界面新闻.年收入超 7 亿元的虚拟主播公司彩虹社，有了新“一姐”[EB/OL].(2022-06-17)[2023-11-08]. http://finance.sina.com.cn/jjxw/2022-06-17/doc-imizirau8964305.shtml.

(一)不可见性与“隐蔽”自身的自由

虚拟主播“中之人”在直播中与观众存在相互的不可见性，而这种不可见性给“中之人”带来的是“隐蔽”自身的自由。虚拟主播直播与传统主播直播的一大不同是，传统主播在镜头前实时展现自己的外形状态，而观众仅仅是一个昵称、几条弹幕，主播是实时可见的，而观众则通过互联网躲在昵称之后，“在虚拟社群中，我畅所欲言，没人知道我的真实身份”也是众多观众体验到的自由；虚拟主播“中之人”在可见性上与观众处于平等位置，不可见性带给“中之人”的是更多的自由。正如虚拟主播凛·阿格里亚斯的“中之人”所说，每到午夜，他就是一只名叫阿格里亚斯的小恶魔，有着银色的头发，邪魅的眼睛，山羊角一样的角——一个符合二次元审美的动漫形象，有些傲娇，喜欢唱歌。而观众不需要知道他的真实姓名、年龄和所在城市，直播间的虚拟世界与“中之人”的真实生活画出界线，虚拟主播“中之人”能得到更多自由。

(二)不可见性与“显露”自身的自由

除了“隐蔽”自身的自由，虚拟主播的“中之人”也拥有更多的“显露”自由，即通过语言真实地表达自己的观点，进行真实的自我披露。在多位“中之人”看来，这是一种戴着面具畅所欲言的特权。正如虚拟主播凛·阿格里亚斯的“中之人”的自我披露：“现实生活中，我们会戴上往往与自己的内心情感并不相符的面具。有趣的是，当我戴上了虚拟的面具，反而能更真实地展现自己。”此外，当虚拟主播在谈论某些话题时，观众的接受程度似乎也会更高。信源是影响人们信息接受度的一大要素，现实生活中，发言者的身份常常影响我们对信息内容的评判。而当“非人”进行表达时，观众更多地聚焦问题本身，而不是聚焦发言者的身份。阿格里亚斯的“中之人”对此深有感触，“当阿格里亚斯谈论‘贫穷’或者‘富有’时，观者是可以接受的，因为‘我’不是人。而一个真人主播说同样的话，就会立刻因为他是‘人’而被解读出高低好恶的阶级意味”。[①]在不可见性下，虚拟角色带来的便利让“中之人”可以毫无顾虑地输出自己的真实观点，“中之人”得到更多真实地自我披露的机会。

(三)企业员工的身份感与组织制约

虚拟主播直播的背后是经济动机，这使得虚拟主播直播成为一种商品化的行为，

① 张峰.虚拟主播背后，我是有血有肉的“中之人”[EB/OL].(2022-05-21)[2024-01-18].https://m.thepaper.cn/baijiahao_18184223.

直播劳动的效果关乎公司的利益及“中之人”的收入。这种扮演“很大程度上是基于共同利益”①,是公司与“中之人”的协商共谋。对于由公司运营的虚拟主播来说,做虚拟主播的“中之人”实际上是一种职业,而公司也将“中之人”当作员工。在这种情况下,“中之人”的直播活动成为获得报酬的一种劳动,其将受到企业员工身份感和组织的制约。首先,虽然“中之人”具有对“创造人”的一手控制权,但“创造人”这一虚拟形象的IP和版权属于公司,“中之人”掌握的控制权仅仅是直播期间的动作和发言,而其他所有控制权都在公司。其次,公司为了获得更大的利益,除了斥巨资打造精致的虚拟形象、提供昂贵的动作捕捉设备外,还会要求“中之人”参加培训,并通过团队运作扩大其虚拟主播的知名度。最后,“中之人”需要在公司的要求下不断练习,熟悉动作捕捉等直播设备,以及学习新的才艺等,以呈现更好的直播效果。此外,为了获得更多的观众打赏,“中之人”直播时的动作和话语都符合既定的人设和世界观,甚至可能是基于公司提供的剧本的表演。

(四)非唯一匹配性特征

出于工作性质,或出于经济利益的考虑,虚拟主播还呈现出非唯一匹配性特征,即一个“创造人”背后有多个进行角色扮演工作的“中之人”。人设为AI的日本虚拟主播“绊爱”就经历了从由一个“中之人”扮演到由多个“中之人”扮演的转变。2019年,“绊爱”所属公司Activ8推出“四个绊爱”分身计划,在初代“中之人”的基础上,又找了3个“中之人”,从而形成了几个“中之人”轮番扮演“绊爱”的情形。此外,公司想要弱化“中之人”对虚拟主播的影响时,可能也会采取换掉“中之人”的方式,在同一虚拟形象下,推出新的“中之人”。

(五)合体关系的破裂

虚拟主播“中之人”与“创造人”的合体关系并不牢固,当合体关系破裂,扮演失效,虚拟主播往往将“休眠”,不再进行直播活动。

首先,对于由公司打造、运营的虚拟主播来说,“中之人”与“创造人”的合体关系破裂往往也意味着“中之人”与公司关系的破裂,随之而来的便是经济利益的消失。绊爱所属公司Activ8为了弱化初代“中之人”春日望对IP的影响,推出了新的“中之人”代替,这一行为招致了粉丝的抗议和不满。随着粉丝的流失和口碑遭到重创,虚拟主播

① 胡鹏辉,余富强.网络主播与情感劳动:一项探索性研究[J].新闻与传播研究,2019,26(2):38-61,126.

绊爱于 2022 年 2 月永久“休眠”，不再进行任何直播活动。虚拟主播女团“A-SOUL”让其所属公司的泛娱乐业务毛利由 2020 年的 1190 万元大幅增加至 2021 年的 2940 万元，毛利率则由 2020 年的 56.5％增加至 2021 年的 77.7％[①]。但因为虚拟主播女团“A-SOUL”的成员“珈乐”的“中之人”与公司共谋关系的破裂，“A-SOUL”成员“珈乐”也于 2022 年 5 月提前“毕业”，进入“休眠”状态，不再进行任何直播活动。

其次，个人运营的虚拟主播同样存在合体关系破裂的情况。截至 2021 年 8 月 18 日，B 站相对有关注度的 3472 个虚拟主播中，1827 人当月营收 0 元[②]。与头部虚拟主播获得大量打赏对立的是大部分虚拟主播没有收入。面对类似于“商品滞销”的困境，一些“中之人”选择“换皮转生”，即抛弃原来的虚拟形象和人设，重新打造新的虚拟形象和人设，并进行直播；也有一些“中之人”选择“毕业”，不再直播。无论是哪种方式，都是“中之人”抛弃“创造人”，致使合体关系破裂。

(六)处于关系空间之外的“中之人”

虚拟主播人物设定的虚假性以及“中之人”的扮演性是公认的，但观众在观看直播时会下意识地将“中之人”剥离，带入虚拟主播的人设，将虚拟主播当成虚拟设定的人物。在“中之人”扮演，观众配合下，独特的关系空间出现了，而“中之人”却处于关系空间之外。观众深知虚拟主播的扮演性质，却下意识地将“中之人”剥离，并且在虚拟空间中乐此不疲。这实际体现了观众寻求想象的他者，从而“获取幻想素材”[③]，进入不受现实限制的、虚拟而美好的世界的愿望。例如，当人设为小山羊的虚拟主播的“中之人”说要喝酸奶时，观众则在弹幕中询问：“山羊也要喝酸奶吗？”当人设为不能出教堂的修女的虚拟主播“中之人”说要出门时，观众会提醒她不能随便出门，只能在教堂待着。

四、虚拟主播的角色扮演与虚实互动

角色扮演和虚实互动是虚拟主播直播的核心，虚拟主播与观众通过角色扮演和虚实互动，共同构建了这一元宇宙的文化逻辑。其中，角色扮演既是虚拟主播直播元宇

① 罗亦丹.珈乐离团 A-SOUL“塌房”，虚拟人“热赛道”遇冷？［EB/OL］.（2022-05-20）［2023-11-15］.https://www.163.com/dy/article/H7R9S75H0512D3VJ.html.

② 罗亦丹.元宇宙“引路人”？柳夜熙出圈，虚拟偶像百万成本困境待解［EB/OL］.（2021-11-24）［2023-11-05］.https://baijiahao.baidu.com/s? id=1717264546087658937&wfr=spider&for=pc.

③ 喻国明，耿晓梦.试论人工智能时代虚拟偶像的技术赋能与拟象解构［J］.上海交通大学学报（哲学社会科学版），2020，28（1）：23-30.

宙的文化特征体现,也是虚实共生下文化建构的基础,基于角色扮演建立的情感关系则是维系这一文化的纽带。虚实互动是虚拟空间与现实世界深度交融的渠道,其将丰富与加强虚拟主播直播元宇宙的文化建构。

(一)角色扮演的主导与共谋

虚拟主播直播是“中之人”对“创造人”的一种角色扮演,在扮演中,“中之人”与“创造人”相互限制、相互影响,观众也是配合这场角色扮演的共谋,并且通过角色扮演,构建了独特的直播元宇宙文化,同时,“中之人”与观众建立了情感关系以维护元宇宙空间文化。

1.角色扮演的有限主导

虚拟主播的“中之人”与“创造人”是一种内生与外生的关系。虚拟形象“创造人”是外生,其是假人,直面观众;而扮演者“中之人”躲在虚拟形象之下,其是真人,是内生。外生与内生呈现出一种相互的有限支配。

内生为核,外生为皮,“中之人”控制着“创造人”。霍布斯在《利维坦》中提到,人分为两类——自然人、拟人/虚拟人,自然人的语言和行为发自其自身,而拟人/虚拟人的语言和行为发自其所代表者[①]。“创造人”的一言一行都来自“中之人”,其是“中之人”语言和行为的代表者。由此,“创造人”可以被看成被支配的存在,其不是作为人的存在,而是作为工具的存在。从这一层面来看,作为内生的“中之人”似乎占据主导和支配地位。

然而,“中之人”对“创造人”的主导和支配是一种有限主导和有限支配,因为“创造人”也在规范和约束着“中之人”的言行。在“降生”之初,“创造人”就有着被提前设定好的身份、个性和特点。“中之人”“自由”的一言一行和对“创造人”的支配与掌控并非天马行空、随心所欲,“中之人”的行为逻辑要符合“创造人”的人物设定框架。这其实是“中之人”对“创造人”角色的扮演。例如,虚拟主播“绊爱”的角色设定是AI;“莎乐美”的角色设定是“憧憬成为真正大小姐的一般女性”,在每句话结尾处都要说“得丝袜”,以彰显大小姐语调,其兴趣也是大小姐喜欢的钢琴、插花、刺绣、骑马等。莎乐美仅30分钟的首次直播就充分展示了人物角色的个性,通过扮演打造了鲜明的角色形象。对于“中之人”来说,这种既定框架下的扮演也约束了“中之人”对“创造人”的支配。

---

① 霍布斯.利维坦[M].黎思复,黎廷弼,杨昌裕,译.北京:商务印书馆,2019:125-126.

2.角色扮演的人与自我

相互有限主导的“创造人”和“中之人”都算人吗？虚拟主播中的“创造人”是“中之人”的扩展和延伸吗？霍布斯提到，“人”在希腊文中指面貌，在拉丁文中指在舞台上装扮成的某人的外表（有时或专指装扮脸部的面具）①。“创造人”似乎完全符合上述“人”的定义。此外，“一旦被创造出的有意识的思维克隆人，即智能的、有情感的、活的虚拟人成为一种普遍的人类追求，我们面对很多新的个人问题和社会问题，因为它从根本上扩展了‘我’的定义”②。“创造人”本身只是一个角色，没有智能、没有情感，但因其角色、性格设定的拟人性，其是“中之人”扮演的依托，也扩展了“中之人”对于自我的定义。

3.角色扮演的共谋

观众明晰虚拟主播的角色扮演性质，基于虚拟性的公示，观众配合虚拟主播的设定，帮助“中之人”完成角色扮演。观众接受在教堂忏悔、走出教堂就会死掉的修女，来自元宇宙的话痨狐妖，英国军官，不逍遥的神仙等虚拟主播的人物设定，并在直播间自动映射，配合主播扮演，并通过具有独特空间色彩的弹幕话语，维护直播间的虚拟空间生态。马歇尔·伯曼曾提到，“在生活的不断扩展中，人们被破成大量的碎片，说着各种没有共同尺度的私人语言”③。直播间独特的弹幕话语便是直播间虚拟主播与观众的私人语言，这一私人语言与外界存在巨大差异，成为构成与维护独特虚拟关系空间的工具。

4.角色扮演与情感关系

关系空间的共谋来自虚拟主播与观众情感的联系与关系的建立，而此种情感与关系是通过“中之人”扮演而来。“中之人”在直播中付出情感，并以强互动、双向性的方式与观众建立较为稳定的情感联系，观众则在观看直播中寻求身份认同和情感寄托④。这种情感与关系的扮演，正如“情感劳动”⑤，即通过管理情感并按照组织对面部表情和身体语言的要求进行表演，从而获得报酬。有时，情感与关系的良好比表演本身更具有经济价值。

---

① 霍布斯.利维坦[M].黎思复，黎廷弼，杨昌裕，译.北京：商务印书馆，2009：123.

② 罗斯布拉特.虚拟人[M].郭雪，译.杭州：浙江人民出版社，2016：引言 3-4.

③ 伯曼.一切坚固的东西都烟消云散了[M].徐大健，译.北京：商务印书馆，2003：17.

④ 陈一奔，宋钰.真实与虚拟的双重扮演：虚拟主播的演变、问题与展望[J].青年记者，2022，8：95-97.

⑤ HOCHSCHILD A R.The managed heart[M]. Oakland，CA：University of California Press，2012.

(二)虚实互动的投射与混淆

虚实互动一方面表现为观众对虚拟空间的现实投射，另一方面表现为“中之人”在虚实混淆下的与“创造人”人设的不断融合。这两方面的虚实互动使虚拟主播与观众的纽带更加牢固，也使基于扮演互动的元宇宙文化得以加深。

1.观众的虚实投射

观众有时会将虚拟空间的情感投射到现实空间。当观众在虚拟空间与虚拟主播交互时，他们通常会将虚拟的体验感转换为真实的体验感。虽然观众深知虚拟主播的扮演性质，但观众也会将在虚拟空间中对虚拟主播的情感与关系投射到扮演者——现实中的“中之人”身上，虚拟空间的情感和联系得以延伸到现实空间。观众的这种情感延伸、扩散及虚实投射在“中之人”与公司发生纠纷时最为明显，观众更愿意将打赏给予虚拟主播的“中之人”，而不是背后拥有虚拟主播 IP 和版权的公司及资本。例如，在虚拟主播“A-SOUL”被披露疑似“中之人”被公司压榨、工作强度过大，观众打赏仅有非常小的部分能分给“中之人”后，众多观众“取关”，不再打赏，甚至联名要公司作出解释。这也导致了“A-SOUL”这一虚拟主播的永久“休眠”。

2.“中之人”的虚实混淆

在频繁的角色扮演中，“中之人”被一分为二，生活中的“我”与虚拟空间中的“我”常常交织，这可能带来“中之人”虚实混淆、虚实不分，产生认知的分裂。“人是被处境规定的存在”①，不同处境为人们创造不同的社会身份，每个人都有无数个社会身份，人们不停地进入身份及扮演这一身份下的角色，离开这个身份进入另一个身份……如此循环往复。每到差不多固定的时间点(主播的直播时间一般都是固定的)，“中之人”便开启直播，进入扮演“创造人”这一角色的旅程；而结束直播后，“中之人”又回到现实生活，做回自己。多位“中之人”都曾披露和审视自身的认知问题——“每当早晨醒来或是深夜，都会想一下，我是谁？是现实中的人，还是我在虚拟空间扮演的虚拟角色？”这种分裂源自“中之人”身份的不断切换，以及认知模式的失效。正如阿伦特所说，“人的认知模式只适用于认识有‘自然’性质的事物，包括认识我们自己，但是，当我们提出：‘我们是谁’的问题时，人的认知模式就不起作用了”②。而当“中之人”不断将自身性格和特点与“创造人”的人设结合、融合，这种分裂便缓解，从而呈现更佳的直播效果。

---

① 阿伦特.人的境况[M].王寅丽，译.上海：上海人民出版社，2009：3.

② 阿伦特.人的境况[M].王寅丽，译.上海：上海人民出版社，2009：4.

五、结语

在虚实交互下，虚拟主播直播打造的文化元宇宙是一种新的媒介景观。在探究虚拟主播的文化建构与维系逻辑的同时，虚拟主播带来的风险也不容忽视。

一方面，应警惕潜藏在虚实交互文化建构下的伦理问题。“中之人”应警惕技术带来的物化和自由陷阱。首先，“中之人”的直播扮演活动实际上已经成为一种商品，按照外在于人的方式进行活动，成为一种脱离人的物化的客观过程①。当“中之人”服从于人工智能技术发展的价值追求、服从于商业化的追求时，人的自由受制于物，人就从另一个方面失去了自己作为一个人的目标和作为一个社会人的价值，成为“单向度的人”②。其次，“中之人”在技术的帮助下，得以在“创造人”面具之下活动，看似“中之人”获得更多自由，但也应警惕自由陷阱。“人生而自由，却无往不在枷锁之中。”③由技术带来的自由也许并非真正的自由，正如马尔库塞所提到的，在某些情况下，自由是一个强有力的统治工具，人类自由程度的决定性因素不是可供个人选择的范围，而是个人能够选择的是什么和实际选择的是什么④。所以，我们在享受技术带来的便利和自由时，也应警惕技术带来的桎梏与非自由。

另一方面，应警惕躲在虚拟形象背后的“中之人”利用其隐蔽性进行造假、欺诈，甚至犯罪。这一风险需要从现实层面加大管理力度、完善相关法律，从研究层面提升研究深度。面对虚拟主播违规及犯罪等行为，近来，虚拟主播也被列入《网络主播行为规范》，虚拟主播的管理和规制成为一大重点。鉴于虚拟主播直播的商品性质及其商品化实践，研究不仅要从亚文化的角度出发研究受众，还应该关注其背后的“中之人”。相比于真人主播，虚拟主播背后“中之人”的隐藏性更强，须注意虚拟主播背后“中之人”的个人品行，警惕传达不良导向的风险。

〔栾轶玫，中国人民大学新闻与社会发展研究中心研究员，中国人民大学新闻学院教授、博士生导师；鲁妮，中国人民大学新闻学院新闻传播学专业博士研究生〕

〔特约编辑：曹晚红〕

① 卢卡奇. 历史与阶级意识[M]. 杜章智，任立，燕宏远，译. 北京：商务印书馆，1992：57.

② 陈彬. 科技伦理问题：一种论域划界的多维视角审视[M]. 北京：中国社会科学出版社，2014：66.

③ 卢梭.社会契约论[M].李平沤，译.北京：商务印书馆，2011：1.

④ 马尔库塞.单向度的人[M].刘继，译.上海：上海译文出版社，2008：8.

舞台在云端:文化艺术网络演播的媒介演进与审美特性*

Stage in the Cloud: The Media Evolution and Aesthetic Characteristics of Cultural and Art Online Broadcasting

◎丰　瑞
Feng Rui

摘要:舞台正在成为屏幕,幻觉正在变为真实。舞台艺术的发展与流变体现着媒介与艺术之间互嵌、渗透、重构的复杂关联。文化艺术的网络演播打破了以传统镜框式舞台为表演空间的艺术范式,创造了以网络数字空间为场域的现代审美体验。作为文化艺术的媒介,网络演播的发展可被视为一部媒介演进和载体延伸的传播史,它是新旧媒介通过叠加组合在舞台空间再造的结果;作为媒介的文化艺术,网络演播创造了远程、互动、融合的审美结构,并生成全新的文本意义。

关键词:网络演播;舞台艺术;媒介演进

Abstract: The stage is becoming a screen, and illusions are becoming reality. The development and evolution of stage art reflect the complex relationship between media and art, which is intertwined, permeated, and reconstructed. The online broadcasting of cultural and artistic works has broken the artistic paradigm of using traditional framed stages as performance spaces, and created a modern aesthetic experience with online digital spaces as the field. As a medium of culture and art, the development of online broadcasting can be seen as a history of media evolution and carrier extension, which is the result of the reconstruction of new and old media in the stage space through superposition and combination; as the culture and art of the medium, online broadcasting creates a remote, interactive, and integrated aesthetic structure, and generates

* 本文系国家社科基金重大项目"以融合传播创新增强中华文明传播力影响力研究"(项目编号:23ZDA093)的研究成果。

new textual meanings.

Keywords:online broadcasting, stage art, media evolution

一、背景:走上云端的舞台艺术

纵观媒介发展史,所有新媒介带来的连接方式的变化,也都会相应产生内容表达和意义生产的新特征、新方法。所以,麦克卢汉强调:"一切新媒介都会重新塑造它所触及的所有生活形态。"[①]媒介之发展变化,也同样重塑了艺术的审美特征。新媒介的出现丰富了艺术呈现形式,进而引发了艺术本体的变革。换言之,媒介传情达意的特定方式不仅决定着艺术的内容呈现,也决定着艺术内容本身,媒介既是艺术的形式,也是艺术的内容。[②]

舞台艺术的发展与流变同样体现着媒介与艺术之间互嵌、渗透、重构的复杂关联。近年来,传统舞台艺术(戏曲、舞蹈、戏剧等)走上互联网云端媒介进行传播成为文化艺术领域的新变化、新趋势,同时也是新旧媒体之间碰撞融合生成的一种新的审美形态。在国内,国家大剧院自2020年疫情期间开展"春天在线""声如夏花""华彩秋韵""冬日之约"四个云端演出季,并开启了永不落幕的"线上大剧院"古典音乐频道,将精品舞台艺术作品向移动端传播。国家京剧院连续三年推出京剧《龙凤呈祥》的"云上戏院",观众在虚拟时空的"云包厢"中发送弹幕,为名家名角的精彩表演呐喊叫好。同一时期各大网络平台也积极开发舞台艺术的垂类产品,戏剧《等待戈多》、戏曲《牡丹亭》、舞剧《李白》等逐一亮相网络平台。放眼国际,莫斯科大剧院、瑞典皇家剧院、皇家莎士比亚剧院、邵宾纳剧院、纽约大都会歌剧院、维也纳国家歌剧院、巴黎歌剧院等众多知名剧院也纷纷于疫情后推出云上音乐会,或者拿出舞台佳作的复制影像,以限时免费观看或付费点播的形式在网络平台上播出。以上这些发生在剧场之内的变革,打破了以传统镜框式舞台为表演空间的艺术范式,创造了以网络数字空间为场域的现代审美体验,我们把这种基于互联网和移动终端的以现场演出在线直播或录播放映为特征的新现象、新审美、新实践,统称为舞台艺术的网络演播。其具体是指对舞台表演进行数字化记录与二度创作,并以流媒体视频播放或网络直播的形式在互联网上进行传播的一种活动。它兼具艺术语言、媒介语言、科技语言,是舞台艺术与网络媒介融合过程中的

① 麦克卢汉.理解媒介:论人的延伸[M].何道宽,译.北京:商务印书馆,2000:86.

② 隋岩.媒介改变艺术:艺术研究的媒介视角[J].现代传播(中国传媒大学学报),2007(6):52-55.

新表现形式,[①]也是舞台艺术不断再媒介化、泛媒介化的结果。[②] 它的意义在于将观演行为这一舞台艺术价值实现的最终环节和戏剧传播的重要构成置于全新场景之中。[③]应该说,网络演播颠覆了剧场作为建筑实体空间的存在方式,它以虚拟的文化空间塑造了特殊时期的艺术交往方式与社会文化生活,也对后疫情时代的舞台艺术行业发展产生了深远影响。

表面上看,戏曲、戏剧等现场表演以互联网技术为基础架构登上云端舞台是一种新的文化现象,这种文化现象来自彼时疫情环境下演艺行业的自救和从业人员的自觉,但本质上已然不止于在微观层面上信息适配以及为受众提供服务,更在宏观层面上成为重构社会关系、开启新型关系赋权模式的重要力量和关键推手。[④] 首先,从社会层面讲,舞台艺术的网络演播,有效地突破剧场的空间限制,实现跨时空流通,对于全民艺术普及、公共文化服务均等、文化资源共享等都具有显著的积极意义;其次,从文化层面讲,它有利于探索艺术作品数字化生产、存储与传播中二度创作的可行路径,不仅帮助延展艺术作品的覆盖范围,也增加了艺术作品的生命周期,传统的舞台艺术作品得到了创造性转化和创新性发展;最后,从技术层面讲,网络演播以 5G、大数据、云计算、人工智能为代表的现代信息技术被广泛应用,解构了传统舞台艺术作品的时空特征、内容表达方式,重构了舞台艺术的观演关系和以数字影像为主体的演出作品,也促进了演艺行业的业态创新、升级换代。

二、从舞台本体到赛博空间:一种媒介演进的技术视角

舞台艺术表演的历史可追溯到远古时代,人们在祭祀、狩猎等重要时节都会举行歌舞活动。从古至今,舞台艺术都是为人类提供精神滋养的文化活动。但舞台艺术也并非一成不变,随着技术的更迭,它本身也走上了一条与其他媒介相融合的发展路径,可以说,其演进之路就是舞台艺术在技术作用下不断媒介化的过程。布莱恩·阿瑟认为技术具有生物进化的组合特征,新技术某种程度上一定是来自此前已有技术的新的组合。[⑤] 我们研究网络演播的现象时,更要看到围绕舞台表演这一艺术本体,新旧媒

① 马洋,秦瑜明.时空延伸、样态转型与意象融合:媒介塑造下的舞台艺术网络演播[J].中国新闻传播研究,2023(1):175-184.

② 赵艳喜,张立喜.舞台艺术作品的线上演播与未来展望[J].人文天下,2023(4):12-15.

③ 刘宇新.论戏曲线上演播的媒介化演进与价值审视[J].现代传播(中国传媒大学学报),2023,45(8):105-112.

④ 喻国明,梁爽.移动互联时代:场景的凸显及其价值分析[J].当代传播,2017(1):10-13.

⑤ 阿瑟.技术的本质[M].曹东溟,王健,译.杭州:浙江人民出版社,2014:14.

介技术通过叠加组合在互联网中完成的自我创生与进化。媒介对人们的需求的塑造也同样不是一蹴而就的,而是在其自我创生的进程中,基于对以往旧媒介所产生的经验的不断裁剪、拼接、重组、完善,逐渐催生出新的需求。① 所以,这更需要我们回到网络演播的发端展开研究,从媒介演进的技术视角透视舞台艺术的本体特性以及两次传播转向。

(一)身体在场:舞台艺术的本体论

清代戏剧理论家李渔曾说,“填词之设,专为登场”②,指的是戏剧艺术只有在舞台上,演员和观众产生互动,才能真正地实现剧作的价值。每一门艺术都有独特的价值与魅力,对于舞台艺术而言,一种身体的在场和彼此的共在是其独有的特性。舞台艺术是身临其境、直接凝望的对话,是生命间的活生生的交流,是一次次的期许、向往乃至仪式的聚会和论坛。③ 应该说它是最直接地和观众交流的艺术表演形式,是“活的艺术”。这种艺术特性决定了舞台艺术是以演员为核心的,演员就像是戏曲中的“角儿”。只要“角儿”在场,就好比是在舞台上放置了一块磁石,对四面八方产生向心力与汇聚力,由此产生了相互作用“场”。舞台艺术表演的过程,就是一种不断产生心理变化、生成情绪反馈的过程。以京剧为例,演员以唱念做打让观众“入戏”,他和观众进入彼此共在的主客体相融的生命体验中。虽然演员是绝对的舞台中心,但他同时看重观众反应,眼神、表情、肢体语言都在与观众互动,如演员在台上跑圆场、翻跟头时要掌握着节奏跟观众“要好儿”,当演员从匀速不断加快到一定程度,观众就要情不自禁地“叫好儿”了。正因为舞台艺术具有身体在场的观演关系与即时即地的审美体验,所以每一场舞台表演都是当下的定格,即便是流传千古的剧目,每一次的演绎也是独一无二的,“天空有鸟飞过,但未留下痕迹”,④此时此刻此情此景的永恒瞬间,构成了舞台艺术的独特“灵韵”,同时,这种易逝的残缺美感也让传统的舞台艺术成为一种不可复制的文本。

(二)影像复刻:舞台艺术的第一次传播转向

保罗·莱文森在媒介进化理论中提出了“媒介补偿”的建设性概念,他认为媒介进

---

① 潘可武,刘宇坤.融合与漂移:京剧艺术媒介形态的变迁[J].艺术传播研究,2023(1):23-35.

② 李渔.闲情偶寄[M].北京:北京画报出版社,2013:55

③ 徐海龙.“戏剧场”的演进与戏剧本体论的发展[J].戏剧艺术,2020(3):22-29.

④ 王珺.走下镜框式舞台的戏剧:媒介进化视域下的戏剧传播[J].南大戏剧论丛,2014,10(2):181-189.

化是系统内的自调节和自组织,其机制就是新媒介对旧媒介的补救。[①] 我们从舞台艺术的影像化转向上可以清晰地看到这样一条新旧交融之路。我国诞生在照相馆的第一部电影《定军山》便是一出京剧,舞台艺术与影像艺术的混杂交织在中国电影的发端时刻已然浮现,舞台艺术的传播开始具有脱离现场时空的可能而进入了屏幕的时代;肇始于20世纪90年代的"电视戏曲"以电视艺术的手段将近代名家名角的代表作进行重新编排和呈现,民族传统艺术得以保存和流传。伴随着影像复刻下的艺术传播转向,稍纵即逝的舞台瞬间被凝固在介质中成为可复制可观看的影像文本,艺术被还原与记录,补偿了舞台艺术具身传播中不可复制的缺憾,同时也极大推动中国艺术原型及文化精神的绵延相传和认同流动。

舞台艺术向影像艺术的靠拢,意味着原本存在于舞台空间的"第四堵墙"转化为了"屏幕间隔",原本存在于剧场上的、依托于舞台调度,要求观众全神贯注的、通过演员程式化和虚拟化动作形成的内部结构被移植于依托画面与声音的视听综合艺术之上,并通过无远弗届的电影、电视进行着跨越时空的传播。在影视镜头的推拉摇移之下,演员与观众达成的共时态的剧场规则也就被转化为一种新的虚拟性的审美约定。[②] 观众原本坐在物理实体剧场中,他们是"无固定视点的观看",即使表演动作已经转由另一位演员的身体进行,但不受限制的观看依然赋予了观众个体深度沉浸某位角色表演中的可能。而当现场艺术被转录为数字格式后,观众是"被限制视点的观看",[③]镜头的聚焦与蒙太奇的切换代替了观众目光自主的追寻,舞台艺术以更为连贯完整的视听语言表达而出。概言之,因为嵌入了影视化二度创作的因素,舞台艺术变为弱化表演与互动的有距离观看,但转译生成了强叙事的影视本文。这次转向带来了舞台艺术审美体验的变化,同时也引发了有关现场艺术自身角色定位与媒介走向的思考,其核心问题是:舞台艺术成为屏幕中呈现的舞台艺术。

(三)赛博空间:舞台艺术的第二次传播转向

如果以电视、电影为载体传播代表了艺术发展的影像化转向,那么,数字化、网络化、智能化技术的应用发展则为舞台艺术从实体空间进入赛博空间提供了技术准备,

---

① 莱文森.软利器:信息革命的自然历史与未来[M].何道宽,译.上海:复旦大学出版社,2011:89-91.

② 施旭升,舒凌云.审美场的形成与转换:论戏剧传播的媒介特性[J].现代传播(中国传媒大学学报),2009(5):57-60.

③ 张梅,赵冀.从知觉空间改变到意义生成再造:剧场、视听与社交媒体中的京剧传播[J].现代传播(中国传媒大学学报),2020,42(7):90-95.

由此出现的网络演播的火热现象既是适应互联网新型文化生产和文化消费的必然趋势，也可被视为媒介进化的必然选择。

首先，当下网络新媒体技术中包含了众多视觉表现手段和图像处理功能，这些技术的施展为屏幕端的舞台艺术意境呈现造势赋能，在一定程度上满足了大众的视觉期待和感官欲求。这种传统舞台艺术与现代新媒体技术之间融合互嵌的综合艺术呈现，也是时代发展进程中的艺术造物。其次，相比之前舞台艺术以"数字复制品"的形式单向传播，此阶段网络技术的不断进步不仅实现了信息的即时传送，还通过双向的传播与连接实现了云端的数据即时交换，这便在为舞台艺术提供跨时空传播通路的同时，也补偿了艺术被复刻后现场感和即时性缺失的问题。最后，虽然网络演播是隔空的对话，但它虚拟出一个动态的公共领域，该领域构建了与古代勾栏瓦肆、戏院茶楼相似的可随时出入的场景，观众的互动交流也是场景中"表演"的一部分。

表面上看，网络演播这种形式是疫情阶段空间阻隔助推下被动产生的艺术交往和文化生活方式，但更是一个世纪以来舞台艺术历经两次媒介化转向后的主动演进与自然选择。这场发轫于特殊时期直至当下已成常态的艺术实践具有深远之意义，它将传统的"舞台"向互联网的"平台"转向，使观众的"在场"向屏幕端的"在线"转向，随之发生变化的是艺术的舞台创作延伸为媒介端的内容创作，舞台艺术作品的单向传播延伸为媒介内容受众回馈的双向传播，舞台艺术本身的现场审美延伸为媒介受众的接受审美。①

三、网络演播的审美特性

对于舞台艺术而言，从生长于舞台之上，依靠人的身体为主要艺术媒介，到基于现代技术的媒介化生存新样态，每一次艺术媒介形态间的融合，都并不只是传播载体、方式的改变，而是也在本体层面推动着其艺术媒介形态完成边界的拓展，并将这种拓展表现在可知可感的审美体验上。②

（一）"见屏如面"的远程审美

传统的舞台表演是一种由身体在场所决定的现场艺术，"现场性"是剧场的灵魂和本体，观众与演员在同一个时空下，他们由集体共在的观演获得"在场"的审美体验，舞

① 熊英，于涛，孙洋.现代信息技术助力演出艺术传播方式创新[J].演艺科技，2021,(11):64-70.

② 潘可武，刘宇坤.融合与漂移：京剧艺术媒介形态的变迁[J].艺术传播研究，2023(1):23-35.

台的艺术效果由此得到彰显。然而，从现场演出变化到网络演播，舞台艺术的观演关系发生了巨大的改变，虽然此时受众无法近距离面对面地琢磨品咂，但与影像复刻之下现场性的缺失不同，网络演播所构建的赛博时空则是延伸开辟了另一种“此时此地”，通过“近观”与“浸观”两种体验使屏幕内外的距离缩短，创造出“见屏如面”的远程审美样式。

首先，“近观”体验。网络演播并不是简单地照搬与平移线下演出，而是要充分考虑移动端小屏的观看特点，对舞台内容进行“近”与“大”的二度拓展，以探索现场艺术在网络视听环境下独特的审美意蕴。比如在国家大剧院疫情期间的网络演播中，所有的演出现场均采用 8K 的超高清拍摄，创造了“近”与“大”的意象呈现。这种现场细节纤毫毕现的呈现方式，打破了以往直播音乐会的习惯和定式，网络演播根据不同的音乐风格设计不同的镜头语言，特别设计了诸如乐手的手部细节、脸上的汗珠、乐器的局部特写等画面，这些画面就像是观众拿着望远镜“瞭望”所见，拉近了屏幕两端的距离。① 其次，“浸观”体验。让·鲍德里亚的“超真实”理论认为，在后现代社会，虚拟将比真实更加真实。② 伴随 5G、4K/8K、VR、AR、大数据、人工智能等技术对舞台艺术的加持，网络演播也可以呈现出模拟剧场的“超真实”审美情境。超高清拍摄、瞬时导播、虚拟现实、跨时空全息影像等现代视听手段，创造了在云端观看的沉浸感受。比如前文提到的京剧《龙凤呈祥》的网络演播，其界面就设计成一个带有帷幕的京剧舞台，用户可以通过 VR 设备进入虚拟的舞台“现场”，选择“云包厢”中最佳的观看位置，自由切换不同的视角追随演员或者乐师的细节瞬间。观众虽不能至，但所有的交互设计都赋予观众一种观看的自主权，模拟身临其境在场观戏的感受，此时“被限制视点的观看”变为了“被连接的观看”，这种观看是人与人连接、人与人同步的观看。

（二）“天涯共此时”的互动审美

相比在传统舞台下同一个空间中的互动仪式，因为网络演播存在物理阻隔，人们无法进行面对面的交流互动。但虚拟的时空延伸出一个看不见的“观众池”，③观众聚在池中共同分享美学体验、观看感受以及集体信仰，他们以自己的“数字化身”进行评论、喝彩、叫好儿，呼应着演员的表演。因为天涯共此时，所以观众感受到了即时交流、

① 田晨，孙迪.舞台演出的 5G+8K 直播信号制作：以国家大剧院《繁华众声》线上直播为例[J].演艺科技，2021(3)：23-28.

② 鲍德里亚.象征交换与死亡[M].车槿山，译.南京：译林出版社，2012：96.

③ 张梅，赵箕.从知觉空间改变到意义生成再造：剧场、视听与社交媒体中的京剧传播[J].现代传播（中国传媒大学学报），2020，42(7)：90-95.

信息共享以及情绪得到疏导带来的互动快感。

首先,彼此的共在。“观众池”中飘散的弹幕就像是虚拟的“掌声和喝彩”,它营造了一种“彼此共在”的时间同步感。虽然观众不在同一个时空下,但是他们重新聚集在评论空间进行互动,每一次点击都会生成属于他们参与对话的舞台空间和新场景,每一次回应都是实现社会关系的广泛连接和社会关系的重组。其次,情感的共鸣。个体之间通过虚拟互动获得了相同的身份认同和情感力量。艺术也可以被视作一种媒介资源,其背后所承载的情感、信息、力量等内容,也必须在交流互动的特定环境中构建才能发挥其积极作用。在网络演播的虚拟时空中,看似随意的弹幕,却在情感层面上触到了艺术发烧友们更深层次的心理诉求,屏幕后的观众从弹幕发送中获得了虚拟的陪伴、话题的参与和无限延伸的审美满足。

传统舞台剧场可容纳的观众人数有限,而网络天涯中的“观众池”人数却没有限制,这就使网络演播成为此时此地、彼此共在的群体性审美狂欢。虽然缺少传统意义上舞台空间的“场效应”,但网络传播所辐射出的情感共振连接成更为广阔的虚拟场,因此,艺术审美的集体性被无限放大了。这种集体性消解了网络世界中的孤独感,所以很容易让物理空间所阻隔的群体在精神上得到满足与释放。

(三)“身体—数据”的融合审美

虽然网络演播同样是通过屏幕端向观众传递艺术内容,但相比于电视、电影的审美特点,当下的网络演播在新技术、新媒介、新材料的作用下,呈现出了传统舞台艺术与当代数字艺术同台竞演的融合性景观,并形成全新的美学逻辑和语汇系统。应该说,以身体语言为主的舞台艺术正在经历着与计算机数据语言相交融的大变革。在这种变革下,脱离物质空间的屏幕影像使舞台艺术呈现出视像化、虚拟化、数据化的特点——网络演播所呈现的舞台艺术在形式上不再是此在的、基于物质世界的现场艺术,而是由媒介搭建的、存在于虚拟空间的新媒体艺术,物质世界的舞台表演则成了屏幕中的内容和供人随时编辑、复制和引用的素材。① 换言之,因为两种语言间的深入互嵌,受众在手机、电脑旁屏幕上生成的二维世界的赛博经验,被移植挪用到了剧场的三维世界经验中,对舞台的“观赏经验”被转译为对数据库的“访问经验”。②

以网络演播中广泛应用的XR(拓展现实)技术为例,它体现着“身体—数据”融合审美下现实空间与虚拟世界的无缝对接,并呈现出虚实相生的舞台幻象。在国家大剧

---

① 詹晓.“云剧场”:视像化、远程在场与身份迷思[J].艺苑,2021(5):75-79.

② 赵立诺.技术力量下的剧场新景观:以2021年央视春晚为例[J].中国文艺评论,2021(6):62-73.

院院庆特别节目舞蹈艺术《无镜》的网络演播中,创作者充分利用XR技术呈现亦真亦幻的效果,舞者演出的环境随着情绪气氛随时变化调整,舞者有时身处秘境森林,有时身处大漠戈壁。在观众的眼中,舞者并非站在剧场的舞台之上,而是融入了一个又一个立体逼真的场景。这个场景无限延伸,没有边界,观众也似乎身处场景之中,与舞者的距离忽远忽近,沉浸式效果呼之欲出。在网络演播的环境下,观众看到的屏幕图像和舞台现场呈现完全不一样。不可复制的艺术与可复制的艺术融合起来,不可复制的部分就是演员那独一无二的现场演绎,可复制的部分则是计算机渲染出的视觉奇观。屏幕这端的观众看到的网络演播本质上存在于一个网络的显示终端上,它将远程光电信号转换为数字信号,通过编程、计算机图像处理等过程,再将内容通过强大的显卡,即时渲染到终端中,最终成为一个在现实世界中无法分辨真假的图像。此时,剧场也发生了转译,它被接入互联网,由数台高速计算机操作。在物质属性的层面,剧场已经宛若一台巨大的计算机,从一个以舞台为中心、以强调表演为目的的空间,变成了一个同时容纳身体与计算机图像的显示终端。所以,网络演播以两种语言间的融合,将艺术创作和表现方式带到交叉、叠加的综合性审美感官体验中,运用多重的艺术语汇、以无限放大甚至漫无边界的艺术表现力将大众带入充满震撼和张力的审美体验中。[①] 从这个意义看,网络演播的舞台艺术作品亦可被视为当代艺术世界中跨媒介技术实践的代表性形式。

四、余论:忒修斯悖论下的艺术灵韵

从现实空间转向虚拟的媒介空间,网络演播经由数字技术创造出新的艺术语言和幻想,并通过数字流的传播延伸出审美体验的现代形式。但审美变化、感官重组下的舞台艺术也面临着忒修斯悖论的争议。在古希腊传说中,忒修斯自克里特岛归还时的船被雅典人留下来作为纪念碑,但随着木材逐渐腐朽,雅典人更换新的木头来替代,直至每根木头都被换过,那么,这艘船还是原本的那艘忒修斯之船吗?同样,云端的舞台艺术,还保有多少舞台艺术原初的那份灵韵呢?我们看到伴随着舞台艺术媒介演进与审美变化的同时,它本身固有的艺术表征与屏幕所呈现的审美范式一直存在着张力,以至于舞台艺术的话语体系面临着一种失语的困境。在技术力量以显性姿态走向前台时,技术加速下的舞台艺术的意蕴缺失成为当下网络演播最大的争议,主体与对象间的审美距离消失了,媒介化使“韵味”转为“震惊”,取而代之的是感官重组下的瞬间

① 韩玉婷,王国平.新媒体时代下的美学逻辑转变与控制研究[J].新疆社会科学,2016(6):19-22.

快感。就像克里斯托弗·卢平评价戏剧的云端传播时所说的,他认为流媒体将戏剧的体验缩减为一种信息的价值,它缩减甚至异化了观众对此前所有戏剧的审美经验。① 前文已述,网络演播确实拓展了艺术的传播渠道、扩大了传播范围,也搭建了趣缘群体交流的平台,并在一定程度上缓和了传统艺术的生存危机,但网络演播所建构的场景本质上是对线下剧场的模拟与仿真,以重回现场为主旨,归根到底我们"知觉"到的现场是被媒介诠释过的现场,这种知觉的现场性并不是物理意义上的现场性,而是经过了每个人感知诠释的现场性。② 也就是说,网络演播延伸了观众的"知觉",让其跨越时空享受现场的观演体验,但这并不能说明观众就体验到了技术带来的连续性的美学价值,反之,观众更易沉迷于眼花缭乱的技术景观中而丧失主体性,不再需要调动感性与理性静观体悟、分析思考,并与舞台所传达出的艺术精神进行对话。瓦尔特·本雅明提出,机械复制技术让艺术品的"即时即地性变得不重要",从而导致艺术灵韵的衰退,③舞台艺术本真的"光晕"也无法摆脱在视像化、虚拟化、数据化传播过程中暗淡与隐匿的危机。

舞台正在成为屏幕,幻觉正在变为真实。作为艺术的媒介,网络演播的发展可被视为一部媒介演进和载体延伸的传播史,它是新旧媒介通过叠加组合在舞台空间再造的结果;作为媒介的艺术,网络演播创造了远程、互动、融合的审美结构,并生成全新的文本意义。但同时我们需要意识到,追求技术"酷"与"炫"的视听盛宴,切不可舍本逐末地遮蔽了艺术的"真"与"美"。云端的表演也不可能取代现场的演绎,线上与线下不是此消彼长的竞争关系,而是互为补充、休戚与共的共生关系,它们将长期共存,在交光互影中呈现出新时代舞台艺术的"光晕"。

〔丰瑞,中国传媒大学电视学院副教授〕

〔特约编辑:曹晚红〕

① 拉考.戏剧及其数字分身:谈"云"剧场对戏剧文化的重塑[EB/OL].(2020-04-30)[2024-05-08].https://mp.weixin.qq.com/s/t0PUTTFtiTN-plqgWjrjlyQ.

② 季仲夏.媒介视域下的剧场转向与呈现[J].戏剧艺术,2022(2):157-169.

③ 本雅明.艺术社会学三论[M].王涌,译.南京:南京大学出版社,2017:57.

媒介与社会

深度媒介化视域下的传播权力的重构与共治　高贵武　欧阳睿豁

县级融媒体中心舆论引导的内在逻辑：历史语境与生态特征　付晓光　苏日古嘎

深度媒介化视域下的传播权力的重构与共治

Reflections on the Mechanisms of Communication Power in the Context of Deep Mediatization

◎ 高贵武　欧阳睿豁

Gao Guiwu　Ouyang Ruihuo

摘要：人类社会已迈入了从“媒介化”到“深度媒介化”的历史进程，数字媒介平台亦以“容器”形态，在延伸用户器官对社会诸要素感知的同时，赋予“传播权力”新的内涵。随着算法筛选逐步渗入平台话语权，数字资本集团依托媒介平台崭露头角。用户在迎来传播权力“节点性转移”的同时，也面临着媒介使用与消费行为受资本意志影响，数字“受众商品论”以及“数字剥削”的权力侵蚀。而要改变和防范权力的“异化”，则应加强对传播权力的权威型共治，完善用户对算法技术使用的“知情同意”机制和算法价值标准建设。

关键词：深度媒介化；传播权力；数字资本；媒介平台

Abstract: Human society has evolved from “mediatization” to “deep mediatization,” where digital media platforms, serving as “containers,” extend sensory perceptions of social elements and reshape “communication power.” As algorithms increasingly influence discourse on these platforms, digital capital groups rise, leveraging media platforms. This shift in communication power not only grants users new agency but also subjects their media usage and consumption to capital-driven influences, manifesting in “digital audience commodification” and “digital exploitation.” To counteract this power “alienation,” it is imperative to enhance the co-governance of communication power, refine informed consent mechanisms for algorithmic use, and develop ethical standards for algorithms.

Keywords: deep mediatization, communication power, digital capital, media platform

著名社会学家曼纽尔·卡斯特(Manuel Castells)曾指出,由财富和技术推动的全球化和信息化浪潮正在不断瓦解人类社会的控制与政治表达机制,更由于数字传播媒介发展对权力机构既往信息垄断的冲击,大量的社会权力开始向媒介系统转移,由此,他进一步提出了“传播即权力”的看法①。从传播史角度看,传播技术创新推动社会权力的变革是不争的事实,但以传播活动为载体进行的权力转移以何种形式、在何主体间进行仍未有定论。围绕传媒业的权力转移,西方学者同样意识到了媒介技术变化带来的权力转移在成就公众表达的同时所引发的诸多问题,如媒介场域中的信息过载、信息不实、公众对信息的回避情绪等。同时,西方新兴数字资本集团通过对数据、渠道的掌控而对传播活动实际把持的行为也标志着一股新的力量进入了足以影响社会政治议程型构的舞台。我国传媒业一直以来都由党和政府进行管理,但围绕数字媒介平台展开的诸多变革及在社会层面引发的某些问题与西方社会亦有一定的相似性,基于传播活动而出现的权力重构亦正在悄然发生。本文试从深度媒介化对媒介形态的重塑出发,引入社会建构和媒介延伸理论,从媒介与社会建构的层面理解当下网络传播结构关系的变革,从传播政治经济学的视角,解析当下传播权力重构和转移的过程、路径、隐忧以及相应的治理策略。

一、从“媒介化”到“深度媒介化”

媒介的运用实践与基于媒介所进行的一系列传播活动贯穿了自文明诞生以来的全部人类社会,及至当代,随着数字信息技术在新闻传播领域的运用发展,媒介的影响逐渐遍及个人生活的几乎每个方面,媒介影响的扩张也导致了原本能够应对媒介传播领域大部分问题的三大路径,即媒介文本分析、媒介生产的政治经济学以及受众/接受研究,已难以应对与解决诸如“媒介为何重要”“媒介如何改变社会”等问题,于是,“媒介化”(mediatization)这一“过程用语”逐渐得到了重视,并在近二十年间被纳入媒介领域的探索与研究②。

(一)媒介化:媒介对人类社会建构的参与

自数字技术在媒介中运用以来,媒介的变革与技术创新已紧密地联系在了一起。

---

① 刘可文.“传播即权力”:曼纽尔·卡斯特的网络社会权力理论与实践[J].传媒观察,2024(1):68-76.

② 陈昌凤.元宇宙:深度媒介化的实践[J].现代出版,2022,2:19-30.

大量多元、多形态的媒介被数字平台整合并融入现实生活之中。“现代社会已经完全被媒介所‘渗透’(permeated)”[①]，媒介在现代社会中扮演的角色与发挥的职能已不能被简单定义为“媒介是透明的，仿佛此岸到彼岸的桥梁，充其量是达至目的的手段”[②]，而是实在地参与了人类交往和认知世界的建构过程，人类社会不仅仅通过传递(transmission)和传播(communication)存在，其应当存在于以媒介为主体的传递与传播活动之中[③]。

美国知识社会学者伯格(Peter Berger)与卢克曼(Thomas Luckmann)提出，人类是依据自身需求进而主动创造生活工具与规则的，人类社会的发展本质上也是人类建构现实的过程与结果[④]。基于二人的论述，库尔德利(Nick Couldry)和赫普(Andreas Hepp)等人开创性地提出了“媒介化”的建构主义理论[⑤]，认为媒介化主要是指媒介在社会文化现实的交流建构中产生影响的过程[⑥]。综上所述，媒介化实际上是一种从一定角度构造社会现实的过程，其聚焦的是媒介对社会行为产生的作用，是书信、报纸、广播、电视及互联网等媒介如何一步步改变了人类交往、认知世界、群体组织等方面的社会行为，并以何种形式表现了人类社会建构与变迁的事实。

(二)深度媒介化:数字媒介平台延伸用户感知以及对社会要素的建构

在数字媒介技术的推动下，媒介的变革与媒介技术创新紧密耦合，“旧”媒介已然开始向“新”媒介转变，人们对媒介的认识也随之开始变化。以往人们对媒介的定义大多来源于实证传播学与法兰克福学派的论说，认为只有被用于专业信息传播的介质才能被认为是媒介，并且媒介在这一活动过程中大多数是中性的工具形态[⑦]。随着由数字媒介技术带来的节点连接变革，这种以工具论视角，描述组织基于媒介垄断从“低维”层面对大众进行意识形态输出的观点开始难以站稳脚跟[⑧]。更由于信息生成与传播的方式逐渐被大众掌握，专业与非专业的界限开始模糊，媒介亦不再是单纯的、中性的信息传递工具，而是一种将政治、权力、文化与经济等社会要素在虚拟场域归纳融合

---

① HJARVARD S. Mediatization of society: a theory of the media as agents of social and cultural change[J]. Nordicom review, 2008, 29(2): 105-134.

② 孙玮.媒介化生存:文明转型与新型人类的诞生[J].探索与争鸣,2020,6:15-17,157.

③ 凯瑞.作为文化的传播[M].丁未,译.北京:华夏出版社,2005:3.

④ 伯格,卢克曼.现实的社会建构[M].吴肃然,译.北京:北京大学出版社,2019:1-17.

⑤ COULDRY N, HEPP A. The mediated construction of reality[M]. Cambridge: Polity Press, 2017: 1-14.

⑥ COULDRY N, HEPP A. Conceptualizing mediatization: contexts, traditions, arguments[J]. Communication theory, 2013, 23(3): 191-202.

⑦ 钱佳湧.“行动的场域”:“媒介”意义的非现代阐释[J].新闻与传播研究,2018,25(03):26-40,126.

⑧ 哈特.传播学研究:美国的传播、历史和理论[M].何道宽,译.北京:北京大学出版社,2008.

的“容器”[1]，用户在该容器中对建构所产生的事实进行感知与反馈。

如在具体实践中，算法内容推荐、数字电商、云端教育、数字政务服务、可视化观景都体现了媒介归纳现实社会各要素并产生建构影响的过程，数字媒介平台（简称数字平台或平台）因此应运而生。“传播不再只是社会结构中一个组成部分的功能，而是构成了整个社会形态的基本要素，传播编织的网络就是社会结构本身，或者说，是传统社会结构的一种替代。”[2]在这样的背景下，赫普提出用“深度媒介化”来概括媒介化在当下数字时代的新变革，既肯定延续了媒介化在人类社会建构与变迁中的构成要素和结构影响，也体现了一种新的理论范式与作用效果：平台正在以一种新的身份，作用于社会结构，其容器的形态与以数字技术作用于社会的方式将跨越以往任何一种“旧”媒介，成为整个社会的“操作系统”。

（三）深度媒介化时代网络传播结构的变革与特点

有学者认为，深度媒介化进程对社会传播关系与结构的影响势必会致使传统的媒体发展系统失效，对人类的传播活动产生重大变革。基于前文所分析的深度媒介化对媒介形态的转变以及媒介对人类社会建构产生的影响，深度媒介化进程对网络传播结构与关系的变革则主要体现在平台、节点、效果等三个方面。

第一，媒介平台作为媒介融合的产物与载体，成为现实世界以外人类的第二行动与社会场域。无论个人、组织还是专业媒体，在数字媒介平台里只能通过入驻，并从供给与被供给侧的角度进行信息感知与输出。与以往专业媒体凭借社会认可以及供给侧的垄断地位，通过“核心—边缘”的 KAP 模式发声不同，虚拟的社交场域使得传统主流话语在某些方面失去了渠道支持，只有顺应算法逻辑或通过相应政策调度才能驱使算法引流产能，进而对社会产生更深层次的传播影响与建构作用。

第二，数字平台中的信息传播生态与结构以多节点为单位持续重组性进行。卡斯特认为互联网的去中心化并不代表着去节点化，其网络系统的构建恰恰以各节点间的相互联系为基础，而节点与节点间的联系程度取决于其信息交互量[3]。在围绕现实要素展开的信息交互过程中，传播节点表达的信息量决定了一定的网络社会关系，在这样的过程中，传播关系不断变化，其结构亦是由节点不断重组而成。如果说信息互流

---

① 拉图尔.我们从未现代过[M].刘鹏，安涅思，译.苏州：苏州大学出版社，2010：53-56，87-90.

② 孙玮.传播：编织关系网络：基于城市研究的分析[J].新闻大学，2013(3)：1-12.

③ 卡斯特.互联网时代的生活、政治与权力[EB/OL].(2015-05-18)[2023-11-13].https://mp.weixin.qq.com/s/CASvhrAnKVW3HFfQC8gHWQ.

是节点之间联结的前提,那么平台算法的引流便是联结节点间的管道与加速器。

第三,数字传播活动的效果在平台助推下有了从虚拟到现实的建构意义,情感等主观意志成了新的价值要素。从“建设性新闻”追求重塑新闻价值并导向对现实问题的解决[①]到“互联网+”等诸多实践,传媒业正不断尝试通过传播活动对现实社会产生影响,而在数字平台的助推下,传播活动的效果导向亦有了新的方向标,即如何对社会产生正向的实质建构作用。陈卫星提到,平台算法引导下的社会性议题不仅促使了情绪等主观意志的输出投射,还以此折射出了对事物产生影响的价值[②],在平台运营逻辑下,喜好与认同及其带来的流量价值驱使着算法将信息流引至让情绪迸发的方向上,而传播节点的选择性联结为此提供了工具性的可行支持。

二、传播权力的重构与转移:多元主体同数字媒介平台的关系

甘惜分教授曾指出,人类将传播作为一种权力并进行占有是阶级开始正式划分以后的事情,因此传播权力不同于传播权利,其一出世便带有一定的阶级意味。因此可以认为,传播权力诞生于人类社会各阶级出现之初,其功能随着大众传播的日益发展不断被凸显和强化,其在传统媒体时代是被传统资本与政府支持的媒体组织对媒介产品进行生产、控制并大规模传播的“支配力”,亦被称作“媒介权力”[③]。尽管进入了互联网时代,自媒体的盛行造就了“全民记者”的社会,传播权力的适用主体开始一定程度地扩大,从以往传统资本、政府权力机关扩大到了诸多传播节点上的“意见领袖”群体,但由于传统“把关人”机制的存在,传播权力依然被掌握在专业传媒组织背后的权力机构和资本手中。

学界关于传播权力内涵以及结构形成机制的研究大多是基于专业传媒组织对传播权力相对把持的时期背景,而深度媒介化对传统媒介以及传播关系、结构的变革使得传播权力的内涵开始出现变化。在对传播权力机制“权力—主体”的研究范式不做更改的情况下,深度媒介化视域下,传播权力的内涵则是:用户、用户群体(组织)、资本与政府支持下的专业媒体等主体,通过数字媒介平台感知社会要素,并基于社会要素进行信息传播交互,以达到特定的传播范围、效果和现实建构的能力。

---

① 蔡雯,凌昱.“建设性新闻”的主要实践特征及社会影响[J].新闻与写作,2020(2):5-12.

② 陈卫星.算法的数据变异与社会建构[J].新闻界,2021(12):88-94.

③ 彭祝斌,李成家,朱金平.“传播权”溯源与再定义[J].湖南大学学报(社会科学版),2019,33(1):155-160.

(一)数字资本依托平台对传统传播权力机制的重构

在传统媒体时代,传媒业务主要以新闻和广告为主,其中,新闻因其意识形态输出等社会性功能在大众传播中享有着独特、必不可少的地位,形成了独立的业态,传媒业成为相对独立稳定的社会子系统,围绕着整个传媒业进行的大众传播活动的结构与关系都相对封闭①。在此情境下,传统资本和政府通过诸多方式把握信息来源与传播渠道,保持对社会信息认知与输出的垄断地位,在大众传播中占据着“中心—外围”的传播权力。然而随着深度媒介化进程的到来,上述情况发生了根本性的变化。

与传统媒体相比,不同于纸媒、电视、广播和独立网页,数字平台将社会建构的诸多要素融合编织在了一起,构成了社会生活与交往的第二场域,例如“今日头条”“抖音”等社交媒体不仅通过大数据算法将大量的定制化信息传递给用户,其实时交互的社交功能还使得海量用户汇集在媒介场域中②。传统的传播权力一直是建立在对信息及传播渠道的垄断之上,而平台自身形态的特征以及与用户生活的日渐紧密使得传统资本与政府支持的专业媒体不得不妥协并让出传播渠道,转而成为信息提供者,被迫完成媒体平台化③,即专业媒体以内容生产者的身份入驻媒介平台,整合现有媒介技术与政策支持产出信息内容。卡斯特尔认为“传播即权力,唯有通过传播,权力才有途径行使”④,即谁掌握了传播平台与渠道,谁就掌握了权力行使的途径,显然,以平台为载体的传播生态下真正掌握平台与渠道的已不再是传统的媒体和权力机构,而是数字媒介平台的开发经营者以及将数据资源整合成新的权力资本的集团——数字资本集团(简称数字资本)。

在传统媒体时代,主流媒体会在大众传播过程中设立“把关人”,通过把关人进行信息搜集、过滤、加工与传播,该过程相较于算法筛选机制更依赖把关人所代表的资本、政府的意志与价值观⑤,在一定程度上保证了大部分信息符合社会规范与主流意志,一些不符合主流审美、社会规范与公共道德的信息不会大范围进入公众视野,尤其是一些涉及公共领域的社会要素。

---

① 姜华,张涛甫.传播结构变动中的新闻业及其未来走向[J].中国社会科学,2021(8):185-203,208.

② 马立德,程怡,李韬.平台型媒体对传播权力的重构与治理之道[J].青年记者,2021(3):9-12.

③ 张志安,李霭莹.变迁与挑战:媒体平台化与平台媒体化:2018 中国新闻业年度观察报告[J].新闻界,2019,1:4-13.

④ 卡斯特尔,曹书乐,吴璟薇,等.网络社会与传播力[J].全球传媒学刊,2019,6(2):74-92.

⑤ 路小静,姚永春.“把关人”理论视角下的融媒体传播问题及对策:以抖音新闻类短视频为例[J].出版广角,2021(19):74-77.

在新媒体环境，随着数字平台融合入驻了大量的信息生产用户。一方面，媒介场域中充斥着海量信息，仅仅依靠人工的把关完全无法跟上信息的生产传播速度，传统把关人被“困”在了信息洪流中[①]。另一方面，权力机构也无法从传播渠道入手提前干涉平台信息的生产与传播。于是，数字平台的算法逐渐替代了把关人的角色，其基于用户媒介使用数据分析，将符合价值逻辑的内容推荐给用户，成了内容把关、分发的主要机制。在算法推荐的作用下，平台被数字资本嵌入了“趋利性”“趋流性”的价值逻辑，这使得在特定舆情下主流媒体生产的信息内容淹没在了非专业的信息海洋中，主流意识形态在传播与现实建构过程中面临着失声、消解的可能。尽管在政府规章条令的介入下，大部分媒介平台建立、完善了对信息内容的“三审三校”机制，即由算法机器模型和专业人员流水线操作，共同完成信息内容评审[②]，但仍未能根本上解决算法根据喜好进行内容推荐时信息良莠不齐、公共话题娱乐化、弹窗骚扰、话题趋利煽动性引导等问题。

大量用户在数字媒介平台中的参与和讨论无疑使平台成了话语争夺的主战场，平台的算法技术机制以定制体验为核心，精确计算用户对社会要素的偏好，则强化了其支配与垄断作用。用户通过平台要素进行感知的同时也面临着大量信息，信息一旦过载或超过用户感知意愿，便极有可能致使用户层面产生“信息规避”[③]，即对某类要素的信息产生回避心理和行为，而这正好迎合了算法信息筛选的技术逻辑，即用户看似获得的所需信息，实则是资本意志主导下算法想要用户获得的。数字资本正是基于用户对信息规避与迎合心理，通过平台放大用户群体对某一要素信息的接触影响用户的意志表达和意见输出，并逐步引导话语。事实上，不光是算法推荐，买热搜、流量造假、评论控制等一系列话语引导和舆论控制操作在数字媒介平台上已十分常见，如网络群体间基于地域、性别、职业等产生的对立问题之下都有类似的运行逻辑，只不过算法技术使得信息在用户群体的各个节点间快速互流了起来，因此，有学者认为数字资本试图通过算法在平台行使“工具主义权力”，并意图给予其正当性与合法性来掩盖其操纵舆论、控制话语而牟利的本质[④]。

---

① 谢沁露.“后真相”与“真相后”：反转新闻的“把关缺失”及反思[J].传媒，2020，21：91-93.

② 万安伦，张小凡，曹培培.互联网内容平台评审制度的进化与把关人的转向[J].中国编辑，2022，8：11-16.

③ CHAE J.Who avoids cancer information? Examining a psychological process leading to cancer information avoidance[J].Journal of health communication，2016，21(7)：837-844.

④ 彭焕萍，陈瑶.短视频推荐中的算法操控及其协同治理[J].中国编辑，2023，3：86-90.

(二)用户传播权力"节点化转移"的同时受异化侵蚀

在容器般的数字媒介中,用户作为要素信息的传受节点,对社会要素进行自我感知与组织交互。媒介技术在推动用户个体与社会现实紧密融合的同时,也在驱动用户以自身为节点去打破某种话语垄断:用户生产内容(UGC)、专业生产内容(PGC)、职业生产内容(OGC)不仅丰富了用户接触的信息类型,平台算法同样为用户提供了定制化、个性化要素感知与途径。交互性社交功能则开拓了网络社交场域中的"双向"传播模式,实现了信息不断地反馈与传受双方的相互流动①。这都使用户在媒介场域中实现了较大程度的话语和组织自由,并且在平台话题流量引导的机制下能够产生对社会建构进行表达的群际效应。拉斯姆森提出,新的数字媒介平台一定程度上消除了私人世界与公共世界、"生活世界"和组织系统世界之间的鸿沟②。换言之,媒介技术改变了用户之间、用户与社会之间的结构关系,使得用户在媒介编织的要素空间中重新站位、参与社会建构,帮助其进行更多接触与拥有发声的机会。

因此,虽然传播权力主体依然在政府手中,但上述变化对于传播权力固有的闭环已不可避免地出现了突破,有学者用"转移"一词来形容这种突破③。不可忽视的是,尽管传播权力向用户发生了转移,但用户在具体的拟态环境中仍被数字资本以更隐晦的形式进行权力的遮蔽与异化侵蚀。

"拟态环境"(又称"网络拟态环境"),即用户借助数字媒介并运用媒介化的符号描绘、重构和再现,进而构建起包裹自身的信息环境④。拟态环境似乎是由用户自身能动性形成的信息空间,但"算法黑箱"的操作使得用户的媒介使用习惯、个人信息、社会要素偏好都将被记录,这导致用户所处的拟态环境中包含的要素信息更多是由算法揣摩用户媒介使用习惯与身份标签而形成的。在此环境下,用户所接收的要素信息和所处语境将存在着高度的指向性,进而导致用户视野变窄、群体意识极化等负面问题。

另外,用户的日常情绪也逐渐演变为"情感劳动",即非正式劳动情况下资本对个人情感的剩余价值剥削。以某短视频平台为例,其在日间给用户过度推荐有关颜值、美妆与健身的视频,在用户群体中引发容貌、身材上的焦虑情绪⑤,而在深夜又向用户推荐"吃播"等美食类博主的视频,紧接着便以平台广告的形式推荐"美团""饿了么"的

---

① 李艳松.施拉姆传播思想研究[D].上海:上海大学,2018.

② 麦奎尔.麦奎尔大众传播理论[M].崔保国,李琨,译.北京:清华大学出版社,2010:31,114-115.

③ 赵强.透视西方传播权力转移的背后[J].理论导报,2018(4):58-61.

④ 舒刚,王雅蕾.网络拟态环境的隐性风险及其治理[J].重庆社会科学,2013(10):114-119.

⑤ 付茜茜."容貌焦虑":现代电子媒介与外貌审美观念转型[J].前沿,2023,5:107-116.

外卖产品和优惠券获取链接以引导用户消费。可见,平台在数字资本与用户群体间的定位看似是中立的,实则充斥着商业逻辑,其在一定程度上不仅阻碍用户对社会其他要素的感知,还承载着数字资本的意志来影响用户的媒介使用和消费行为,进而将用户的多种主观价值转化为具有商业价值的资本来摄取。

在传统媒体时代,传媒业通过新闻、广告等方式吸引大量的受众群体,进而将用户群体注意力"售卖"给广告商,通过售卖用户信息获得资本来生产更大的用户群体,在该循环下,受众成为真正的产品,此即"受众商品论"①。而在深度媒介化时代,数字技术的发展与媒介形式的变革促使了围绕传播活动展开的新型资本运行模式的诞生,用户在平台中接触信息一方面出于自我意志,另一方面受到平台算法的推荐,其中算法运行的逻辑与机制并不是完全中性的,而是内嵌了数字资本的一定意志。

首先,用户自生成内容在鼓励大量用户进行内容创作、传播的同时,也增强了媒介平台在社会建构中的实质影响,这相当于用户自发地生产数字媒介产品并引流壮大平台用户规模。其次,数字媒介平台对用户与社会要素的容纳使得个体社会生活、行为与交往都离不开媒介场域,"非职业化劳动"被大量地裹挟入媒介场域之中,"产消合一"的模式成为数字资本对用户在休闲时间使用媒介进行剩余价值剥削的主要来源。再次,基于平台对现实生活与社会要素的融合,数字资本正不断以滚筒式的方式将整个社会网罗进平台,对用户数字剩余价值的剥削和权利的侵蚀也更加多元。除了上述产消合一的模式,数字媒介平台还在用户休闲时间通过直播经济、数字商品经济、骑手经济等模式以图进一步剥削。最后,更为直接的则是对用户的"时间侵占",如通过游戏小程序"看广告复活"来侵占用户时间并进一步引导消费②;以及"数据侵占",如将用户的个人信息、媒介使用习惯打包出售给第三方进一步获利。

三、深度媒介化视域下对传播权力的协同共治

传统把关人角色弱化带来的信息过量极大地增加了监管部门对海量用户与信息直接监管的难度,如何有效治理基于社会要素引发的谣言、舆情危机和平台内部的不良内容成为数字媒介平台的主要问题。数字媒介平台的出现在削弱权力部门对大众传播权力把控的同时,还给出了依托平台委托治理的新路径。

---

① 曹晋,袁谅.受众商品论到数字劳工的不确定性:传播政治经济学视角下的劳动研究[J].青年记者,2022(12):9-14.

② 乔正鑫,姒晓霞.页游广告说服传播的启示:以《羊了个羊》为例[J].新闻研究导刊,2023,14(5):254-256.

(一)权威共治:监管部门的"行政外包"与委托治理

政府监管部门对信息治理的难度在于阻断信息传播的中介与信息的精准筛选,而数字平台为此提供了可行性。前文提到,数字平台提供了用户在媒介场域感知现实要素、生产并传播信息的能力的同时,也具备适当调控用户的能力,通过用户账号、身份信息和传播信息内容的后台保存,平台可以在内容生产传播的前端环节阻断用户的发布渠道。同时,算法也为媒介场域中要素信息的检索提供了便利,通过对围绕某一议题所展开讨论的主题、情感、观点、符号等加以筛选分析,算法既可以为用户定制化推荐信息,也可以识别和删除机器人、营销、僵尸账号和减少过载、煽动、低真实信息的推荐。

在我国,政府可以通过行政法规明确数字资本在平台用户以及内容治理上的主体责任,这使得政府管理平台,平台管理用户行为与信息的二级监管模式成为可能。面对政府之于平台在信息生产、传播渠道方面的权力让渡,从科层角度将政府内部层级化责任以分发制的方式用于对数字媒介平台的治理确有一定的可行性,国内学者提出监管部门可将规制权下放平台,让数字资本自行对经营下的媒介平台进行信息与内容监管,数字资本在获取平台利润同时也应支付平台规制的成本与后果,过去是"谁办报,谁负责",现在是"谁办网,谁负责"①。"党管媒体,党管数据"的内核不在于政府机关与数字平台进行传播权力的"争夺",也不是基于市场契约的"责任外包制"。深度媒介化的进程无法逆转,基于平台对社会建构产生作用的益与利亦远大于弊,因此,政府应以法律法规为纲,强化监管部门对数字资本在平台经营过程中的指导、监督、惩罚的权利。

事实上,中央网信办近年来已经出台了多部行政法规,都旨在落实数字平台的责任与义务。为了更好地对平台经营进行定期化监督、保障监管部门与数字资本间的交流,可以参考借鉴欧盟《数字服务法案》与《一般数据保护条例》中关于"合法官"的设置,即监管部门在平台内部设置具有专业资质的合法官,赋予其对平台运行、经营的独立调查监督权,评估数字资本在平台经营管理以及技术使用时存在的风险,定期向监管部门交付评估报告。

---

① 易前良,唐芳云.平台化背景下我国网络在线内容治理的新模式[J].现代传播(中国传媒大学学报),2021,43(1):13-20.

(二)完善与加强算法价值标准建设

《互联网信息服务算法推荐管理规定》第十七条明确指出:“算法推荐服务提供者应当向用户提供不针对其个人特征的选项,或者向用户提供便捷的关闭算法推荐服务的选项。”但在具体实践中,直接关闭算法推荐必然影响用户的定制化体验,也会妨碍平台的商业运营。因此,可以通过“层级化”的方式对知情同意机制进行完善,将算法开关程序进行人性化处理,即在用户使用算法推荐前将算法获取用户的信息、途径与目的以清单的形式呈现给用户,让用户在清单中自行确定可提供的信息与所用目的。而在用户使用媒介时,对于其不喜好或过载的信息,给予方便的“减少推荐”选项。在用户浏览具有社会重大影响和舆情不定的内容时,算法应当在主流媒体和自媒体间适当偏向主流媒体的推荐,保障主流意识形态得以“发声”。

《关于加强科技伦理治理的意见》提到要“伦理先行”,将科技伦理与价值标准贯穿科技活动的全过程。基于此,传播权力的共治不仅要对算法技术进行工具性的规制,还要以人为本、以用户为本,从价值出发,正视算法技术在平台话语引导、用户要素感知和消费行为上存在的实际风险。为此,各平台须与监管部门主动对话,协商制定关于包括算法技术、人工智能在内的数字技术使用标准规范。可以从透明化、公开化、公平化原则出发,对数字技术使用全过程层面的运行逻辑与机制进行标准规制,如上述关于减少过载式、煽动性、虚假信息的推荐,国内学者认为还可以建立多目标综合机制、协作主题建模、数据匿名化处理、可解释性推荐模型、反低俗推荐模型、敏感内容识别系统、差别化隐私等标准①。总而言之,通过多方协商与交流建立起一套完善的算法技术使用价值标准,不仅可以从平台角度维护用户在媒介使用过程中包括隐私权在内的各项权益,还可以在商业化运营模式下从技术规训角度一定程度地保障用户媒介使用的完整体验,规避数字资本对平台媒介技术的不正当使用。

四、结语

媒介与人类社会的深度耦合驱生了传播活动与传媒业的新业态、新结构和新阶级,这不仅拓展了以往有关传播活动的界定和内涵,也改变了传统媒体时代传播权力的各个主体结构分布。数字媒介平台不仅扩充了用户群体的网络与社交生活,还对现实社会发挥多方面、多层次的建构作用。传播不仅可以影响社会关系,还可对商业运

---

① 彭焕萍,陈瑶.短视频推荐中的算法操控及其协同治理[J].中国编辑,2023,3:86-90.

营、资本运作、社会结构等社会要素进行建构,从而大大丰富了传播权力的内涵。

尽管数字资本在媒介平台发展建设的过程中有着至关重要的作用,其传播权力的扩张亦属必然,但政府及监管部门同样可以通过积极参与媒介平台建设与发展的全过程,通过以人为本和协商共治的路径在对话与合作中找寻数字资本与权力机关和用户间的利益共同点,从权力主体的角度出发,在平衡平台内部运营监督和外部法律法规管理的基础上制定数字技术使用的标准,通过多方共治的渠道与机制实现对传播权力的监督和规制。

〔高贵武,中国人民大学新闻学院教授,博士生导师;欧阳睿谿,四川大学文学与新闻学院硕士研究生〕

〔特约编辑:付晓光〕

县级融媒体中心舆论引导的内在逻辑:历史语境与生态特征*

Internal Logic of Public Opinion Guidance in County-Level Integrated Media Centers: Historical Context and Ecological Characteristics

◎ 付晓光　苏日古嘎

Fu Xiaoguang　Suri Guga

摘要:随着县级融媒体政策的推进,基层舆论引导成为媒体融合发展的重要命题之一,当前有关基层舆论引导的研究离不开县级融媒体的工作需求,其背后的舆情现状和传播情况被忽视。本研究跳出"治理"的视角,思考县级融媒体中心舆论引导的"及时性"和"长远性"问题,从县域社会、媒介体制和媒介技术三个层面对县域舆论的生成展开历史性分析。本研究通过2023—2024年县域舆情代表性事件,量化分析县域舆论的传播特征,发现县域舆情生成时微信平台的舆情聚积、舆情演化时多平台的"长尾效应"以及舆情效能的复杂性、同质性并存特征。县级融媒体舆论引导工作应重点关注微信平台,建立网络舆情的多平台分级管理制度,将舆论引导工作蕴含到各个环节和过程中。

关键词:县级融媒体;舆论引导;历史语境;舆论生态

Abstract: With the promotion of county-level media integration policy, grassroots public opinion guidance has become one of the important propositions of media integration development. Current research on grassroots public opinion guidance cannot be separated from the need of county-level media integration, and the current situation of public opinion and dissemination behind it has been neglected. This study goes beyond the perspective of "governance" to consider the "timeliness" and "long-term" of public opinion guidance in county-level integrated media centers, and conducts a historical analysis of the genevation of

* 本文系教育部人文社会科学研究一般项目"县级媒体融合与新时代基层社会治理研究"(项目编号:21YJC860006)的阶段性成果。

public opinion in counties from three levols: county society, media system and media technology. We quantitatively analyze the communication characteristics of county public opinion through the representative events of county public opinion from 2023 to 2024, and find that the accumulation of public opinion on the WeChat platform during the generation of county public opinion, the "long-tail effect" of multiple platforms during the evolution of public opinion, and the complexity and homogeneity of the effectiveness of public opinion coexist. County-level integrated media public opinion guidance work should focus on the WeChat platform, establish a multi-platform hierarchical management system for online public opinion, and embed public opinion guidance work in all links and processes.

Keywords: county-level integrated media; public opinion guidance; historical context; public opinion ecology

互联网技术发展下,基层舆论治理从“线下”来到“线上”,县级融媒体成为“引导基层舆论的落脚点”和“媒体政治宣传的突破口”。作为一种“中介化平台”,县级融媒体肩负着舆论引导和基层治理的政策目标。但技术和政策的支持并不能简化网络舆论的复杂性,县域舆论形成背后的社会心态及社会结构与舆论引导密切关联。本研究试图超越县级融媒体舆论治理单一维度的小逻辑,跳出媒体业务层面,具体观察县域舆情的主客体和生成演化过程,探索县级融媒体舆论引导工作的实践路径和突破方式。

一、问题的提出

“县级融媒体作为最贴近基层、贴近群众的媒体，首要职能是舆论引导，应坚持管建同步、管建并举，坚持正确政治方向、舆论导向、价值取向，坚守社会责任，把社会效益放在首位。”[①]舆论引导是县级融媒体的重要功能,但不是唯一功能。随着县级融媒体的发展,其渐渐成为支持群众生活工作需求的在地化政务服务基础设施。可以说,县级融媒体不仅承担着舆论引导职能,还承担着舆论治理和基层社会治理的功能。因而,县级融媒体的舆论引导不能局限于单个舆情事件,只注重回应公众当下的舆情意见,还要关注舆论生成的“长远性”特点。“社会舆论是悬浮于社会心态和社会结构

① 谢新洲.县级融媒体中心建设的四梁八柱:融合、创新、引导、服务[J].新闻战线,2019,3:45-47.

之上的流体意识,是社会态度和社会情绪的即兴表达,是公众对当下公共话题的即时反应,也是从社会结构和社会心态河床上涌出的社会意识。”①舆论的形成演化离不开集体特征和社会发展背景,对舆论的解读需要勾连宏观的社会文化、权力结构,从历史经验中描述舆论的生成原因与传播规则。

基层舆论的生成传播是一个复杂的问题包裹,其诞生难以抽离或淡化舆情事件所处的社会语境。县域社会空间往往不仅能揭示特殊的城市化过程中的矛盾和挑战,还能较为完整地体现普遍的社会问题。本研究将综合宏观/微观视角,首先从经验中描述基层舆论形成的历史语境,其次从事件出发,结合舆情案例具体分析基层舆论的生成演化特征。本研究将县域基层舆论定义为出于县域空间范围内的特定舆论,除具体的舆情事件情境之外,还由县域社会下媒体体制、人际关系、行为情绪等社会条件共同作用而形成。此外,本研究重点观照舆论引导工作的“舆情分析”环节,对舆论引导工作的其他要素,如意见整合、新闻舆论传播能力建设等不做重点观照,并提出以下研究问题:从历史分析的视角看,形成基层舆论的社会历史语境有何特殊性?从舆情生成演化的视角看,县域基层舆情是何现状,有何传播特征?

二、从历史出发:县域基层舆论的生成语境

(一)县域:“核心—边缘”地区

弗里德曼(J. R. Friedmann,1966)在著作《区域发展政策》中提出了“核心—边缘”理论,该理论具体阐述了边缘区域如何由互不关联、孤立发展,到发展不平衡,这种发展不平衡的状态“不仅在空间经济层面上有所体现,还将扩展至社会生活各个层面”②。在国内“核心—边缘”理论的相关研究中,“县”被定义为县级政府的一种类型,在国土空间、经济社会发展的“核心—边缘”结构中处在边缘之地。《中国统计年鉴2018》的数据显示,县域人口数量占比约为73.89%,经济总量占比约为52.9%,县域土地面积占全国国土面积的90%。③ 和土地占比相反,县域集中了绝大部分低收入者,而城市则是中高等收入者的聚集地。与城市相比,县域人口规模大,经济相较于城市落后。

---

① 张涛甫,王智丽.中国舆论治理的三维框架[J].现代传播(中国传媒大学学报),2016,38(9):32-36.

② 王小玉.“核心—边缘”理论的国内外研究述评[J].湖北经济学院学报(人文社会科学版),2007,10:41-42.

③ 国家统计局.中国统计年鉴2018[EB/OL].(2019-12-20)[2024-01-11].https://www.stats.gov.cn/sj/ndsj/2018/indexch.htm.

城乡关系不断调整、不断变化且复杂地交织在一起。从我国城镇化的发展历史看,改革开放后随着大量农村劳动力进城,城镇化迅速推进,我国城镇化率从“17.9%提高到64.7%,城镇常住人口从1.72亿人增长到9.14亿人”[①]。工业化和城市化被压缩在较短时间内展开,飞速发展的背后出现了“很多城乡连续体之间的中间形态,尚未实现城乡的真正融合发展”[②],也就是县域城镇。作为城乡中间的独特社会体系,县域是由村落、乡镇等子单位构筑而成的集合体,在大城市和工业化逐步成熟的今天,以县域为重要载体的小城镇建设逐步成为重点。

作为“农业向上、产业向下”的踏板,县域一边面对着与城市相比,经济、文化和地理空间等边缘化的问题,一边又需要承担城乡融合发展和基层治理落地的新任务。进入互联网时代后,在市场化和金融化的趋势下,“核心—边缘”理论代表的区域发展空间格局呈现出更加明显的“中心性”[③],各种社会要素如资本、人才、技术等由城市支配着向边缘的县域流动,县域社会作为城乡中间的安全网,一方面起到勾连城乡关系的作用,但另一方面也成了基层舆论的“结构箱”。作为“城尾乡头”的县域,舆情事件往往牵一发而动全身,在网络空间中耦合成全局的、系统性的影响。

(二)县级媒体:基层媒介制度的变迁

从媒介制度史的角度看,县级媒体极少能够依托着本土资源、自下而上发展成一定规模,而是基于国家规划和政策扶持发展起来。县级媒体建设是一场持久战,这不仅源于地方媒体市场、县域人才和媒介技术上的相对匮乏,也和基层媒体制度的变迁相关联。

我国县级媒体的发展一共经过了三次变迁:“上世纪五十年代大量县级报纸,受社会主义改造与建设影响而创刊,三年困难时期县报陆续停刊”[④];20世纪80年代“四级办”体制确立,1995年国家整顿非法批台、建台、乱播滥放现象;2003年国家治理整顿四级办党报,大量的区县的报纸被取消刊号,能够公开出版发行的县报从“全国300余家锐减至50余家”[⑤]。县级媒体始终面临着落地困难、发展不平衡等问题,“一放就滥、一管就困”[⑥]贯穿始终。

县级媒体没能依托传统传播形态和操作经验快速发展。然而,县域社会的特殊

---

① 王春光.县域社会学研究的学科价值和现实意义[J].中国社会科学评价,2020,1:36-46,157-158.

② 何雪松,覃可可.城乡社会学视野下的县域社会治理现代化[J].社会科学辑刊,2021,4:73-79.

③ 张校志.吉林省县域经济的核心—边缘结构及其空间剥夺特征[D].长春:东北师范大学,2019.

④⑤ 陈国权.县级融媒体中心建设的历史渊源考察[J].新闻论坛,2019,2:21-23.

⑥ 洪佳士.县市报发展40年[M].北京:人民日报出版社,2018:5.

性,更需要县级媒体在内容质量和传播影响力上有所作为。在县级融媒体政策落实之前,县政府的传播渠道十分有限,“财政、薪酬等方面亟须改革,调整优化媒体布局,推进融合发展,不断提高县级融媒体的影响力、引导力”①。为了弥补这点,县级融媒体的坐标定位和运作习性与技术发展和政治需求密切相关。政策导向下,县级融媒体成为新一轮国家媒体建设发展的重点扶持对象,短时间内快速发展:“60%的县级融媒体拥有三种以上的媒介形态,其中 45.1%的县在第三方平台开通官方账号,579 个县拥有新闻客户端,覆盖率达 30.96%,1637 个县开办了微信公众号。”②

作为一种现代化媒介基础设施,县级融媒体弥补了媒介制度中基层广电媒体的位置缺失。然而,不同地区的县级融媒体发展模式不尽相同,有的借助市场力量自负盈亏,有的借助省级媒体平台资源实现规模效益。从微观角度看,区县融媒体发展模式不一,媒介制度层面下的采编制度、经营制度和管理制度等各不相同。而作为一种宏观层面的制度弥补,县级融媒体近年的发展语境偏向基层服务平台,作为行动主体,县级融媒体正逐渐发展成一种全新的基层媒介制度。

(三)县域网络空间:媒介与技术的二次“边缘”

互联网时代,县级媒体和基层群体在网络空间中被二次“边缘”,具体表现为技术上的迟滞和网络文化上的缺场。中国互联网络信息中心发布的第 49 次《中国互联网络发展状况统计报告》显示:“我国网民规模达 10.32 亿,普及率达到 73%,城市网民数量与农村网民数量相当,但农村地区互联网普及率仅为 57.6%。”③农村用户已成移动互联网最大的增量群体,农村网民其实才是网络数据流量消费的主要人群,如抖音、快手等短视频平台已经成为农村网民获取信息的主要方式。城市与县域农村之间,不仅存在着媒介基础设施的差距,网民的媒介技术知识、媒介素养也存在一定差异。

网络技术普及的时间迟滞带来行动空白,渐渐演变成网民能够在多大程度上超越其所在的社会组织身份和空间的限制,获得网络话语权的县域群众即使超越了组织、身份和空间的限制,文化上也诞生了区隔。基层群众被“草根化”,县域及乡村群体的话语表达往往没有向更广大的网络空间流动,而是以表演的方式“出场”,成为网络平

---

① 中国互联网络信息中心.第 49 次中国互联网络发展状况统计报告[EB/OL].(2022-02)[2024-01-03].https://www.cnnic.cn/NMediaFile/2023/0807/MAIN1691372884990HDTP1QOST8.pdf.

② 谢新洲,黄杨.我国县级融媒体建设的现状与问题[J].中国记者,2018,10:53-56.

③ 中国互联网络信息中心.第 49 次中国互联网络发展状况统计报告[EB/OL].(2022-02)[2024-01-03].https://www.cnnic.cn/NMediaFile/2023/0807/MAIN1691372884990HDTP1QOST8.pdf.

台上的“特殊文本和视觉符号”①。网络文化上的区隔和界限不仅代表了精英文化和草根文化的差距,也一定程度上体现了不同圈层的媒介话语权区隔。

县级融媒体中心逐渐发展成功能多元、经营集中的复合型服务平台,但其中依旧存在着不同地区县级融媒体的技术差距,以及先进技术引进和县域实际运行效果的差距。媒介技术的采纳运用大部分取决于本地的组织管理实践。县级融媒体技术不足的背后,一部分原因是互联网蓬勃发展伊始,本地新闻生产空间被缩窄、被挤占,“在县级融媒体中心的技术系统中,不仅有广播电视技术基础设施,更有社交媒体基础设施的身影”②。

三、从事件出发:县域基层舆论的表征与传播

本研究首先收集来自知微、清博大数据事件库中县域范围内的舆情事件,时间跨度为 2018 年 1 月 1 日至 2024 年 3 月 31 日,清洗和筛选数据后共得到 408 例县域舆情事件,通过对舆论客体和一致性程度的全局分析,认识舆情事件的共性。其次,根据人民网舆情数据中心、知微数据和清博大数据的舆情事件库,以 2023—2024 年舆情事件为抽样框,根据以下标准:(1)综合影响力较大,为公众所熟悉并与公众具有较高关联性,网民在事件舆论上的参与程度整体较高;(2)舆情事件发生地在县级行政区及以下行政单位;(3)舆论中县级及以下行政区角色被网友反复提及、影响深远,同时,结合事件知名度、关注度、持续性、影响力等维度作为参考,最终确定选择 3 个具有代表性的舆情事件,分别为“‘村 BA’球王争霸赛(贵州省黔东南苗族侗族自治州台江县)”“甘肃积石山县 6.2 级地震(甘肃省临夏回族自治州积石山县)”“合肥教育名师陈宏友讲座中被学生轰下台(安徽省合肥市庐江县)”。综合考虑舆情事件信息传播过程的有效时长,确定对舆情事件的跟踪时间为 60 天。使用网络爬虫技术采集数据,信息抓取获取来源于全平台,包括微信、微博、贴吧论坛、小红书、抖音、哔哩哔哩。清洗后获得有效数据 441.2k 条,并对代表性舆情事件数据进行信息源分析、主题分析和情感分析。

(一)舆情生成:微信平台的舆情聚积

平台为网络舆论提供了赖以生存的载体,对舆情事件的讨论绝不局限于单个网络

① 刘涛.短视频、乡村空间生产与艰难的阶层流动[J].教育传媒研究,2018,6:13-16.

② 王家东.基础设施的互嵌:技术怎样赋能县级融媒体中心[J].新闻记者,2023,10:57-68.

平台，影响力指数较高的舆情事件往往能带动多平台共振。网络平台的结构特点和用户群体差异不尽相同，舆情事件的演化趋势和互动趋势呈现出平台性差异。在本研究的3个代表性舆情案例中，按信息源类型划分对事件本身的提及趋势（包括每日提及总量和平均提及量），发现微信平台和媒体新闻的提及数据量分别位列第一、第二位，微博平台数据量紧随其后。以“甘肃积石山县6.2级地震”事件为例，媒体新闻数据为133k条，微信平台提及数据为168k条，微博平台数据为112k条（见表1）。

表1　代表性舆情案例按信息源划分的提及趋势及互动趋势

案例	总提及量	媒体新闻	微信	微博
“村BA”球王争霸赛	10.2k	4.3k	5.63k	490
甘肃积石山县6.2级地震	425k	133k	168k	112k
合肥教育名师陈宏友讲座中被学生轰下台	6k	2.35k	3.16k	250
案例	**总互动量**	**媒体新闻**	**微信**	**微博**
“村BA”球王争霸赛	31.6k	4.7k	25.9k	1.02k
甘肃积石山县6.2级地震	5.17M	31.8k	4.1M	830k
合肥教育名师陈宏友讲座中被学生轰下台	198k	7.08k	187k	2.66k

在舆情生成时，微信平台成为舆情发展的主要载体。“社会网络中的广泛社交与深度社交可以划分为‘强关系’、‘弱关系’两类。”①与微博平台的开放、互动特征相比，微信平台偏向私域流量的“强关系”，呈现出“层层区隔”和“层级互动”②的特点。相比于城市，县域群体往往会根据地缘空间形成自然范围。类似于职业、性别等具有共同兴趣、相同取向的小圈子，转变成“某某老乡群”“某某村群”等。县域网民既处于虚拟型“熟人社会”下的“强关系”下，又游离在公共社交平台诸如微博平台的“弱关系”中。意见上升不到广大的网络空间时，便偏向于在小圈层的微信空间传播，依靠人们的相邻密度和交往频率形成舆论。

在本研究的代表性舆情案例中，按信息源类型划分的互动趋势（指一段时间内各种新闻、社交媒体和其他消息来源类型的互动量细分，包括点赞、转帖等总量和每日平均量），微信平台的互动数据（包括点赞、转帖等总量和每日平均量）居于首位，且远高于其他平台。媒体新闻、微博和抖音等平台的互动总数居后。以“合肥教育名师陈宏友讲座中被学生轰下台”为例，微信平台的互动总数为187k，其他平台的互动总数合

① 王玉珠.微信舆论场:生成、特征及舆情效能[J].情报杂志,2014,33(7):146-150.
② 张志安,束开荣.微信舆论研究:关系网络与生态特征[J].新闻记者,2016,6:29-37.

计 12k。

“留守村民与打工村民之间基于互联网平台实现数字关联、约束、互助及共享等，总体上维持传统乡村熟人社会的价值内核，最终呈现熟人社会运行逻辑的虚拟化展现形式。”[①]以地域划分，多个异构的熟人圈子通过微信平台生成、交叉和勾连，形成共同意见的时空环境。县域舆情事件的舆论传播依赖这种虚拟型的熟人社会，即这种熟人圈子的表面看似不相连，传播节点对自己在多数力量中的地位和程度也并不自知，但不同圈子之间因事件中相互感染的因素越多或兴趣、利益的吸引力越大，越容易形成舆情的“涟漪效应”。意见在“熟人”群体中互动趋同，公众从“熟悉”里得来认识，以地域为划分的群众用较低成本获得信息，微信平台闭合性网络的结构“促成了组织内部的信任和团结”[②]。县域内群众习惯于熟人内部的信息交换，这种基于强关系的传播互惠，能让传者的个人倾向和态度意见等量传递，实现精准的投放和广泛的受众认同。

（二）舆情演化：多平台的“长尾效应”

在本研究的代表性舆情案例中，“‘村 BA’球王争霸赛”的总体情感分析发现中性情绪占比 50.3%，消极情绪占比 0.1%，积极情绪占比 49.6%；“甘肃积石山县 6.2 级地震”的总体情感分析发现中性情绪占比 63.7%，消极情绪占比 1.6%，积极情绪占比 34.7%；“合肥教育名师陈宏友讲座中被学生轰下台”的总体情感分析发现中性情绪占比 99.6%，消极情绪占比 0.1%，积极情绪占比 0.3%（见表 2）。根据自然语言处理算法，按信息源列出的提及情感调性发现，各平台信息源情感比例不同，微博、抖音以及小红书平台，由于文本数量较少，负面评论比例相对微信、新闻媒体较高，且容易呈现两极分化状态。以“合肥教育名师陈宏友讲座中被学生轰下台”为例，抖音平台上的相关短视频数量仅有 28 例，但蕴含消极情绪的短视频有 6 例。

表 2 代表性舆情案例总体情感分析

案例	积极	中性	消极
“村 BA”球王争霸赛	49.6%	50.3%	0.1%
甘肃积石山县 6.2 级地震	34.7%	63.7%	1.6%
合肥教育名师陈宏友讲座中被学生轰下台	0.3%	99.6%	0.1%

---

① 郭明.虚拟型熟人社会：一个新乡村社会形态[J].探索与争鸣，2022，2：95-105，178-179.

② 梁鲁晋.结构洞理论综述及应用研究探析[J].管理学家（学术版），2011，4：52-62.

表 3　按信息源列出的多平台情感分析

案例	"村 BA"球王争霸赛				甘肃积石山县 6.2 级地震				合肥教育名师陈宏友讲座中被学生轰下台			
情感分析	积极	中性	消极	消极占比	积极	中性	消极	消极占比	积极	中性	消极	消极占比
抖音	9	5	1	6.67%	451	319	49	5.98%	3	19	6	21.43%
小红书	20	66	2	2.27%	876	1430	108	4.47%	0	16	2	11.11%
B 站	1	2	0	0.00%	41	210	11	4.20%	0	9	0	0.00%
论坛	11	39	0	0.00%	336	1696	98	4.60%	0	48	0	0.00%
微博	9	17	0	0.00%	890	4942	106	1.79%	0	630	3	0.47%
微信	3512	2118	0	0.00%	68545	99078	437	0.26%	1	2459	9	0.36%

选取微博平台，对代表性舆情案例中的"甘肃积石山县 6.2 级地震"进一步分析。将县域舆情事件按帖子类型划分提及量趋势，"甘肃积石山县 6.2 级地震"中，微博的总提及量为 113k，其中转发帖子数量 106k，原创和评论帖子数量分别为 6.08k 和 1.22k。在微博互动数据中，"甘肃积石山县 6.2 级地震"的微博总互动量为 830k，文本点赞数据均高于转发、评论数据，分别为 631k、106k 和92.6k（见表 4）。网民习惯通过更为便捷的操作方式，关注传播县域舆情事件。

按账户类型划分的用户提及量细分发现，已验证组织（蓝 V）是县域舆情传播的关键节点，互动量极大的已验证个人（金 V）和互动量高于平均水平的已验证个人（橙 V）依托原始粉丝数量，是舆情传播的次传播节点。从舆情文本的具体形式看，使用"文本＋图片"的微博数量高于"文本＋链接""文本＋视频"（见表 5）。网民更习惯且更容易转发、评论含有图片的文本内容。此外，在代表性舆情案例"甘肃积石山县 6.2 级地震"中，热门分享链接中提及次数最多的微博内容具有一定粉丝文化特征。在"关注灾情，为甘肃祈福"等文本内容中，往往后缀了"＃肖战公益一路有你""＃肖战粉丝公益倡导"等微博标签，文本内容情感分析为中性或积极。

表 4　按帖子类型划分的提及量趋势及互动量趋势

甘肃积石山县 6.2 级地震	总提及量	原创	转发	评论
	113k	6.08k	106k	1.22k
	总互动量	点赞	转发	评论
	830k	631k	106k	92.6k

表 5 按验证类型和内容类型划分的微博文本

<table>
<tr><td rowspan="2">验证类型细分</td><td>已验证组织
(蓝 V)</td><td>互动量高于平均水平的已验证个人
(橙 V)</td><td>互动量极大的已验证个人
(金 V)</td></tr>
<tr><td>92.4%</td><td>1.7%</td><td>5.8%</td></tr>
<tr><td rowspan="2">内容类型细分</td><td>文本+图片</td><td>文本+链接</td><td>文本+视频</td></tr>
<tr><td>74.9k</td><td>44k</td><td>31.9k</td></tr>
</table>

在县域传播环境下,受者更容易不假思索地接收信息,舆论经由虚拟型熟人社会的闭合性网络传播,外部信息难以"置入"并"更正"。"在网络舆论的形成过程中,心理场大致相似的网民会逐渐形成一个群体,其实这是一种由个体心理逐步汇聚形成群体心理的过程。"①各网络平台用户对社会突发、重大或焦点事件所引发的舆情表达的态度、信念、意见与情绪中存在着"趋同"现象。不同网络平台的用户群体民意表达和公共参与积极度不同,平台整体情绪氛围差距较大,呈现出以平台为单位的舆论情绪"一致性"。

整体来看,县域基层舆情呈现出分布零散但广泛的特征。各平台不存在绝对化、一边倒的情感倾向,在主流媒体跟进和官方辟谣等舆论治理措施下,正面和中性舆情占绝大部分,负面舆情占比较小。抖音、小红书、贴吧等平台的舆情事件提及数量虽少,但积极和消极情绪比例相对微信、微博平台高,看似数量少的消极情绪有可能左右平台的整体风向,积少成多形成类似"长尾效应"的效果,在网络空间的下层堆积,且不易排遣。

(三)舆情效能:复杂性和同质性并存

自 2018 年起,县级融媒体单位在各网络平台开设官方账号,一家融媒体单位往往以"App+微信公众号+微博账号"形式布局新媒体矩阵。县级媒体主流声音力量逐步积累,但媒体格局的转变并没有对舆论客体产生强烈影响。在近五年的 408 例县域舆情事件中,首先,与地震、疫情等突发性自然灾难事件相关的共有 133 例,占据了相当的存量空间。这些事件因其不确定性及潜在灾难风险等因素,呈现"瞬间爆发"的传播特征。其次,非自然突发事故共有 82 例,主要包括建筑工地安全事故、公共设施和交通运输事故以及环境污染事件等。就事件类型看,县级舆论场内的舆论生成可以划分为突发性和非突发性事件,两类事件在影响力指数、出现频率上,严重程度、相关度、可控性等等都是影响指数高低的因素。按时间归类发现,自 2018 年县级融媒体政策

① 赵淼,孙琦.网络舆情群体极化现象的成因探究:以"复旦黄山门"事件为例[J].新闻世界,2011(9):134-135.

下达之后，社会安全类舆情事件数量有所减少，2019 至 2021 年社会安全类事件分别为 20 例、8 例和 5 例。与"三农助农""乡村扶贫"等议题相关的舆情事件逐年增多，类似"张桂梅十年坚守乡村一线""湖北农民工留言告别东莞图书馆"等事件获得广泛的社会关注。

从舆论生成的总体看，县域基层舆情事件的议题重复性出现，议题取向中心化程度高、结构空洞小。在本研究的三个典型案例中，抽样并使用自然语言处理（NLP）将主题自动分配给文档发现，"意外灾难""政府和法律""公民和社会"作为热门主题出现，"职业和教育""自然环境""公共安全"作为次热门主题出现(见表 6)。

表 6　代表性舆情案例的主题分析(n=687648)

分类	议题	频次	百分比
热门主题	意外灾难	299,310	43.53%
	政府和法律	165,036	24.00%
	公民和社会	108,641	15.80%
次热门主题	职业和教育	54,501	7.93%
	自然环境	26,275	3.82%
	公共安全	14,714	7.26%

另外，对典型案例的热门实体数据分析，发现人物、组织和地理位置实体出现次数最多。在代表性舆情案例的地理位置实体中，省、市级行政单位往往越过县级行政单位被反复提及。例如，在"合肥教育名师陈宏友讲座中被学生轰下台"中，"合肥市"被提及 5610 次，"庐江县"被提及 5408 次。而在"'村 BA'球王争霸赛"中，"贵州省"被提及 9765 次，"台江县"被提及 6426 次(见表 7)。县域舆情事件的影响力辐射到省级行政单位，对省市州级形象有深远影响。

表 7　代表性舆情案例的热门实体数据

案例	提及次数	
"村 BA"球王争霸赛	贵州省	9,765
	台江县	6,426
	台盘村	3,907
甘肃积石山县 6.2 级地震	甘肃省	259,472
	积石山县	255,498
	临夏州	211,995

续表

案例	提及数据	
合肥教育名师陈宏友讲座中被学生轰下台	合肥市	5,610
	庐江县	5,408
	安徽省	2,756

议题的重复性和舆情事件话题的同质性某种程度上是一种“流动性过剩”。县域基层舆论形成背后具有相当复杂的社会情境，舆情效能呈现出复杂性和同质性并存的特征。县域舆论的生成传播类似一个“自耦合网络”（自耦指的是一种不需要外部的耦合元件就能实现电能传输的耦合方式），其处于一个相对封闭的循环体系中，要破坏或改造这样一种体系，需要付出很大的能耗。虽然在这个循环体系中，也会出现失调和不稳定因素，但其整体呈现出“自耦合”状态，新的因素在强大的自耦合因子面前苍白无力。“县域范围内形成了一个包括政治、经济、文化、社会等各个方面在内的庞大的县域社会系统，这是一个由多种子系统按其内在联系和共同目的组合而成的大系统。”①可以说，县域是一个相对独立的“亚社会”，“县域社会的整体性和自主性就在于每个县域有自己的社会结构、社会关系、社会行为规范以及独特的生活方式、文化和语言传统”②。尽管舆情事件数量逐年增多，但“整体大于部分之和”，这个循环体系拥有自己的自主性和独立性。

四、结语

从“治理”中突围，是为了能更好地“入场”。基层舆论在媒介演变和技术发展中呈现出许多独特性。从形成基层舆论的社会历史语境看，网络媒介技术的发展促进了基层媒介体制的改革，这种媒介体制的改革并不是由媒介技术直接推进，而是经由政治体制传导到媒介体制上。县级融媒体在地化发展过程中，广播电视的传统路径不再适用于地方媒体。政策引领和自身探索下，一种全新的、偏向服务的基层媒介体制正在悄然形成。从基层舆论传播的基本情况看，县域舆论的生成是各种关系中间夹杂的一个“裹挟体”，表层的县域舆论体现出来的社会景观，包含了作为“软件”的社会心态和作为“硬件”的社会结构。在县级融媒体舆论引导的路径中，需要体现这种复杂性。

县级融媒体打通服务群众的“最后一公里”并不是终点，相反，这“最后一公里”是

① 程继隆.县域社会科学发展观：中观社会学研究的基本点[J].吉林省经济管理干部学院学报，2011，25(1)：3-6.

② 王春光.县域社会学研究的学科价值和现实意义[J].中国社会科学评价，2020，1：36-46，157-158.

基层社会治理金字塔的第一层,也是基层治理现代化的坚实后盾。在本研究有关县域舆论的分析中,笔者发现其影响不局限于纵向上升至广大的网络空间中,还横向外溢在各网络平台之间。基层舆论虽然呈现出明显的圈层现象,发生在县域的舆情事件,却影响深远。对于上述情况,笔者认为县级融媒体的舆论引导工作需要注意以下三点:(1)重点关注微信平台的舆论引导工作。围绕微信平台打造以"宣传+服务"为主的县级融媒体账号,注重微信平台的视频号、小程序功能开发。另外,可以通过开设留言板、社区日志等功能观察民意,注重在地社群的培养,拓展了解民意、引导舆论的渠道。此外,县级融媒体可以通过透明、清晰且便捷的政务服务,提高在地公信力和认可度,以此达到减小基层网络舆论熵的目的。(2)建立网络舆情的多平台分级管理制度。县级融媒体需要用全局的眼光研判分析舆情事件,监测分散于各平台的网络舆情。县级融媒体还需要掌握多元主体的沟通方式,针对不同网络平台适当调整舆情回应策略和日常舆情维护方式,避免因信息不对称和传播不完全导致的平台间舆情工作效果失衡。(3)培育具有强大舆论传播力的精品内容,守住并壮大主流舆论阵地。县级融媒体可以通过在地文化、传统文化的感染力和吸引力,提高县域群众认同感。提高作品竞争力和可持续发展能力,注重不同圈层文化力量并合理联动,将社会主义核心价值观蕴含到舆论引导活动的各个环节和过程中,让舆论引导工作真正成为"无心插柳"[①]式的隐性引导方法。

〔付晓光,中国传媒大学电视学院教授、博士生导师;苏日古嘎,中国传媒大学电视学院博士研究生〕

〔特约编辑:涂凌波〕

① 刘春波. 舆论引导论[D].武汉:武汉大学,2013.

视听传播

结构、演进与特征：优秀传统文化视听传播20年研究图景的可视化分析　刘　俊　翁旭东

从内容生产到情感传播：可供性视角下B站跨年晚会的创新路径研究　别君红　胡辰敏

结构、演进与特征:优秀传统文化视听传播 20 年研究图景的可视化分析*

Structure, Evolution, and Feature: Mapping Knowledge Domains of the Studies on Audiovisual Communication of Fine Traditional Chinese Culture from 2003 to 2023

◎ 刘 俊 翁旭东

Liu Jun Weng Xudong

摘要:在媒体深度融合的大背景下,视听传播为中华优秀传统文化创造性转化与创新性发展持续注入新的可能性与创造力。对于优秀传统文化视听传播的研究,有利于深入理解其传播机制,改进和提升其传播效能。而对相关文献的回顾和梳理,有助于推动优秀传统文化视听传播研究的进一步创新与突破。沿着文献计量学进路,本文选取近 20 年中国知网数据库收录的相关论文文献为样本,运用可视化分析工具 CiteSpace 绘制科学知识图谱并予以深入考察。研究发现,优秀传统文化视听传播研究自 2017 年以来迎来快速发展,以"电视节目""新媒体""创新""文化自信"等中心节点形成完整的共现网络结构,研究热点的演变与我国媒体融合发展进程高度贴合。兴起背景、内容建构、传播效果、策略路径、批判反思是学者展开分析的五个主要维度。同时,现有研究在传统文化本体论、传播主体、意义形成与互动方面的动态性深描相对不足,研究系统性、学理性及实证性有待强化,后续研究或可从上述方向进行进一步突破与拓展。

关键词:中华优秀传统文化视听传播;CiteSpace;文献计量;创造性转化与创新性发展;自主知识体系

Abstract: In the digital era, audiovisual communication is continuously providing possibilities and creativity for the creative transformation and development of fine traditional Chinese culture. Studies on audiovisual communication of fine traditional Chinese culture (ACFTCC), are conducive to deeply understanding

* 本文系 2024 年度国家资助博士后研究人员计划(项目编号:GZC20241591)、中央高校基本科研业务费资助项目"深度融合语境下传统文化的视听传播实践与认同建构研究"(项目编号:CUC24BH12)阶段性研究成果。

its communication mechanisms and improving its communication effectiveness. Moreover, reviewing relevant literature can help promote further innovation and breakthroughs in such academic fields. Based on the approach of bibliometrics, the research collected relevant articles published on the academic database CNKI from 2003 to 2023, and deployed the analyzing tool CiteSpace to map and analyze the knowledge domain of ACFTCC studies. The research finds that ACFTCC studies have experienced rapid development since 2017, and formed a co-occurrence network structure centered on key nodes such as "television programs", "new media", "innovation", and "cultural confidence". The evolution of research hotspots is highly aligned with the process of media convergence in China. Background, meaning construction, communication effects, strategic paths, and critical reflections are the five main dimensions of ACFTCC studies. In the meantime, current research relatively lacks an in-depth analysis of the ontology of traditional culture, communication subjects, and the dynamics of meaning formation and interaction. And the systematic, theoretical, and empirical nature also need to be further strengthened in the future.

Keywords: audiovisual communication of fine traditional Chinese culture, CiteSpace, bibliometrics, creative transformation and development, independent knowledge system

一、引言

作为习近平文化思想的七个着力点之一，"着力赓续中华文脉、推动中华优秀传统文化创造性转化和创新性发展"为解决中国式现代化进程中的文化发展问题、推动新时代文化繁荣、建设中华民族现代文明提供了理论引领与行动指南。伴随着"大视听"格局成为媒体融合创新的核心发展趋势，视觉性客观上已成为社会文化建构的重要机制①。作为当下最为主要的传播样态，数字传播语境下的视听传播深刻影响着优秀传统文化的传承与创新。在视听传播与优秀传统文化的持续碰撞与融合下，传统文化类

① 何天平.数字时代的视听传播：基于内涵与外延的本体论阐释[J].青年记者，2021(9)：14-16.

视听内容异军突起,兼具信息量、可看性、文化性与社会价值的"爆款"产品源源不断地涌现,并持续引爆各屏收视,极大地激发了网络用户特别是年轻群体对传统文化的兴趣与热情,实现"破圈"传播。屏幕内外刮起的"国风"热,成为当下社会文化的一大突出现象,也为优秀传统文化在当下的创新与传承描绘出一种全新的想象力。

优秀传统文化视听传播如火如荼的实践图景,也引起了新闻传播学界的及时响应与持续研究。围绕在视听传播层面推进优秀传统文化创造性转化与创新性发展过程中的机遇、变革、挑战与问题,以及层出不穷的热点事件与鲜活素材,学者们开展大量研究,形成了规模可观的学术成果。仅在中国知识基础设施工程"中国知网"上做粗略搜索,呈现直接性显著相关的文献数量就有近五千篇之多。然而,就现阶段而言,仍未见有相关成果对优秀传统文化视听传播研究领域做整体性把握与分析。本文旨在尝试抛砖引玉,通过文献计量学的方法进路,绘制关于近二十年来优秀传统文化视听传播研究的科学知识图谱,对该研究领域的基本结构、历史演进做科学分析,对当下主要研究议题、研究热点进行定位,发现、反思现有研究的局限与不足,以期为更好地推动优秀传统文化视听传播的理论与实践发展提供必要参考。

二、基于文献计量学的研究设计

(一)文献计量学视角:科学知识图谱

文献综述的工作旨在以科学的方法尽可能详尽地检索、搜集与研究课题相关的已有学术成果,通过对动辄几十篇甚至上百篇文献的研究发现、存在问题与争论焦点的爬梳与归纳,使研究者能够深入某一特定领域并对其基本情况形成理性认识,从而在前人研究的基础上发现新的学术生长点,科学确立自己的研究问题。从某种意义上讲,"越多越好""越全越好"是研究者在文献工作的实际实践中形成的一种默契,更是研究者孜孜以求的理想目标。我们通常所使用的文献方法往往是"以自身作为工具",研究者需要大量甚至穷尽式地搜集学术文本,并通过自己的阅读理解进行提炼与分析。然而,受课题周期、研究者时间精力等客观因素所限,研究者很难对搜集到的所有文本进行阅读分析,实际操作中往往是在所搜集到的文本中进一步拣选代表性资料研读。这一拣选标准连同对文献的理解和判断就不免受到研究者主观因素的影响。如此,文献工作犹如暗室里的火把,对已有研究现状的认知可能产生一定的偏差与局限。另一方面,回到本文的具体研究情境中,深度融合背景下优秀传统文化的视听建构是近年来的一种新兴文化实践,也是当下新闻传播学科中的热点,对其的研究兴趣与热情在短时间内集中迸发,总体来看文献的体量较大。同时,这一领域中的学术观点仍较为模糊,研究背景相对较为驳杂,而且目前也仍未出现较为全面的综述类文献可供参考借鉴。这些现实情况也要求着对相关研究的整体实际做一次全面、系统的分析与把握。

基于以上几点考量,本研究在文献综述的工作中引入文献计量学的视角。文献计量学是由文献学与情报学发展而来的交叉学科,以定量的视角对知识载体进行梳理和分析。在具体方法上,研究采用科学知识图谱(mapping knowledge domains)的方法,其以知识域(knowledge domain)为对象,以图谱的形式将知识单元或知识群间的网络、结构、交叉、互动等复杂关系进行可视化、序列化呈现。① 分析软件选择 CiteSpace,CiteSpace 由外籍华人学者陈超美设计,是时下较为常用的知识图谱绘制软件。该工具的优点在于能够对知识的发展态势、研究热点、合作关系等关键信息进行深入挖掘,且操作相对简便,可视化效果好。自 2005 年被引入中国后,CiteSpace 工具得到广泛使用。该方法的使用主要集中于管理学领域,在教育学、社会学领域亦有所分布。②近年来,这一方法也逐渐引起新闻传播学界的关注,但应用的规模仍相对较小。

(二)数据来源

鉴于研究对象为"中华优秀传统文化视听传播",笔者在对国内外文献进行初步检索和调查后发现,由于该选题较新,且具有突出的本土性、情境性,加之国内外学者在地域、文化以及研究兴趣偏向等方面存在客观差异,外文文献中鲜有同中华优秀传统文化创造性转化与创新性发展、推动相关视听内容优化创新的相关研究。故本研究的文献综述工作主要着眼于国内学术界,选取"中国知网"作为科学知识图谱绘制的数据来源,对传统文化的视听传播研究进行检索。检索条件设定为:主题=("优秀传统文化"+"传统文化"+"中华文化")*("视听传播"+"视听"+"节目"+"内容"+"产品");学科=新闻与传播。检索范围设定为"学术期刊""学位论文""学术辑刊"3 个数据库。检索时间为 2024 年 1 月 12 日。检索共得到中文文献 6800 条,含期刊文章 4381 篇,硕博士学位论文 2361 篇,辑刊论文 58 篇。对数据样本进行清洗后,获得有效样本 5975 篇。

①② 陈悦,陈超美,刘则渊,等.CiteSpace 知识图谱的方法论功能[J].科学学研究,2015,33(2):242-253.

三、科学知识图谱的整体描述

将中国知网上有关优秀传统文化视听传播研究的5975条有效样本数据以Refworks的格式导出，输入CiteSpace(5.8.R3版本)转化为软件可识别格式。每组数据序列主要包括对应文献的题目、作者、机构、出版刊物、关键词、摘要等信息。在系统中设置分析的时间范围为2003年1月到2023年12月，数据切片的时间单位设置除个别环节中作出特别设置外，均以一年计算(Years Per Slice＝1)，每个时间段内自动提取共现频次最高的前50篇文献(Top N＝50)，节点阈值设为25(Threshold＝25)。随后对文献数据进行共词分析，得到相应的知识图谱。所谓共词分析，指的是对若干组词出现在数据中的频次的统计，具体到某一个学科或研究方向，即指对相关专业术语共同出现在一篇文献内的情况的分析，从而判断该学科领域中各研究重点间的横向/纵向关系与历时/共时情态。在图谱中，节点的大小直观反映了研究对象的共现频次，即在整个网络中的影响力；节点间的连线代表不同主体间具有共现关系，线条粗细代表关系强弱；图谱上部色谱代表年份，色块数量与数据切片的时间单位数量一致，节点与连线的颜色代表首次共现发生的时间。经处理、分析后，得到优秀传统文化视听传播研究的科学知识图谱如下。

(一)成果发表年度分布

如图1所示，优秀传统文化视听传播研究生机勃勃，方兴未艾。研究滥觞于2005年。2005年前对这一问题只有一些孤立、零星的探讨，年发表数量不超过10篇。从2005年起，这一领域的研究逐渐开始发轫，研究成果呈现低量稳步增长态势，并在2014年迎来较小幅度提升，年发表量突破200篇。在随后的2017年到2018年，这一领域的研究迎来一个集中爆发期，在经历2019年的小幅回落后，研究至今整体保持扩张态势，并于2022年年发文量突破1000篇。从发文量的历时性观察来看，优秀传统文化视听传播的问题越来越受到学术界的重视，并逐渐发展为当下的一门显学。对于优秀传统文化视听传播的研究与我国媒体融合的发展进程高度重合，而通过2014年与2017年这两个发文量的关键性发展节点，也可以看出国家政策方针对于相关研究的显著推动力量。

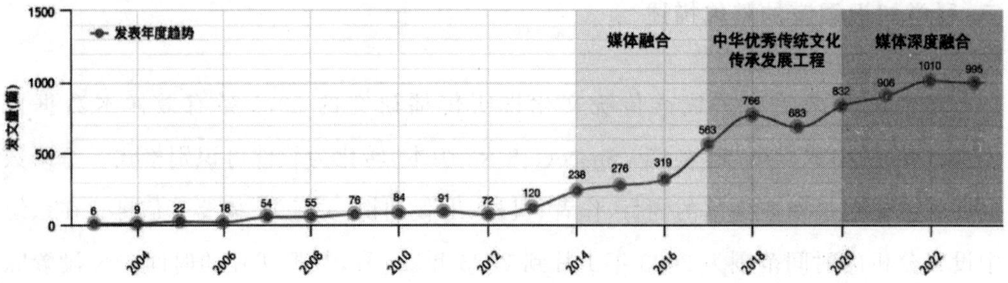

图 1　优秀传统文化视听传播研究成果的年度分布

(二)研究重点分布

对文献的关键词进行共现分析后,共识别出 622 个网络节点,节点间连线 2439 条,其中 1%的网络节点被软件标记(见图 2)。共现网络图谱直观地反映了近二十年来优秀传统文化视听传播研究的若干重点议题。可以看出,"电视节目""新媒体""创新""文化自信"是这一领域中最为集中讨论的方向。

根据 CiteSpace 对诸个节点的统计分析,可得到以下关于高频和高中心性关键词的表格。关键词的频数与某个研究主题被讨论的热度相关。中心性则测量节点在知识网络之中在何种程度上连接不同研究主题的指标。中心性超过 0.1,即被认为具有显著影响力。① 除了"传统文化""中华文化""文化传播""传播"等本身就是研究对象的关键词,以及"电视节目"作为贯穿视听传播研究近二十年的传统话题外,21 世纪第二个十年中首现的"新媒体""综艺节目""创新"与"文化自信"也具有较高的中心度,说明了这些研究主题在整个研究中的中心影响地位。而如"李子柒""河南卫视"的高频次出现,分别凸显了民间自媒体与主流媒体在创新传统文化视听传播实践上所显现的重要文化影响力与研究价值,另一方面,这可能也暗示了个案分析法在这一领域研究中的使用程度。

① 李杰.CiteSpace 中文版指南[EB/OL].[2022-07-21]. http://cluster.ischool.drexel.edu/～cchen/citespace/manual/ CiteSpaceChinese.pdf.

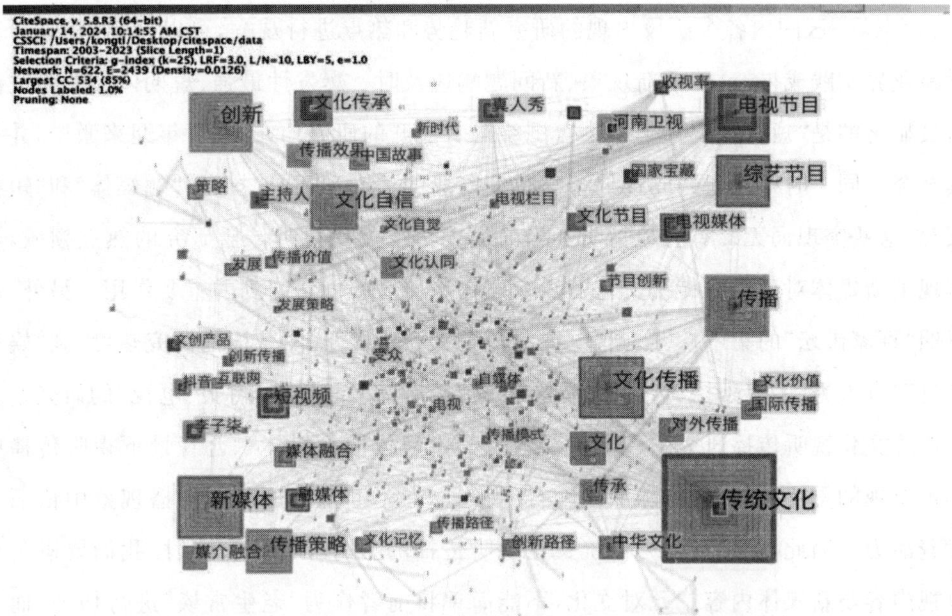

图 2　优秀传统文化视听传播研究关键词共现网络图谱

表 1　优秀传统文化视听传播研究中的高频关键词(频数>50)

序号	关键节点	出现频次	中心性	首现年份	序号	关键节点	出现频次	中心性	首现年份
1	传统文化	685	0.44	2005	12	文化	82	0.03	2010
2	创新	243	0.09	2011	13	传承	70	0.01	2003
3	传播	225	0.08	2003	14	李子柒	63	0.01	2019
4	文化传播	218	0.14	2005	15	电视媒体	61	0.03	2008
5	新媒体	218	0.11	2014	16	河南卫视	61	0.05	2014
6	电视节目	193	0.21	2005	17	真人秀	61	0.04	2013
7	文化自信	150	0.07	2017	18	对外传播	59	0.02	2014
8	综艺节目	141	0.14	2014	19	融媒体	59	0.01	2018
9	传播策略	136	0.08	2009	20	中华文化	57	0.06	2008
10	短视频	125	0.04	2018	21	主持人	53	0.06	2007
11	文化传承	105	0.07	2007	22	媒体融合	52	0.04	2015

(三)前沿热点演变趋势

在 CiteSpace 中,节点突发性检测用以探测出现频次在短时间内急剧增长的节点,从而确定在一定阶段内的研究前沿与新趋势。通过突发性检测,对 2003 年至 2023 年这一区间内各个阶段出现的研究新趋势和热点进行观察,可以看出,相关研究紧跟业界实践成果,对传播新现象、新问题响应及时。爆发性最强、短期内相关研究激增最显著的是“短视频”与“李子柒”,围绕二者展开的研究均在 2020 年迎来激增,并持续至今。同一时期兴起并同样处于高热度阶段的关键词还有“抖音”“融媒体”和“短视频”。这些突现词无疑有力地指明了当前优秀传统文化视听传播研究的热点领域,也体现了新媒体对于优秀传统文化的媒介建构与传播的创新起到的重要作用。另外,从早期“百家讲坛”的集中探究,到“电视媒体”“大众传媒”十年依旧的研究热度,到“娱乐节目”“真人秀”的热烈探讨,再到“国家宝藏”的迅速引起重视,有关“电视”的研究始终在传统文化视听传播研究中占据重要地位。电视依旧是媒体融合背景下视听传播中不可忽视的重要领域,并伴随深度融合的推进,在不断出现的新的传播现象中依旧焕发着活力。因此,在探讨优秀传统文化视听传播的共时性创新实践时,我们要避免将电视内容与新媒体内容二元对立化,不能简单将前者作为“老生常谈”进行切割,而是需要真正立足媒体融合的本质,综合思考、把握其与其他网络新媒体的关联、互动,以及它们作为一个信息传播体系的宏观整体对传统文化的视听传播所产生的深远影响。

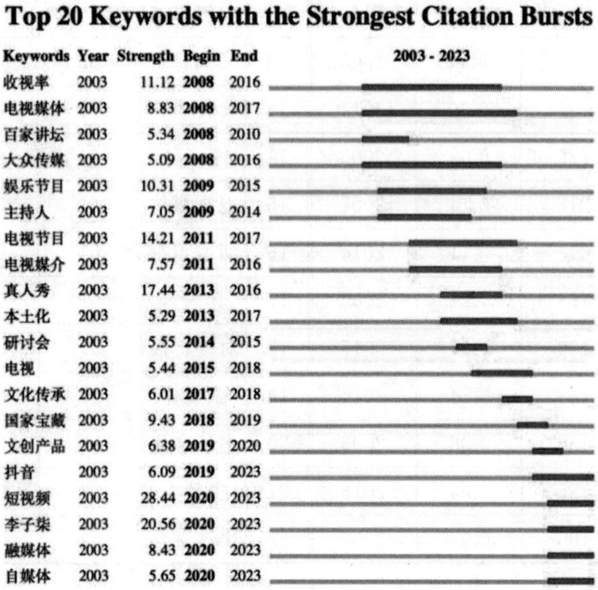

图 3 优秀传统文化视听传播研究突现关键词

四、五种主要分析维度

在上节优秀传统文化视听传播研究的关键词共现图谱的基础上，对关键词节点进行聚类分析，以进一步挖掘、归纳被分析文献最为集中探讨的主要研究议题。如图 4 所示，执行运算后共得到 12 项聚类标签，整合后可以看出，该领域核心研究议题实际可分为三类：电视节目与传统文化，新兴网络媒体与传统文化，以及传统文化媒介化下的认同问题。对三类议题下具有代表性的高被引文献进行深入阅读与分析后发现，围绕以上议题所展开的研究进路相似程度较高，无显著差别。无论是针对电视节目类抑或是新媒体类的研究，研究者均一般从兴起背景、内容建构、传播效果、策略路径、批判反思这五个维度进行分析与探讨。

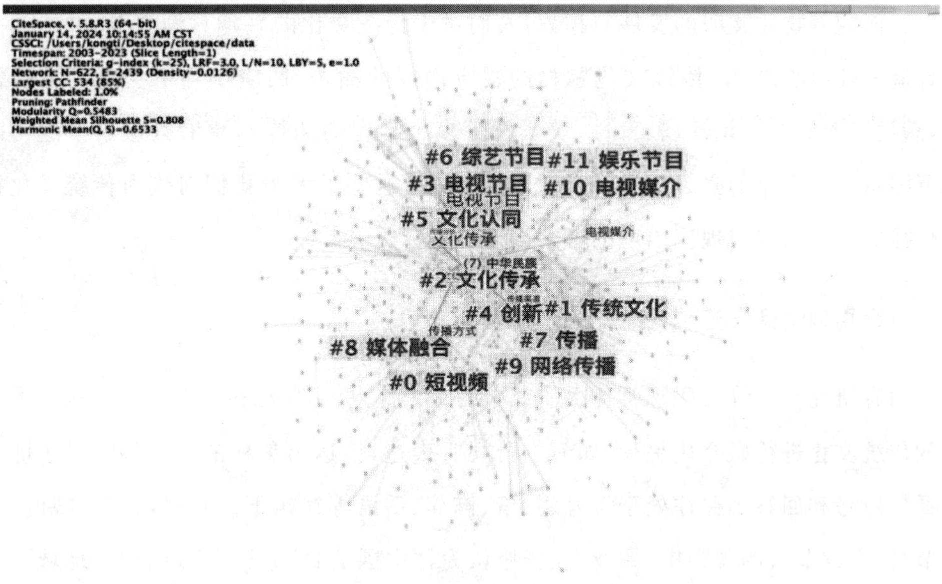

图 4　优秀传统文化视听传播研究关键词聚类

(一)兴起与发展的背景

传统文化的热潮缘何兴起？关于传统文化的视听传播活动快速发展的动力何在？研究者尝试从多个角度思考这一问题，而其所处的广阔背景也在一次次分析与阐述中被逐渐勾画出来。在这幅图景之中，来自国家规制主体的政治导向在制度与政策层面构成这一文化实践的结构化条件。从《关于进一步加强电视上星综合频道节目管理的意见》，到有关优秀传统文化创造性转化与创新性发展的表述的提出，再到《关于实施中华优秀传统文化传承发展工程的意见》及之后密集发布的政策性文件，围绕优秀传统文化的支持性话语在政策层面占据主导地位。这赋予了优秀传统文化视听传播实践的合法性，并为其快速发展提供了强大的引导力与推动力①。另一方面，数字媒介技术快速发展迭代，并全面渗透信息传播的各个环节，带来颠覆性的影响。数字技术保证了视听内容的极大丰富，并使优秀传统文化能够以更为多元、更新颖的视觉形式呈现②。多向、互联的传播优势使得内容可以跨平台进行流动，同时提高了传播的准确性与互动性③。移动化、智能化、社交化的变革极大地丰富了优秀传统文化视听传播的想象力，并深刻影响着正在进行的媒介实践。来自市场的消费需求亦是重要的驱动性因素。高涨的消费主义与繁荣的文化工业带来"娱乐至死"④的社会现实，加之圈层化、分众化的牵引，相比大众化娱乐满足的过剩，人们对于优质精神产品的需求愈发强烈。而随着物质文明的发展与积累，人们对于传统文化的兴趣日渐浓厚，并成为一种普遍的社会心理⑤。传统文化题材的视听内容的涌现，回应了当下受众的消费需求，满足了人们在知识性、教育性、美学性等多个维度的期待⑥，更有效缓解了这一时代下因意义与想象的匮乏而造成的文化焦虑⑦。这些思考为我们对优秀传统文化视听传播的历史流变与现实语境的考察设定了坐标。

（二）媒介再现与意义建构

内容研究是传统文化视听传播研究中的一大焦点，主要探讨的问题涉及选取哪部分的传统文化进行媒介化呈现，如何进行视听表达，传达出怎样的意义等。对于此类问题的思考和回答则往往处于符号、叙事、修辞、话语等视角下。在对河南卫视的"中国节日"系列节目的观察中，顾亚奇、张旭认为，"中国节日"系列节目以独具地域特色

① 张爱凤.2018：原创文化节目发展与研究新动向[J].中国文艺评论，2019(1)：24-32；罗姣姣.荧屏新主流的可持续推进：文化类节目的生产创新与解困之道[J].中国编辑，2019(1)：21-26.

② 曾一果，李蓓蕾.破壁：媒体融合下视频节目的"文化出圈"：以河南卫视《唐宫夜宴》系列节目为例[J].新闻与写作，2021(6)：30-35；王源. 媒介融合视域下中华优秀传统文化具象化传播创新研究[J].东岳论丛，2020，41(12)：45-51.

③ 牛凤燕. 媒介融合视域下中华优秀传统文化传播的现代转换[J].理论学刊，2018 (5)：162-168；王凌芳.新媒体时代下中华传统文化的传播策略[J].四川戏剧，2015(8)：44-47.

④ 波兹曼.娱乐至死[M].章艳，译.南宁：广西师范大学出版社，2004：8.

⑤ 罗姣姣.荧屏新主流的可持续推进：文化类节目的生产创新与解困之道 [J].中国编辑，2019(1)：21-26.

⑥ 刘云丹，王雨桐.探析传统媒体文化类电视节目复兴的原因：从《中国诗词大会》等节目说起[J].电视研究，2018(9)：52-54.

⑦ 颜梅，何天平.电视文化类节目的嬗变轨迹及文化反思[J].现代传播（中国传媒大学学报），2017，39(7)：87-90.

的传统文化搭建符码体系，以“晚会＋网综＋网剧”的形式作为符码呈现载体，通过“历史还原”同“现代阐释”实现符码转译，从而使传统文化在视听转化过程中得以重塑与活化。① 李琦和闫志成基于乡愁叙事的视角对传统文化类节目文本进行审视，认为这些节目在叙事主体上对家庭结构进行仿拟，在叙事主题上唤寻集体记忆，在叙事空间中展开地志空间、时空体空间与文本空间的三重展演，以此通过影像对故土重新结构化，实现受众的精神返乡。② 蒋沂霏立足视觉修辞的框架考察了李子柒短视频的视觉表现，认为这些内容文本通过场景修辞实现乡野意向的聚合与乡村空间的再生产，依托技术修辞从时间与空间两个维度实现传统乡村图景的再现，依靠身份修辞实现连接传统与现代的农人形象建构，三种修辞共同实现了对受众的软性说服。③ 王婷将传统文化类视听内容视为韩礼德（M.A.K.Halliday）意义上的“语域”系统，认为视听内容对传统文化内涵的引导和传递通过文化想象与现实体验、传统内容与当下认知两个衔接实现；它的人际意义在于既要满足受众对于传统文化的情感诉求，也要在具有差异的受众群体间构建起意义共同的身份认同；而语篇意义的实现则取决于在确保文化价值主体地位的前提下创建一种“传统文化＋”多元视听传播语式。④ 曾一果、朱赫认为，一些传统文化视听内容通过仪式化内容的设计与传播，使内容本身成为关于中华传统文化的媒介仪式，吸引受众积极参与其中。在这一过程中，受众通过集体记忆的唤醒与情感的连接实现从客体到主体的转化，进而实现身份的确认与文化的认同。⑤

（三）传播效果

从拉斯韦尔（Harold Lasswell）的5W传播模式来看，用户对于内容的认知、情感、态度以及行为，是阐释视听传播特征的客观依据，是检测传统文化传播效果的重要尺度，也是评估更深层的文化认同水平的主要观测点。研究者往往依靠量化或质性的研究方法，在一定范围内进行数据的搜集和分析，进而得以认识和解读传播效果。如周娜、何润奇通过对《国家宝藏》两季节目的网络评论文本的情感分析发现，网民对该节

---

① 顾亚奇，张旭.传统文化觉醒：符码体系与视听场域的再生产：基于河南卫视“中国节日”系列节目的文化观察[J].中国电视，2021(7)：30-34.

② 李琦，闫志成.中国传统文化类节目的乡愁叙事及其意义生成[J].湖南师范大学社会科学学报，2022，51(1)：66-73.

③ 蒋沂霏.短视频乡村文化传播的视觉修辞呈现：以李子柒短视频为例[J].新媒体研究，2020，6(17)：96-100.

④ 王婷.意义生成与语境建构：“语域”视阈下传统文化类节目研究[J].现代传播（中国传媒大学学报），2019，41(1)：103-107.

⑤ 曾一果，朱赫.记忆、询唤和文化认同：论传统文化类电视节目的“媒介仪式”[J].现代传播（中国传媒大学学报），2019，41(3)：92-98.

目整体呈现正面情感，评价以“感动”“喜欢”为主，反映出受众群体较为显著的文化认同感。[①] 余琛、朱晨雨基于200个优兔网（YouTube）上的传统文化短视频，对其跨文化传播过程中影响因素进行主成分因子分析，并采用定性比较分析的方法发现，民间叙事策略与粉丝黏性运营是推动传统文化短视频实现跨文化传播的关键。[②] 张岩、王琳琳、邓月等以问卷调查的方式，对534名电视受众对于传统文化类电视节目的收视意愿、方式与效果进行调查，结果显示，大部分观众认可传统文化类电视节目的教育属性，并认为该类节目对文化建设具有积极影响。[③]

与此同时，也有研究者从视听传播的实践经验出发，或立足于某一特定视角，或沿着某一理论的逻辑框架，对传统文化视听传播的效果作宏观意义上的思辨与推究。通过对数字技术变革与当代审美分化的关系的辩证思考，张爱凤认为，关于优秀传统文化的原创内容产品具有重要的美育价值，该类视听内容的创新对于传承文化记忆、弥合审美代沟可发挥重要作用。[④] 卢焱从文化产业的角度对传统戏曲节目《梨园春》的传播效果进行分析，认为节目所尝试的“现代媒体＋戏曲”的模式不仅引发豫剧热，也吸引来一系列戏曲节目的借鉴与进一步创新，带来了深厚的社会效益与经济效益。[⑤]

（四）创新策略与优化路径

如何切实推动优秀传统文化的视听转化，增强其实际传播效果，这一围绕“怎么办”所展开的应用型研究受到学界的高度重视。在这种创新路径的研究进路下，对于传统文化视听传播的研究又可以分为两类。一类是探讨传统文化类视听内容的深度融合与创新提升，另一类为思考传统文化在视听传播中的激活与转化。这种有意识或无意识的研究表述差异，体现了研究者在传统文化与视听媒介间“何者为主体，何者为方法”的关系问题上的不同立场。在第一种立场下，传统文化被视为视听媒介融合创新、实现社会效益与经济效益的生产力与重要资源；而后一种立场则以视听媒介为工具，探讨优秀传统文化在当下传承与发展的新路径。

尽管两种立场在研究的出发点、主客体关系上截然相反，但其具体的研究方法几

① 周娜，何润奇.基于文本情感分析的文化综艺节目综合评价：以央视文化类综艺节目《国家宝藏》为例[J].中南民族大学学报（人文社会科学版），2019，39(5)：175-180.

② 余琛，朱晨雨.中华传统文化短视频跨文化传播效果影响因素研究[J].中国出版，2021(23)：47-52.

③ 张岩，王琳琳，邓月，等.传统文化类电视节目对文化建设影响的研究[J].中国电视，2017(11)：65-71.

④ 张爱凤.媒介融合背景下原创文化节目创新与审美代沟弥合[J].中国新闻传播研究，2019(5)：107-121.

⑤ 卢焱.传播学视野中的文化产业创新：以河南卫视《梨园春》为例[J].郑州大学学报（哲学社会科学版），2007(1)：151-154.

乎没有区别，一般都是从理念、内容、技术、平台等方面进行思维体操与经验总结。在理念上，胡智锋、徐梁认为，在挖掘、再现传统文化的过程中，视听节目应该遵循留存、体验与创造三种基本理念①；宁海林立足传统文化同短视频的整合传播，提出注重跨界融合、充分释放群众媒介参与能力的原则②。在内容方面，研究者主张应坚持以原创为本，不断推动产品形态融合创新③，推动年轻态、场景化表达④，强化与受众的关联和互动⑤，特别是用户的二次传播意愿⑥。对于技术层面，研究者认为应进一步促进数字技术融入文化传播，对优秀传统文化进行赋能⑦。传统文化的视听传播实践应通过5G、VR等数字技术推动虚拟与现实的深度结合，进一步拓展传统文化的视觉表达空间，强化对年轻群体的吸引力⑧；同时在产品分发与传播上形成“移动优先”，将小屏作为发力重点⑨。在平台方面，要进一步提升优秀传统文化的视听传播影响力，应推进平台合作的多元化，以多种途径进行传播，从而形成网络热点⑩。要想真正打破平台间的壁垒，就必须对各平台的文化圈层有充分了解，并积极与之展开对话⑪，并据此基于内容本身形成各具特色的互文性创造，掌握跨平台、跨媒介叙事的能力⑫。

(五)批判与反思

伴随着业界实践如火如荼地开展，隐藏于其中的一系列问题逐渐显现并进入学术视野之中。一方面，研究者从传媒产业发展的视角对传统文化类视听内容市场进行剖析，直指其“量大质难优”“叫好不叫座”的现实问题。尽管不乏优质内容产品频频“出

---

① 胡智锋，徐梁.留存、体验、创造：电视节目应对传统文化的三种理念[J].艺术评论，2017(4)：83-89.

② 宁海林.“中华优秀传统文化＋短视频”整合传播研究[J].现代传播(中国传媒大学学报)，2018，40(6)：135-138.

③ 丁智擘.文化类电视节目的传播价值与创新路径[J].传媒，2015(11)：49-51；罗姣姣.融合、打破、再造：文化类节目的创新模式探析[J].中国编辑，2021(7)：81-85.

④ 刘佳.中华传统文化创新性传播的路径与对策[J].传媒，2021(10)：73-76.

⑤ 彭聪，赵昆.非物质文化遗产文化活态的传播创新：以安新芦苇画短视频呈现为例[J].出版广角，2019(1)：49-51.

⑥ 潘理安，唐嘉蔚.从共鸣到共享：“抖音”的中国传统文化传播策略[J].传媒，2020(3)：88-90.

⑦ 蒋金韵.融合文化视域下传统文化节目如何实现突围：以河南卫视《唐宫夜宴》等文化节目为例[J].视听，2021(11)：48-50.

⑧ 周敏，卢武.浅议影像视域下传统文化年轻化的探索：以央视《国家宝藏》为例[J].青年探索，2020(4)：40-48.

⑨ 胡妍妍.优秀传统文化现代表达的创新路径探析：以河南卫视“中国节日”系列节目为例[J].中州学刊，2021(11)：168-172.

⑩ 周敏，卢武.浅议影像视域下传统文化年轻化的探索：以央视《国家宝藏》为例[J].青年探索，2020(4)：40-48.

⑪ 曾一果，李蓓蕾.破壁：媒体融合下视频节目的“文化出圈”：以河南卫视《唐宫夜宴》系列节目为例[J].新闻与写作，2021(6)：30-35.

⑫ 杨盈龙，孙百卉.媒介融合时代传统文化节目的“故事世界”建构：从跨媒介传播到跨媒介叙事[J].中国电视，2019(12)：70-73.

圈”，但难以掩盖同类型内容基数大，质量参差明显，过度倚重技术，模式高度雷同，创新性不高的客观现状①。而技术门槛的降低在使传播主体多元化的同时，也加剧了传播的随意性，这使得网络空间中的，特别是自媒体与商业媒体所生产的内容更难以保证质量和符合规范②。传统文化类视听内容的市场回报率截至目前还不理想。王永指出，大多数产品难以产生足够的商业价值，还面临着同一赛道中电视/网络综艺节目的冲击，市场竞争优势不够明显。③

另一方面，也有研究者深入传统文化与视听内容的关系层面，在极具流行色彩的“文化崇拜”下重新商榷传统文化主体性问题。诸如，汉字文化益智类节目对于生僻字的过分追求使得节目成为一场比拼能力与技巧的记忆大赛，已然偏离了汉字文化教育与传承的初衷④，亦有研究者称其为“幽怨的复辟”⑤。有学者认为，在日渐繁荣的传统文化类视听内容的背后，是消费主义与商业逻辑对传统文化的解构与规训。在文化工业的批量生产下，传统文化之于节目的宰制作用不断消弭，反而成为装点节目形态、用以支持节目展开后现代主义式文化拼贴的文化符号⑥。优秀传统文化的视听传播先要明确本身的文化底色，在积极推动其传播发展的同时，亦要关注、警惕资本与商业对文化主体意识的裹挟。

五、研究现状述评

本节取径文献计量学的方法，通过分析工具 CiteSpace 对优秀传统文化视听传播研究的已有文献进行挖掘与探索，绘制出这一领域内的学术合作网络与研究关键词的科学知识图谱，并根据图谱内容对所对应的高被引文章进行阅读，最终从量化与质性两个方面对这一问题的研究情况形成整体、理性认识。分析发现，优秀传统文化视听传播研究处于不断增长与扩张的上升发展期，研究网络中也已经形成一些具有核心影响力的中心节点。传统文化与电视节目长期是该领域的研究重点，但其热度在近三年来让位于新媒体领域的研究，这些研究的着眼点则统合于“创新”“传播”与“文化认同”的总方向，其研究的具体内容主要围绕兴起背景、内容建构、传播效果、策略路径、批判

① 王源.媒介融合视域下中华优秀传统文化具象化传播创新研究[J].东岳论丛，2020，41(12)：45-51.

② 牛凤燕.媒介融合视域下中华优秀传统文化传播的现代转换[J].理论学刊，2018(5)：162-168.

③ 王永.原创文化类电视节目兴盛背后的冷思考[J].新闻战线，2019(16)：31-33.

④ 王博.中国电视汉字文化益智类节目研究[D].长春：吉林大学，2016.

⑤ 杨黎.诗人杨黎：“汉字听写大会”是一场幽怨的复辟[EB/OL].(2013-10-29)[2022-07-26]. http://culture.ifeng.com/insight/special/hanzitingxiedahui/.

⑥ 颜梅，何天平.电视文化类节目的嬗变轨迹及文化反思[J].现代传播(中国传媒大学学报)，2017，39(7)：87-90.

反思这五个方面展开。综上可见，关于优秀传统文化视听传播的研究是一个正在成长、不断升温的“热门话题”，无论是在理论层面还是在实践层面均有着宝贵的研究价值，具有较强的学术生命力与良好的研究前景。该领域已经积累起较为丰硕的研究成果，有力证明了研究的科学性与可行性，更为对这一研究议题的进一步深入提供了有效支撑与有益指引。

然而，通过对研究文献的爬梳与分析所得到的发现并不止于此。同样应当注意的是，当前学界对于优秀传统文化视听传播的研究还存在较大的提升空间，具体可归结为以下六点。

第一，鲜有关于传统文化本体论的探讨。虽然围绕传统文化视听传播开展的研究已有较为深厚的积淀，但尝试对传统文化这一核心概念的内涵进行界定的研究并不常见。邹静祺认为，相关研究更多集中于探讨“怎么办”的问题，而有关“传统文化是什么”的主题讨论较少。[①] 从大多数研究的话语表述来看，研究者更多是将其视为一个不言自明的常用术语，因而在具体的论述和分析中有意或无意地跳过概念界定的环节而直接加以使用。正因如此，文章在研究对象的选择标准上较为模糊。同时，因为对传统文化与视听媒介二者的关系缺乏辨析，所以在以上述二者中何者为主体的立场问题上，观点也不够清晰。再进一步，忽视了对于传统文化本体论的讨论，也就无力解决优秀传统文化与传统文化的区别、在视听传播过程中又是怎样对传统文化进行取舍扬弃这些更深层次的问题。

第二，对视听传播主体的关注不够。在现有文献中，传播主体思维常见，而传播主体研究不常见。无论是背景分析、内容分析、效果分析，还是策略分析，研究者往往是站在传播主体的视角展开分析和论述。然而除主持人研究成果较为丰富外，其他直接针对传播主体本身的研究与上述几类研究相比却明显偏少。尽管可能与研究材料的易得性直接相关，但诸如传播主体作为个人/团队对待传统文化的态度、传播主体的内部关系，以及生产协作、相关从业者的个人发展与职业认同、人才培养与队伍建设等问题，仍有待于研究者进一步探索和挖掘。

第三，对于意义形成与互动的动态性深描相对不足。在中、微观层面上，现有研究更多聚焦的问题是哪些传统文化元素被视听化再现，在媒介的作用下呈现为何种样貌，以及受众/社会对其态度如何等。这体现的是对整个传播实践的一种静态化理解，缺乏对传播过程中各个环节/节点间动态性过程的观照。因此，研究者可能需要在微

---

① 邹静祺.融合与建构:新媒体环境下传统文化传播研究综述[J].新媒体研究,2019,5(16):43-45.

观层面做进一步的尝试,深入意义得以形成、传递与互动的各个场域之中,考察传统文化的意义怎样被重塑,怎样被嵌入以视听媒介为载体的新兴话语之中,又是如何在传播主体与受众/国家与社会的互动中实现认同的。这将有助于提升对于传统文化视听传播实践的本质性理解,在该领域的研究图谱上拼上一块新的拼图。然而,这也对具体研究中理论工具的选择与运用提出了更高的要求。

第四,研究的整体性、系统性尚待强化。一方面,本研究领域尚未搭建起较为成熟的学术合作网络。研究多由分散在不同单位的个体或二人小组完成,成果视角较为单一,很容易造成研究成果的同质化与碎片化。另一方面,研究更多是针对特定热点时刻下的某一电视节目或网络视听内容的个案分析,"一时一事一论"的特征较为突出。大多数研究更多着墨于热点内容本身做表层的现象分析,对纵向的发展演进与横向的现实语境勾连清浅。张爱凤认为,如若缺乏整体性的视角与方法,那么研究的整体质量与水平难以得到进一步提升。[①] 这就需要研究者从传统文化视听传播的宏观实践出发,在研究设计中注重整体性与历时性的考察,进而形成系统化、立体化的分析框架。

第五,研究的学理品质仍须提升。相关研究整体上在理论想象力与探究深刻性上不甚突出。多数研究未见有明晰的理论观照,往往是就事论事,在行文思路上呈现出"现象阐述+因素分析+策略建议"的固定模式,而关于传统文化视听传播过程中意义的建构、运转与调适的深层机理则没有得到学理性的解释。与此同时,由于缺少理论的支撑和引导,部分研究成果停留在诸如"内容为王实现价值引领""创新手段揭示文化内涵"等形式化、口号式的理念上,无法形成较为成熟的理论观点。研究的系统性、创新性问题亦掣肘于此。基于此,传统文化视听传播的研究要进一步提升学理品质,特别是国外的理论观点,更应注重从中国社会文化语境出发,解决好理论的适用性与中国化问题。

第六,研究设计的实证品格不够突出。部分研究以政策精神和行业发展现状为依据,基于直觉性的观察和体悟进行阐释与思辨。因而对于传统文化视听传播实践的分析往往流于表象,仅做发生学式的描述和归纳,缺乏有说服力的客观材料支撑,鲜有建立于扎实的经验调查之上的实证研究。这导致研究结果凸显其语境性的同时而无法有力证明其相对普遍性,也造成了关于传统文化视听传播的策略与路径难免理想化,缺少实效性与可操作性。因此,研究者应更加重视一手数据的运用,在观察与实验的

① 张爱凤.2018:原创文化节目发展与研究新动向[J].中国文艺评论,2019,1:24-32.

经验事实的基础上进行知识的生产，进一步提升传统文化视听传播之相关研究的实证品格。

〔刘俊，中国传媒大学传媒艺术与文化研究中心副主任，教授，博士生导师，博士后合作导师，《现代传播(中国传媒大学学报)》编辑部主任；翁旭东(通讯作者)，中国传媒大学电视学院讲师，师资博士后〕

〔特约编辑：付晓光〕

从内容生产到情感传播:可供性视角下B站跨年晚会的创新路径研究

From Content Production to Emotional Communication: Research on the Innovation Path of Bilibili New Year's Eve Gala from the Perspective of Affordance Theory

◎ 别君红　胡辰敏

Bie Junhong　Hu Chenmin

摘要:B站跨年晚会自2019年成功出圈后,为业界的各类跨年晚会开辟了新的创作方向。创作者以内容为出发点加以创新,不断丰富其表现形式和立意内核,并在与观众建立深层次情感联结的同时,实现极大范围内的跨圈层情感传播。着眼于创作者角度,媒介情境的指引实现资源的多维调动,使持续性的智能化内容生产成为可能;着眼于受众角度,用户思维服务于创作路径的全过程,从情感维度提升用户浓度与信息辐射。本文将依托于媒体融合的时代背景,并取其核心特征,以可供性理论作为全文分析的依据,基于其技术可供性与社交可供性的视角,从内容生产与情感传播两方面完成对B站跨年晚会创新路径的研究。

关键词:B站跨年晚会;可供性理论;内容生产;情感传播

Abstract: Since the successful debut of Bilibili New Year's Eve Gala in 2019, it has opened up a new creation direction for all kinds of similar activities in the industry. Creators take content as the starting point to constantly innovate and enrich its expression forms and promote the strength of innovation. While establishing a deep emotional connection with the audience, cross-circle emotional communication in a large range are achieved. From the perspective of the creators, the guidance of the media situation can realize the multi-dimensional mobilization of resources, making continuous intelligent content production possible. From the perspective of the audience, user thinking serves the whole process of the creation path, improving the concentration of users and the radiation of information from the emotional dimension. Against the historical background of media convergence, this paper will take the Affordance Theory as the basis for the full-text analysis, and grounded in the branches of Technological Affordances and Social Affordances, it will explore the innovation path of Bilibili New Year's Eve Gala, focusing on both content production and emotional communication.

Keywords: Bilibili new year's eve gala, affordance theory, content production, emotional communication

2023 年 12 月 31 日 20 时,"2023 最美的夜 bilibili 晚会"在哔哩哔哩(以下简称 B 站)正式播出,当晚直播人气峰值超 3.44 亿人次,创历史新高。2023 年是 B 站"最美的夜"跨年晚会走过的第五年,伴随着近几年互联网晚会创作越来越追求突破与创新,B 站"最美的夜"系列跨年晚会从 2019 年成功破圈到 2023 年再次出圈更是成为行业内跨年晚会创作的成功范例。

在互联网平台上,B 站作为中国最大的亚文化聚集网络区,在以 ACG 文化为切入口,形成忠实观看与分享社群的同时,借助智能社交媒体在跨年晚会领域进行了更为前瞻性的探索。2019 年 B 站首次推出具备圈层性质的跨年晚会"bilibili 晚会:二〇一九最美的夜",在一众跨年晚会中突出重围成功破圈,引起社会层面大范围的热议与好评。2023 年 B 站跨年晚会以丰富化的节目呈现与个性化的表现方式再次成为"最懂年轻人的跨年晚会"。总体而言,B 站跨年晚会在其内涵的表达上充分展现 B 站自身的文化属性,从内容创作领域精准狙击年轻人的理念与喜好;通过情感传播实现身份认同,以积极导向搭建正向化的社会交流圈。本文将总结五年之间 B 站"最美的夜"跨年晚会创作所涵盖的创意内容与核心理念,并植根于"可供性"表意与实践的土壤,分析并探索 B 站跨年晚会的创新路径。

一、可供性视角下 B 站跨年晚会的传播效应

(一)跨年晚会的传播壁垒与 B 站春晚的破圈思路

文艺晚会作为以文艺汇演为主要内容的艺术形式,是中国传媒艺术发展历程中极具中国特色的文艺样式。文艺晚会以其受众数量多、覆盖面广、影响力大等特点,既能

够承载舆论宣传和社会动员的价值功能,又能在引领人民群众的精神文化生活方面发挥重要作用。其中的新年晚会更是深入每一个中国人内心深处的集体记忆和家国情怀,一场春节联欢晚会能够形成“中国式情感交流场”,完成荧屏内外的跨时空互动,在中国人的春节仪式上成为一种特殊存在。

跨年晚会的形成和发展主要经历了三个重要阶段。春晚的第一次电视直播始于1983年,这也是大众公认的第一届央视春节联欢晚会。此后,春晚就成为国人欢庆新年的一种特殊仪式,40年间伴随着中国人度过一年又一年难忘的跨年之夜。40年里,总台春晚持续引领中国电视文艺的潮流趋势,在一定程度上成为年度中国社会文化的风向标,更以一年一度的仪式感为标识,成为中国人的新年俗,极大拓展了数千年来中国人过年的文化体验。① 总台春晚是出现最早、持续时间最长,同时也最有影响力的新年晚会,后续出现的地方台和网络平台跨年晚会都深受其影响。2005年湖南卫视推出的“05—06快乐中国跨年演唱会”在跨年晚会的发展中意义重大,跨年晚会由此正式发端。第二年,东方卫视加入跨年晚会的制作阵营,各大卫视纷纷加入举办跨年晚会的行列,到2012年底已经有近20家电视台加入举办跨年晚会的阵营。各大卫视各出奇招,在传统春晚的“春节仪式感”之外增加了“跨年仪式感”,让电视观众在跨年的氛围中享受不同风格晚会的视听盛宴;伴随着互联网近十年的迅速崛起,互联网平台也开始加入跨年晚会的阵营。从各大卫视平台跨年晚会的群雄崛起到互联网晚会的快速升温,跨年晚会也逐渐实现了在电视媒体上从央视一枝独秀到各大卫视百花齐放,在制作播出上从电视平台延伸到网络平台进而实现台网互动的新局面。

跨年晚会群雄逐鹿的盛况大大丰富了观众的精神文化生活,但面对当下观众多样化的需求也难免陷入众口难调的尴尬困境。如今,跨年晚会的发展空间逐渐趋向饱和,内容与形式的同质化让很多观众形成审美疲劳,很多晚会在传播过程中遭遇新的传播壁垒。因此,媒介平台如何打破市场的静态局面,把握融媒体时代的背景优势;创作者如何聚焦用户思维提炼内容创意,完成以观众视角为核心的策划,皆成为当下跨年晚会创作中需要攻克的课题。

2023年最后一天,一年一度的跨年晚会大战再次上演。湖南卫视、江苏卫视、东方卫视等多家电视台成为跨年晚会的主力军,各大卫视均发挥自身平台优势进行晚会创作;在网络平台上,抖音推出的“抖音美好跨年季”系列演出,快手上线的“快手直播年度盛典荣耀之夜”,B站主办的“2023最美的夜 bilibili晚会”都是本次互联网跨年晚

① 刘俊.文艺创新、家国凝聚、科技赋能 春晚40年:追光逐梦绘新篇[N/OL].光明日报,2023-02-01(15)[2024-03-20].https://news.gmw.cn/2023/02/01/content_36335914.htm.

会阵营中的重要力量。在这样的激烈竞争之下,B站“最美的夜”再次出圈,优质节目的稳定输出让B站跨年晚会的影响力持续增强,商业价值不断凸显。B站创作团队在晚会现场配置、节目编排、嘉宾阵容等方面继续保持高水准,挖掘了更深层次的内容惊喜,获得了广泛的情感认同。依托于经典文化IP和创新的节目编排,形成沉浸性、连贯性、互动性的全新晚会体验,B站跨年晚会如何实现内容生产的创新和情感传播的共鸣成为我们研究的重心。

(二)可供性在B站跨年晚会中的建构过程

“可供性”的概念,最初由美国实验心理学家詹姆斯·吉布森提出,用来指生物(或行为主体)在物理环境中潜在的各种行动的可能性。吉布森用“可供性”概念去讨论环境与动物之间的关系。尽管可供性概念被提出之后学界存在较大争议,但学者们在这一点上存在共识,即可供性并不是孤立分析环境和动物,而是对环境与动物之间关系的综合分析。值得注意的是,可供性与社会和主观过程有关。有学者指出,我们把可供性视作使用者和人工制品交互过程中呈现出的可能性(包括思考和行动)。① 这一观点对人类行动者的关注聚焦于互动过程及能够感知到的行动可能性带来的影响。例如,人们如何使用一个新遇到的工具,取决于人对工具的认知评价,而不是一个生硬的自动化过程。在椅子的经典例子中,人们可能坐在椅子上、靠在椅子上,甚至把椅子扔给别人,这取决于人们如何评价它的物质结构和社会可供性。由于可供性概念在某种意义上具备对人文社会科学研究的参考价值,因此,这一理论从最初的生态心理学领域逐渐被应用于管理科学、设计学、新闻传播等学科中。伴随着近几年新媒体的迅速发展,可供性理论成为研究新媒体技术所带来的新媒体传播现象的重要视角。

“技术可供性”(Technological Affordances)作为其中最具代表性的一种阐释框架,侧重发掘以技术变革为代表的物质性力量对传媒生态构建的系统性影响,为考察技术、传播过程与受众的互构关系提供重要的理论资源。② 学者巴里·维尔曼等将“社交可供性”(Social Affordances)引入传播学,认为互联网将几种媒体融合成一种媒

① VYAS D, CHISALITA C M, VAN DER VEER G C. Affordance in interaction[C]//Proceedings of the 13th Eurpoean conference on cognitive ergonomics: trust and control in complex socio-technical systems. New York: Association for Computing Machinery, 2006: 92-99.

② 何天平.“观看”作为再创作:论视听文化再生产与受众介入式审美:基于技术可供性的视角[J].现代传播(中国传媒大学学报),2022(4):125-132.

体,当前和即将发生的变化为互联网影响日常生活创造了可能性,也就是社交可供性。[①] 2015 年,学者施洛克提出“传播可供性”(Communicative Affordances),认为传播可供性是受众对效用的主观感知与改变传播实践或传播习惯的技术客观品质之间的相互作用。[②] 中国学者潘忠党在 2017 年将可供性引入国内传播学界,提出的媒介可供性包括“生产可供性”(Production Affordances)、“社交可供性”(Social Affordances)、“移动可供性”(Mobile Affordances)三部分,以及“可编辑”(Editability)、“可致意”(Greet-ability)、“可携带”(Portability)等 13 项可供力。

由此,从可供性理论出发去思考 B 站跨年晚会的创新逻辑可以发现:一方面,B 站本身的“技术可供性”服务于题材的深度挖掘与内容的多维生产,为晚会的整体创作思路开辟更具前瞻性的探索视角。另一方面,B 站这一数字平台的“社交可供性”建构的交互实践,不仅增强了各圈层间的破壁共融,更通过情感联结完成共同记忆的构建,为晚会创造了最佳的情感传播效应。

我们更需要意识到,新媒体技术的可供性,不只取决于技术本身,还取决于使用这些技术的人。从这个角度看,新媒体技术的可供性既涉及专业媒体,也涉及用户或非媒体机构等不同类型的使用者。[③] 从创作者层面分析,晚会制作的各团队依托 B 站自身媒介条件,充分利用技术可供性全方位贯彻于新媒体技术环境下的晚会创作,完成跨年晚会的内容生产。而着眼于受众层面,观众群体则在社交可供性逻辑的推动下,建构多维度的情感联结,同晚会创作形成相对应的社会选择与内容生态,并以共同记忆为符号,以情感认同为出发点,将社交层面的自主化发展服务于创作内核的扩充。因此,可供性理论视角对于分析 B 站跨年晚会的“出圈”具有启发意义。

二、互动路径:媒介与用户的双向内容生产

在晚会的创作过程中,内容的策划与创意居于创作的第一站,对节目编排与后期呈现起到引领作用。相较于其他同质化特征明显的晚会,B 站创作团队在近五年的内容创作中已形成一套专属的策划逻辑,并依托用户思维,打破媒介与用户之间传统的

① WELLMAN B, QUAN-HAASE A, BOASE J, et al. The social affordances of the internet for networked individualism[J/OL]. Journal of computer-mediated communication, 2003, 8(3)[2024-03-15]. https://doi.org/10.1111/j.1083-6101.2003.tb00216.x.

② SCHROCK A R. Communicative affordances of mobile media: portability, availability, locatability, and multime-dialiy[J]. Intemational journal of communication, 2015, 9:1229-1246.

③ 彭兰.新媒体技术下传播可供性的变化及其影响[J].现代出版,2022(6):60-73.

“平台—观众”的单向生产模式，以“互为创作者”的合作关系，不断优化其跨年晚会内容核心。

布莱恩·阿瑟于《技术的本质》一书中指出，如果只是知道技术如何进入我们的生活，那么从技术外部看技术的方式已然足够，但是如果要探讨更本质更根本性的问题，显然需要技术工作者担当技术的“内部思考者”，自然而然地去思考技术。① 作为创作者，B 站制作团队从“内部思考者”立场出发，有选择地应用技术条件，并科学化服务于内容生产，完成媒介同用户的双向连接。基于“技术可供性”理论视角，落实“生产”与“移动”领域，围绕“可编辑”“可获取”等媒介特征，晚会的整体创作既以技术背景为应用依据，探讨信息生产的能力，突出平台与晚会创作者调动资源的职能；又充分调动用户思维的能动性，打破固有的圈层壁垒，实现双向的实时反馈机制。平台与用户由此构成双向互动的合作模式，完成跨年晚会内容的双向共创。

(一)资源可供:多元化媒介资源服务内容生产

新媒体的发展为平台内容生产带来了巨大变革。无论是对于专业的内容生产机构，还是对于普通个体，新媒体都带来了内容生产方面的资源可供性的扩展，包括设备、数据、内容等不同的资源方面。② 调动各类资源用于内容生产的创作者，更需要依托如今的媒介背景与技术条件，根据自身内容呈现需求，消解多媒体间的壁垒完成融合，由此推动多元化媒介资源服务于内容生产。

1.突出资源关联整合

在进行内容创作时，B 站跨年晚会创作团队既要充分利用平台自身的资源优势，又要争取实现多维度、多形式的联动内容输出，促进“资源可供”的多维度达成。

平台支撑是资源整合的首要条件。作为互联网平台，B 站以年轻群体为用户画像，以大数据分析为技术支持进行特征参考，在内容资源上充分调动自身背景优势。跨年晚会以 ACG 文化作为出发点，选择 B 站热门元素作为节目灵感来源。2023 年“最美的夜”实现了多个影漫游 IP 的视觉再现，以共同记忆为创作来源激发趣味性共鸣。开场音乐秀《我最喜欢的一集》以童年动画主题曲串烧欢乐开场，将歌舞与乐团演奏进行编排融合，《猫和老鼠》《百变小樱》《猪猪侠》《葫芦兄弟》《狮子王》《迪迦奥特曼》

---

① ARTHUR W B. The nature of technology: what it is and how it evolves[M]. New York: Simon and Schuster, 2009.

② 彭兰.新媒体技术下传播可供性的变化及其影响[J].现代出版,2022(6):60-73.

的主题曲依次亮相，通过音乐带动观众完成情绪上的层层递进，使观众的共同情怀与B站的自身特性达成双向印证，在开场环节让观众达到视听与情感的双重满足。

还有一点值得关注，B站跨年晚会打破以往“圈地自萌”的印象，形成与主流媒体平台的资源共享与双向互动。B站先后与新华网、央视频合作，不仅扩大了受众范围，还进一步完成了主流价值观的传播。在主持人的选择上，2019年、2020年“最美的夜”分别启用朱广权与撒贝宁，在增强官方话语力的同时，既放大他们的幽默特质，又同诸多围绕两人制作的B站鬼畜视频进行联动，让B站的青年亚文化底色与主流媒体之间进行对话与融合。

2.完善内容生产体系

技术可供性与技术决定论最本质的区别在于其强调的是技术的“可能性”而非“决定性”。依托B站平台自身的特性与定位，创作团队更须不断探索其技术的“可能性”，在晚会前期策划、中期编排、后期呈现这一过程中从不同维度加强内容生产环节的互动合作。

在跨年晚会的策划初期，对于社会提出的关于“如何定义Z世代人群的喜好”的疑问，B站用行动给出了答案——不要轻易下定义，而是用心去发掘。制作团队抛下传统创作中“主题先行”的理念，更加重视对节目形式与内容的创新化设计，并消解以往晚会中强烈的导演属性与符号象征，从身份上完成了向规划者与引领者的转变。

在内容的创作过程中，将“最美的夜”的文化内核与灵感创意进行融合，于编排设计上完成创新。2020年B站跨年晚会分为“日落”“月升”“星繁”三个篇章，以日暮落下、月影浮现、繁星璀璨的意境变化，贴合跨年晚会主题，为观众带来美好的愿景。同时，这一设计使节目的编排逻辑更为清晰立体，令舞台的分配贯穿于体系化的内容生产中，在流畅灵动的节奏中不断给予观众惊喜。

在完善生产逻辑的基础之上，制作团队更须提高内容生产的标准，于审美领域实现技术融合，完成真正意义上的“雅俗共赏”。以音乐类节目为例，制作团队选择将舞台呈现与交响音乐会相融合，同时跨界包容民乐与电声乐团，其演奏因节目编排的风格而变，随内容表达的焦点而起，完成跨越宇宙时空的心灵共振。2019年晚会中的节目《韵·界》，由民乐大师方锦龙与音乐总监赵兆及交响乐团完成共创。从乐器种类到曲目风格让人应接不暇，实现舞台之上的“神仙打架”。制作团队不偏重在艺术的专业性上设立观看门槛，而是通过巧妙编排与内容创新增强节目的可看性，在满足观众观看体验的同时，提高观众的审美水平。

新技术的应用对于节目内容创新起着至关重要的作用，B站自身二次元等亚文化的舞台呈现与氛围塑造更加需要依托新技术手段得以实现。在2022年跨年晚会的舞台上，B站成功完成了对经典国风IP“四大名著”的还原，将四大名著电视剧中的影视歌曲搬上舞台，创新了传统文化的表达方式，并应用全息投影与AR技术，打造演唱嘉宾周深的视觉分身，让他一人分饰四角，周深以四种唱腔使四大名著完成同时空对话，为观众提供绝妙的视觉体验。

(二)用户可供:高用户参与度扩大信息辐射面

在传统的大众传播领域，用户大多数时候是内容的被动接受者；新媒体时代的到来让受众与内容的关系有了很大的转变。很多时候，新媒体平台的用户不仅是内容的接受者，同时也成为内容的生产者。因此“用户思维”同样是内容生产环节中不可或缺的一环。把握用户思维背后的信息逻辑，需要创作者充分调动技术资源的可供性，从用户视角出发探求观众需求，并将其贯穿于晚会创作的始终，同时尽可能多地开辟用户市场，遵循观众“爱看的”与“想看的”逻辑进行更深层次的挖掘，实现用户层面的动态可供，服务深层的内容生产。

1.把握用户流量密码

B站运营十分注重用户黏性，跨年晚会的策划中也以“用户优先”的方式增强与观众的联结。晚会从用户喜好出发，扩大内容设计的辐射面，容纳更多元的创意。

前期创作阶段，制作团队结合大数据平台的技术分析，围绕点击量、转赞评、弹幕飘屏数等信息进行全方位数字化审量，由此掌握用户群体的不同文化属性，并应用算法推荐等技术应用模式，在多样化内容中寻求内涵共通处，以此创作出更易引发情感共鸣的节目内容。同时根据信息容差，覆盖更多人群，满足不同观众的兴趣倾向，为艺术创作提供数据化、科学化的支撑。目的是在不断扩大信息辐射面的基础之上，提高晚会内容的包容度，拉近与观众的距离，以潜移默化的方式增强用户参与和互动。

在宣发环节抢先占据关注视野，是信息流时代通俗意义上的“制胜法宝”，而打开宝箱的钥匙即为用户流量。B站跨年晚会以优质内容树立良好口碑，借助信息技术的交互推广在公域与私域同步进行流量池扩张，获取更大的信息辐射面。例如，选择官媒、今日头条等开放化公共网络平台进行大范围的铺垫宣传，并结合小红书、抖音及B站自身等私域流量平台对受众群体进行精准化联结。

2.增强受众创作参与

在“技术可供性”的视域之下，多维化信息网络生成并不断衍生，同时与用户能动性相联结,落实于用户参与内容共创的能力及其参与程度。B站跨年晚会的创作恰恰印证了这一思考:B站制作团队打破了传统晚会策划中观众被动接收内容的模式,以“点对点”的形式提升观众参与度,观众由间接体验转变为合作共创。

B站跨年晚会五年创作中“用户至上”的原则在其中得以充分体现。2021年“最美的夜”制作团队邀请观众进行创意投稿,征集更大范围内的灵感碰撞,并以观众建议为创意来源,在舞台呈现中首创“魔幻时空”与“奇幻时空”的双时空平行创意,在交互技术的支持下进一步加强同观众的实时互动。观众可自由选择在任意时空穿梭,并通过弹幕完成双向对话。例如,在“日落”篇章的首个说唱节目,即作为“平行时空特别节目”出现。TangoZ与法老分别处于奇幻时空与魔幻时空,在同一时刻演绎《今天是美好的一天》与《明天是美好的一天》,以派大星与海绵宝宝的身份,用不同的情绪风格完成跨越舞台空间的对话,在新旧交替的节点对生活呐喊。在节目落幕时,会冠名标注并感谢观众的创意来源,这既体现出对于观众的尊重,又表明了创作团队对于用户创作参与的重视。

三、价值诠释:多圈层融合的情感传播

无论何种样态的艺术类型,情感交流与价值认同都是意义构建中至关重要的一环。在跨年晚会的角逐中,情感传播更是收获观众情感认同进而赢得收视口碑双赢的有效传播方式。晚会类节目所涵盖的中心主题与价值内核是同观众搭建交融圈的关键。只有将用户的个人生活体验与传播内容的公共价值之间建立有效情感关联,才能激发用户内在的情感能量,并可以通过营造“在场”情境,让情感激发更加真实深入。社交可供性反映了社交媒体技术与用户之间的双向互动关系。因此,在评估媒介技术和媒体平台的社交可供性时,尤其强调其调动情感表达和反映社会关系网络的能力。[①] 既以情感表达与交流为桥梁,赋予媒介表情达意的社会功能;又在社交情境下,通过协调与连接,联系着多圈层之间的互动网络,价值认同方式的多样性也因此得以体现。

B站跨年晚会深谙情感认同构建的底层逻辑,在众多跨年晚会中独树一帜,主打“回忆杀”,强化观众的认同感与共鸣感,最终实现多圈层融合的情感传播效应。在晚会节目选择上,以群体性共鸣作为核心诉求点进行创意筛选,建筑共同记忆联结的前提。在具体节目编排环节,将深层次的情感表达融合于节目内容,依据节目不同类型

① 喻国明,赵睿.媒体可供性视角下“四全媒体”产业格局与增长空间[J].学术界,2019,7:37-44.

与风格进行最大程度的呈现。B站跨年晚会的成功正是得益于其真正做到了破壁融合并实现了多圈层情感传播,令"社交可供性"逻辑流转于跨圈层的价值认同之中。

(一)情感可供:打造集体"记忆圈"

将"社交可供性"的逻辑框架映射于媒体实践,大众传播时代,电视媒体实现了有限的可连接性(Connect-ability)和可协调性(Coordinate-ability),但在可致意(Greet-ability)和可传情(Emotion-ability)层面,限于单向传播的媒介特性几无作为。[①] 人们对于大众传媒信息的反馈往往滞后且缺少信息连接,更缺少受众之间情感交流表达的技术条件。而在今天的数字时代中,"情感转向"则成为重塑"观看"的重要线索。技术属性的深度嵌入,使得观看的实践得以生成一系列能够进一步观照人的认知、情感的特殊效应,由此构成"情感可供"的重要线索。[②] 因此,把握媒介内容背后"致意传情"的特性是建构情感传播的重要保障,也是晚会创作者打破市场困局、开辟创作路径的重要支撑。

在此过程中,"集体记忆"可于社交情境下演变为带有特征性的群体符号,从而实现情感可供。B站跨年晚会中,"群体性认同"是创作的首要选材诉求,创作团队将节目融入各类怀旧元素并结合优质的舞台编排,在作品与观众之间构建起深层次的内心对话,最大程度地发挥媒介作品的情感交互功能。而在打造集体记忆圈的过程中,B站将融合概念进行了深层贯彻,有效消除多文化圈层之间的壁垒,实现了"共同圈"的搭建。在保有其自身ACG文化属性的同时,注重主旋律表达,由趣缘群体的交流与认同出发,并融合、升华家国情怀,以跨年晚会的形式调动受众更大层面的情感交流场,真正做到"可致意"与"可传情"。

1.升华审美内核认同

相较于其他同类型跨年晚会,B站"最美的夜"以创作团队的高审美水准交出了高质量的答卷,给观众以赏心悦目之感。展现传统文化的节目在置景、服装等方面还原历史风貌,从舞美、声效等角度营造氛围,引领观众进行情境带入,打破舞台与观众席的物理间隔,达成真正的内心共鸣。而当节目内容契合B站"主场"内容——青年亚文化时,相对应的风格转换到二次元空间,审美方向需要随之变动,但审美水准仍保持

① 谭雪芳,陈加伟.媒介可供性理论视角下5G广电媒体深度融合研究[J].中国广播电视学刊,2021(8):36-40.

② 何天平."观看"作为再创作:论视听文化再生产与受众介入式审美:基于技术可供性的视角[J].现代传播(中国传媒大学学报),2022(4):125-132.

高质量输出,以此完成风格的跨越。在升华晚会节目的文化品位与审美内核层面,B站也不断实现对自己的超越。2022年“最美的夜”的舞台上,由龚琳娜、李玉刚、胡沈员共同呈现的歌舞《山海图》,融入“以乐赏画”的概念,将优秀传统文化代表《山海经》中的奇幻元素达成审美层面的呈现。舞剧《咏春》在演员舞姿的方寸之间,体现江湖之深远和武侠文化之广阔,以咏春与八卦掌、太极拳、八极拳间的博弈展现中华武术的刚柔并济。《咏春》还在舞台设计上别出心裁,将至简的光束与纯黑的底色形成光影的反差,使舞者的表演达到最纯粹化的美感呈现。

B站在节目类型上也不断突破目前晚会类节目的类型边界,拓宽“可致意”与“可传情”的维度。2021年“最美的夜”选用其他晚会中不曾出现的音乐剧题材,将《罗密欧与朱丽叶》选段搬上舞台,不仅在视觉呈现上带来全新的观感,更将小众的艺术门类推向更大的受众群体。观众循着唱腔与舞台表演走进故事之中,与音乐共情,与人物共呼吸,打破时空局限,构成共通记忆,促成真正意义上的情感交流与审美认同。

2.挖掘深层共同记忆

作为青年亚文化的网络群体聚集地,古风、游戏、动漫等元素已在B站平台上形成互动狂欢。同样,在Z世代青年的成长轨迹中,这些内容也早已成为绕不开的群体性记忆与爱好。“最美的夜”舞台将国风、影视、游戏等青年群体所喜爱的多种元素包容其中,以唤醒观众趣缘认同为出发点,在对情感进行挖掘的同时实现记忆层面的可供性,收获认可与好评。

2019“最美的夜”中,由理查德·克莱德曼与现场交响乐团完成共创的《海德薇变奏曲》引发了观众强烈的情感共鸣。2020年的晚会中,“回忆杀”同样成为获取观众共鸣的制胜法宝,《仙剑奇侠传》组曲的登场带领观众穿越至侠义为天的仙侠世界。2023年的舞台上,从《迪士尼奇妙夜:魔法许愿星》为代表的动漫IP主题演绎到《华山论剑:冠军一站》为代表的武侠IP精彩呈现,各类经典文化的再现唤起了观众的青春记忆。

此外,B站创作团队并没有将目光止于趣缘性内容的共同感树立,而是进一步升华思想内核。在节目编排中加入积极正向的主流化引导,不断挖掘共同记忆的深度,用家国情怀触发集体情绪,建筑更深层次的身份认同。2019年“最美的夜”中,一曲《种花组曲》将爱国情怀与动漫相融合,成为主流文化结合青年亚文化正向输出的最好证明。2020年的晚会设立武汉分会场,并为观众带来《相见在武汉》,歌词中美好的愿景对应着城市的绚烂街景,歌颂着新冠肺炎疫情中无数的无名英雄。2021年晚会上《错位时空》的出现更在呈现形式上加以创新。张晚意以不同身份出现在战火纷飞的乱世与安静祥和的课堂中，节目与优秀热门电视剧《觉醒年代》进行联动，将两个时代相互联结，将家国情怀紧紧相连。

(二)社交可供:建构多维互动关系网

基于当下的融媒体时代环境，媒介技术融合成为连接各圈层之间的桥梁，传统的"媒体—受众"关系被打破，转而衍生出更多媒介社交的分支，以多种形态贯穿于生活之中。B站作为新媒体平台更须增强同观众的互动关系，从多角度建立联结，让社交可供成为现实，并在社交领域达成深度化的"共同在场"，进而实现最佳的情感传播效果。

1.优化互动仪式链

"互动仪式链"理论是美国社会学家兰德尔·柯林斯在总结前人成果的基础上提出的，他认为互动仪式链具有四大要素且环环相扣，具体包括：群体集聚、对局外人设置界限、相互关注的焦点、情感共享。① 这也恰好同"社交可供性"中的协调、连接职能相对应，很好地阐释了B站跨年晚会在情感传播方面取得突破的原因。

在"互动"技术领域，弹幕发送与转赞评形成了即时性的反馈机制，充分显现了晚会与平台的高流量水准。此外，弹幕等形式也进一步促进社交关系网的建立。受众在担当观赏者的同时，也可以作为情感信息的发出端表达观点，同异时空的其他观众进行交流，将传统的接受模式转变为多向传播，达成实时自由互动与社交。

而从"仪式"的层面分析，弹幕与转赞评等形式进一步强化了"共同在场"的仪式感，将网络平台的晚会观赏升级为集体性的情感社交传播。B站通过弹幕构建与观众的对话，围绕内容产生的情感以此得到及时性反馈，同时折射出观众喜好取向。不仅如此，在平台之外观众间的互动与对话也是仪式感建立的主力存在。在新年来临的时刻，无论年龄大小，无论身处何方，无论是否相识，弹幕等形式都将人与人的距离拉近，在产生共鸣的同时用话语聚集彼此的情感，让跨年的意义得到仪式化呈现。

当"互动"与"仪式"重合，"链"的概念也因此对应产生。弹幕等形式将观看B站跨年晚会的观众相互链接，以交流感促进情感的在场互动，打破时空维度的"云跨年"得以实现，B站晚会也因此获得进一步的情感传播。2022年"最美的夜"应用"音游互动"理念，让同一时间观看晚会的观众跨越屏幕实现多元的对话，更拉近了观众与舞台的距离，强化共同跨年的体验感，赋予观众情绪上的在场感。此外，观众观看过程中在

---

① 柯林斯.互动仪式链[M].林聚任，王鹏，宋丽君，译.北京：商务印书馆，2009:86-87.

多个网络平台的互动与讨论，以站内转发、微博热搜、观众讨论度的形式形成传播层面的长尾效应，2022 年“最美的夜”的舞台呈现进一步达成了互动仪式链的跨空间联动。

2.形成破壁关系网

在 B 站构建多向传播的过程中，“破壁融合”是首要的媒介社交诉求。“最美的夜”跨年晚会正在逐步实现打破圈层壁垒的目标，实现各圈层融合的社交可供。平台以优质的节目内容作为构建情感共鸣的桥梁，并以此缩小社会性间隔所带来的社交差异，由个体化的自我认同转变为群体性认同，获得更深层的情感满足，同时将独立的各个社交圈层融合为一体化、流动化的社交关系网，从而最终反向促进“最美的夜”跨年晚会的传播。

B 站选择将自身平台原有的圈层概念作为进一步加强与观众建立连接的桥梁，以圈层文化为底层逻辑，进行圈层辐射与扩散，促进主动化传播。在跨年晚会的宣发推广过程中，以趣味先导片作为引入，集合诸多 up 主进行演绎，首先形成站内的预热。同时辅以艺人花絮，借助粉丝群体进行宣传扩散，实现圈层间的流动与跨越，并将晚会的惊喜热点进行铺垫，满足观众的期待。此外，幕后纪录片的放送从制作层面拉近与观众的距离，将台前幕后的全过程以影像记录的形式进行进一步的推广，使观众的好奇心得到近距离的满足。依此逻辑，B 站在宣发层面上逐渐打破已有的圈层间隔，逐步实现受众关系网的建立，并不断深化。

四、结语

基于技术可供性与社交可供性视角来看，B 站从自身技术特征和平台属性出发，以跨年晚会的形式在“出圈”过程中实现内容生产与情感传播的双丰收。从创作角度来看，B 站“最美的夜”跨年晚会以其内容生产力获得多方的认可，打造出属于自己的晚会品牌符号，技术可供性为优质内容创作提供了更大的可能性；对于受众而言，获得优质的节目内容，同时以颇具仪式感的观看体验实现情感的多向互动，强化情感认同，社交可供性推动优质内容更好地传情致意实现更好的情感传播价值。而立足于竞争日益激烈的跨年晚会市场，B 站跨年晚会的成功“出圈”与持续化发展，更能鼓励创作者在融媒体时代基于可供性理论挖掘自身潜力，重视内容策划，把握用户思维，实现跨年晚会情感认同的真正意义。

〔别君红，青岛电影学院文学系教授；胡辰敏，青岛电影学院文学系本科生〕

〔特约编辑：曹晚红〕

青年视点

新闻情感性的历史考察：中西比较的视野　王卫明　米雅璐
“人工智能+”背景下主流媒体自建平台的社会嵌入逻辑与实践面向　刘日亮

新闻情感性的历史考察:中西比较的视野*

A Historical Investigation on Journalistic Emotionality: From the Perspective of Chinese-Western Comparison

◎ 王卫明　米雅璐

Wang Weiming　Mi Yalu

摘要:关于"新闻情感性",中西新闻分别抱持不同的理论申明和实践品格。西方新闻学在事实上主张客观性与情感的二元对立并遮蔽了新闻的情感性特征。马克思主义新闻观从一开始就确立了"物质—意识""理性—情感"均融贯统一的认识论。对此须回归历史现场,探讨在中西方异质文化背景下新闻与情感的相遇如何可能,何以必要。对新闻情感性历史经验和数字实践的研究包孕着对人的整体关怀和融贯解释,有助于丰益新闻学作为人文学科的价值效用。

关键词:新闻情感性;历史考察;中西比较

Abstract: Regarding "Journalistic Emotionality", Chinese and Western journalism research have different theoretical statements and practical qualities. In reality, western journalism theory which conceals the emotional attributes of news claims the binary opposition between objectivity and emotionality. Marxism Journalistic Views established the unified epistemology of "matter-consciousness" and "reason-emotion" from the beginning. It is indispensable to return to the historical scene to discuss why the encounter between journalism and emotion is feasible under the different cultural backgrounds of China and the West. The study of emotional historical experiences and digital practices in news encompasses a holistic care and integrated interpretation for human beings, which contributes to enrich the value of journalism as a humanity.

* 本文系江西省社会科学基金项目"新形势下网络评论规律及工作机制研究"(项目编号:23ZXWX05)的阶段性研究成果。

Keywords: journalistic emotionality, historical investigation, comparison between Chinese and western journalism

中西新闻比较建构的是一种比较方法论体系。在某些基础理论方面,中西方新闻具有一定的趋同性,比如“新闻须为事实”这样价值罗盘式的定见。然而在实际运作中,双方的悖逆性却是普遍的、巨大的,具体表现为相似的理论表达和不同的实践以及不同的理论表达和不同的实践。当然,“西方”不是铁板一块,西方新闻业运作体系和新闻传播思想体系并不具备完全意义上的统一性。其内部的复杂性、差异性和历时性变化,都与中西方新闻的组间差异同时客观存在。将“西方新闻”作为一个文化意义上的抽象概念来分析,目的在于以其内部趋同性来彰显基本范畴的独特性,指西方资本主义现代化模式和基于这一模式的美国主流新闻学和新闻业。如此,既可以立于主体性角度通观中西新闻之特质,从而“在这个正在形成的多元文化的世界里确立自己的位置”①,又可以立于主体间性角度建构中西新闻的互识、互证和对话关系。

立足于数字新闻生态,新闻与情感之间的关系带来了一种新的新闻进路(journalistic approaches)——在表层文本景观方面,文本主体的多声部振摆与文本结构的累层构造,为数字新闻文本植入主导的情感意向性;在深层媒介规律方面,媒介技术演进与人的感官全面接合,由此带来媒介情感负载能力的急迅递增;在底层实践逻辑方面,赛博空间中的“大他者退却”②与“无名者崛起”③,将新闻置于大众日常生活的时空情境,推动新闻学真正走向感性生活世界。数字新闻实践的情感回归,意味着情感从隐匿着新闻常规的黑箱中解放出来,开始以合法的身份接合新闻学的认识论基础。这要求我们将情感维度纳入新闻研究,历史性地正视情感在新闻业的属性、角色和影响,并以之为窗口发展出新的新闻学研究议程。当前,新闻情感研究总体上聚焦于新闻与情感的关系在互联网空间的演化,及其内蕴的媒介逻辑和情感逻辑之间的耦合与博弈。有学者指出,新闻学研究的“情感转向”,目前主要还是数字新闻的研究方面,基本研究议题和方法还是跟在西方后面亦步亦趋。④ 所谓“太阳底下无新事”“现象易朽,问题永生”,媒介形态虽然不断更迭,但暗线和伏笔坚挺。那么,回到中西新闻实践史上,情感是以何种方式在场的?在新闻研究中,情感又经历了怎样的认知历程?

---

① 费孝通.全球化与文化自觉:费孝通晚年文选[M].北京:外语教学与研究出版社,2013:83.

② 戴宇辰.“上帝死了,一切都不被允许”:齐泽克的赛博空间批判[J].文艺理论研究,2019(5):198-208.

③ 赵加仑.话语、权力与社会:读福柯《无名者的生活》[J].青年与社会,2015(10):190.

④ 齐爱军,肖小丽.反“客观主义”话语实践再省思[J].青年记者,2022(5):75-80.

关于新闻情感性，中西新闻分别抱持不同的理论申明和实践品格。对此须以中西比较的视角，锚定新闻情感性的观念与经验坐标，考察异质文化背景下新闻情感因素的演变异同。

一、西方新闻的理性主义偏向与情感遮蔽

沃尔-乔根森提出，情感曾长期是西方新闻学的“认识论盲点”(epistemological blind spot)。① 西方文明史是一部理性的光辉史，西方新闻客观至上与情感回避的认知与实践逻辑，与其理性主义哲学偏向深度相关。苏格拉底和柏拉图表示，更高层次的善并不是屈从于情感——那些屈从于贪欲和愤怒的灵魂之扰动，正是妨碍真知抵达的偏航。情感应当被纯粹理性的“逻各斯”操控，在思辨的智性世界中“认识你自己”。“照看你自己”的首要原则在上帝和理性对人的主体性的接连剥夺中被遗忘。虽然古希腊也开启了探讨生活风格、生活形式、生命美学的哲学，如犬儒主义将生活方式作为显示和践行真理的场所，主张“在生活形式中表现、实践、生产真理”②，把生命构建为审美形式的对象。但是这种探讨“真的生活”的哲学一直遭到探讨灵魂存在的形而上学的遮蔽——人们正是在这个意义上说哲学史乃是柏拉图主义两千多年的注解史。③理性主义在18世纪的启蒙运动中达到了巅峰，发展为现代的启蒙理性主义，而情感“就它本身来说，纯粹是主观感动的一种空洞的形式，是心灵中不确定的模糊隐约的部分”④。二分法的后果是引致主体/客体、现象/本质的话语分裂。哈贝马斯看到了理性肌理与现代性危机的关联，他宣称现代性是“一项未竟的事业”，呼吁“重建现代性”。

理性主义构筑了西方文化的价值柱石，体现在新闻领域即为客观性(objectivity)。现代新闻业被认为是由这个“不死之神”所形塑的话语场所。“如果说美国的新闻实践中有一条最重要的信条的话，那就是客观性的原则。”⑤新闻学对于情感的忽略很大程度上是由于对客观性的忠诚。而新闻客观性则是用来掩饰在凝视现代社会时眼神中流露出的失落感。⑥ 一战后美国民主市场社会备受质疑，加之公关宣传迅速发展，人们逐渐失去对还原世界能力的信任。客观性建立在事实和价值完全分割的基础上，声

---

① WAHL-JORGENSEN K. Emotion and journalism[M]//WITSCHGE T, ANDERSON C. Handbook of digital journalism. London: Sage, 2016:128-144.

② 福柯.说真话的勇气[M].钱翰,陈晓径,译.上海:上海人民出版社,2016:180.

③ 汪民安.情动、物质与当代性[M].济南:山东人民出版社,2022:51.

④ 黑格尔.美学:第一卷[M].朱光潜,译.北京:商务印书馆,2011:41.

⑤ 埃弗利特,等.媒介论争:19个重大问题的正反方辩论[M].王纬,译.北京:北京广播学院出版社,2004:100.

⑥ 舒德森.发掘新闻[M].陈昌凤,常江,译.北京:北京大学出版社,2009:145.

称为连事实都不能相信的世界设计了一个方法。这实际上是一种把新闻专业化的信念,这种信念不仅以专业性的名义划定了新闻领域的边界,还将新闻工作者的情感、感知以及体验等主体性存在排除在了真实之外。例如,要求采访时反打镜头中记者的表情必须是中性的,成文时倡导"零度写作"。事实上,流行于 20 世纪 30 年代的客观性理念"刚一形成便土崩瓦解了",并且在此后的一个世纪里非议不断。一旦业界普遍接受了新闻报道中的主观性无法克服的观点,客观性就不得不成为用以揭示先验事实的理想国。如果说主观与客观的哲学之辩动摇了新闻客观性的认识论基础,那么以马克思主义学者为代表的批判学说,则销蚀了新闻客观性的现实基础。在马克思主义学者看来,新闻客观性是一种政治保守主义的做法。新闻采集的过程巩固了官方的观点,强化了官方所建构的社会现实。所谓的"纯新闻记者"高度依赖权力和利益集团所发布的消息,符合主流政治秩序的观点才能得以呈现。不同意见的呈现与交锋,被限制在一个可接受的共识框架之内。

诞生于悖论中的客观性与社会过程互动的结果,是将自身转化成了"知识/权力王朝"。出于自我保护和获得更多行业权威性,客观性从行业操作规范跃升为一套意识形态的观念合集,既扮演了一个提高团结性并创造独特性的准则,又作为一项群体的宣言通过工作得以彰显,即记者们拥有一种独特的行业知识。事实/价值、信息/娱乐、硬新闻/软新闻的二元对垒遮蔽了新闻的情感特征。主流的学术观点坚持认为,20 世纪内严肃的新闻是在客观性原则下生产出来的,新闻业理当提供一个客观的、不带情感的调查手段和理性讨论的论坛。① 新闻中包孕的情感因素被认定为引致新闻质量下降的证据,与过度商业化、煽情主义、黄色新闻、小报或女性新闻等并置,遭到新闻同业和公众的诋毁。这种倾向导致新闻学知识生产也大抵沿着理性的先验逻辑展开:疏忽或拒斥新闻文化中的情感力量,抑或虽然注意到情感在新闻实践中的实质性介入,但停留在经验层面,缺乏超越行政范式的思考。这样的学术版图,显然与新闻学科紧贴行业实践的气质并不相符。回顾美国报业发展史,可以发现一条或隐或显的情感脉络贯穿始终:从早期的政党报刊、劳工报刊、便士报,到 20 世纪 60 年代反对客观性的两个隐秘的传统——文学传统和揭丑传统,再到鼓动新闻、激进新闻、亲密新闻、慢新闻、非虚构写作等另类新闻实践渐次登场,其共同点是强调事实、观点和情绪的协同构建。

尽管情感在新闻理论中属于待垦之地,但未同实践活动相剥离,而是作为一种"策

① PANTTI M. The value of emotion: an examination of television journalists' notions on emotionality[J]. European journal of communication, 2010(2): 168-181.

略性仪式"沉潜于职业新闻系统的后台。"新闻需要排除情感"这一说法本身包含诸多模糊之处,没有证据表明优质的新闻叙事排斥对情感的呈现。对于新闻中需要排除何种情感,究竟是记者的情感卷入、新闻当事人和消息源的情感表达,还是能够唤起公众情感的叙事方式,尚待澄清。甚至新闻当事人和消息源的情感本身就是"事实"的一部分。① 乔根森借用塔奇曼把客观性视为策略性仪式的说法,把情感性也视作一种策略性仪式(the strategic ritual of emotionality)。他发现,在获得普利策奖的新闻报道中,记者们尽管"宣誓效忠"客观性的理念,却实际践履着一套制度化和系统化的"情感性策略仪式"。一方面,记者不在公共空间直接表露观点和立场,避免以第一人称立场夹叙夹议,而是精巧地把情感"外包"(outsource)给新闻人物或其他消息源,让他们讨论自己的情感;另一方面,压倒性地使用个人化书写风格,如逸闻趣事导语、详细刻画细节、常态与非常态事件并置等,从而将情感隐匿于文本深意之中。

数字时代的到来放大了情感在信息传播和文化生产中的重要性。回望人类走过的全部社会历程,尽管人类的交往行为始终伴随着情感交流,但如此高频率、高强度、多模态的情感传播,是直到数字—网络媒介时期才出现的文化景观。当"数字性"同时作为一个"进程"和一套"逻辑"重构社会交往体系和权力结构,情感作为一般性认知路径的重要性,远超于前数字时代中的情形。因而我们不仅要着眼情感生产与流通的具体机制,更要基于生态性而非功能性的视角,将"情感化"理解为一项主体性确认的综合性工程。近年来,欧美学者在数字新闻研究中主动吸纳情感,积极地"对情感如何强化或延伸最具生产性的学术范畴的理论化"②。核心问题包括"情感是否亲近新闻业",即经验现象的描述和勾画;"情感何以亲近新闻业",指向动力过程分析和后果意涵的探讨;"情感应否亲近新闻业",重访基于理性假设基础之上的新闻规范性理论。实然层面已经产生了部分卓有成效的经验研究,如情感因素在获奖新闻文本中的表现及变迁、新闻工作者的情感劳动、记者的情感生命史、数字新闻用户的情感实践机制、新闻情感因素的分析工具、新闻业的情感管理等。

二、中国道路视野下的新闻情感性因素

欧美学者立足于数字媒介生态要求"把情感带回来"③,而我国"人民体""新华体"

① 袁光锋.情感何以亲近新闻业:情感与新闻客观性关系新论[J].现代传播(中国传媒大学学报),2017(10):57-69.

② 田浩.反思性情感:数字新闻用户的情感实践机制研究[J].新闻大学,2021(7):33-45.

③ 周睿鸣.新闻研究的情感转向:全球议题与在地议程[J].新闻与传播研究,2024(1):36-50.

一以贯之地提倡并延续一种指导性、动员性、强意向性的情感化新闻风格，重视新闻媒体的宣传、鼓动、组织作用。中西方对于新闻中的情感性因素有着不同的地位赋予。在中国新闻实践史和观念史两个轨道上，情感均未曾离场。自19世纪近代国人自办报刊兴起，王韬、梁启超、孙中山等资产阶级维新派、革命派办报启蒙，到无产阶级政党新闻事业的开辟和壮大，伴随革命、建设和改革等重大历史进程，情感在新闻事业中被倍加推崇，并得到了充分的文本表达。可以说，中国新闻业走的是一条与西方迥异的实践道路，也始终未形成由于崇尚客观报道就拒斥情感的新闻观念序列，而是主张在情理融通中把求真与扬善统一起来。

(一)回到中国实践

作为人类构建世界的一种主体实践，新闻事业嵌入社会，与其时其地的社会结构、权力系统、时代主题、文化母体相互影响、相互作用。借由主体和客体之间的双向对象化过程，实现改造社会和自我改造的双重目标，并在这一过程中，真正生成和实现了新闻人的主体性。[①] 因而，新闻认识论的形成、传递以及辩护高度依赖于地方性知识。不同地域的知识生产者不能用其他"社会小世界"(如西方核心国家)以他们"自身特有的逻辑和必然性"为理据得出的结论来"化约"属于自身的"逻辑和必然性"。

西方新闻业内生于宰制性资本主义世界体系，这一体系由于其强大的经济和军事实力被"合法化""普适化""绝对化"。甘斯认为，美国的媒介专业意理育化于若干习焉不察的基本假设之上，包括种族中心主义、利他性民主、负责任资本主义、个人主义、不走极端、向往小城生活方式等，凡此皆是进步运动的产物。[②] 专业主义内在于西方独特的职业和分工体系，其意义在于以专业性寻求对其工作的合法控制权，即"以专业促独立"。新闻记者通过对新闻客观性的崇尚部分地获得了这种权力，由此赋予记者传播事实的排他地位，其他的传播主体就不能再合法地从事这项工作。可知，专业化进程的必然结果是内向垄断、外向封闭。

与之相对，中国新闻业自发轫起即嵌入反抗外来压迫、为国家民族谋求存续之道的解放话语，以"救亡图存"和"启蒙变革"为起点，自觉与被动式现代化的时代之间相呼应。历史学家帕辛论断，第三世界国家(包括经济落后的文明古国)霍然惊醒于外在世界的存在，在帝国主义的欺凌与威胁下，产生了民族自觉。[③] 遭逢乱世，报刊凭借强

① 张垒.中国新闻业的源起[M].郑州：河南大学出版社，2021：12.
② 李金铨.传播纵横：历史脉络与全球视野社会[M].北京：科学文献出版社，2019：239.
③ 李金铨.报人报国：中国新闻史的另一种读法[M].香港：香港中文大学出版社，2013：1.

大的宣传、教化、动员功能，被近代知识分子打造成适应中国社会需求的工具，救亡模式贯穿始终。在这种情况下，中国新闻业发展为一项被积极情感所深度影响的事业。近现代报人普遍有感于“亡天下”的切肤之痛，他们将新闻业视作一种崇高的职业，以报刊为论政报国的平台，围绕“国家民族向何处去”的救国方案展开思想交锋，切盼以新闻为志业为民族解放事业贡献力量，并共享这样一种希望哲学的价值。此外，涂尔干所重视的职业团体在中国社会也缺乏立命基础。根据梁漱溟的分析，中国文化“举整个社会各种关系而一概家庭化之，务使其情益亲，其义益重”[①]。以国比家、家国同构的想象才是中国社会真正的伦理基石。有学者提出，家国情怀是中国的新闻理念与新闻实践的一个有趣的“特殊”之处[②]，它赋予作为个体的报人和读者国族认同的动力源泉。

由此，中国新闻业的景观必然与西方分殊甚巨。在功能取向上，西方新闻业宣称以超然冷峻的“观察者”身份向公众告知信息，追求一种避免外部干预的“消极自由”。而中国新闻业将自身定位为积极介入社会生活的“参与者”，同时包含了传动与施动两类维度，重视新闻的动员属性和整合力量，所追求的是主动达致目标的“积极自由”。体制与结构层面，西方新闻业的职业边界清晰，一方面将专业自律自治的独立性神圣化，刻意与政治保持距离，却无法摆脱过度商业化的长久弊病，媒体深深地与资本场域纠缠；另一方面，新闻业与公众的关系体现为一种单向度的再现关系，而非辩证互动的对话关系。作为“真相代言人”的实质是文化精英建构的乌托邦。而中国新闻业则在适应中国社会政治结构的过程中，发展出一套不同于西方的运作模式：新闻业与社会大系统相咬合，不设壁垒、不细分畛域，与社会的其他子系统连缀在一起。[③] 目光从封闭的“职业”和“专业”话语中挪开，倡导并延续“开门办报”的协作式社会生产，建立涵纳专业记者与非专业记者“两支队伍”的集体意识和共同实践。主导观念方面，西方奉行自由主义观念，以真实为价值诉求和操作准则，而百年中国新闻实践的核心理念是“沟通”。“沟通”观念强调报纸作为社会有机体与社会既有组织机构和谐共处、辅助支持原有社会机器运转的嵌入意义和功能。[④]

---

① 梁瀬溟.中国文化要义[M].上海：上海人民出版社，2011：95.

② 张垒.中国新闻业的源起[M].郑州：河南大学出版社，2021：6.

③ 陈信凌，王娟.马克思主义新闻观与西方新闻专业主义的基本分歧[J].马克思主义研究，2019(5)：86-95.

④ 王润泽，谭泽明.沟通：百年中国新闻实践的核心理念[M]//王润泽. 新闻史料与媒介记忆. 北京：人民日报出版社，2022：81-84.

(二)具体研究议程

以韦伯“理想型”方法论视之，近现代中国的主流报纸主要包括三种范式：商业范式、专业范式和宣传范式。[①] 其中，商业范式的统合话语是“新闻作为商品”，以《申报》《新闻报》等民营商业报纸为代表，办报主体是商人；专业范式的统合话语是“新闻作为专业”，以《大公报》等专业报纸为代表，是书生论政的高峰，办报主体是文人并正逐渐向专业报人转型；宣传范式的统合话语是“新闻作为宣传”，以中国共产党在延安发展出《解放日报》的革命党报为代表，办报主体是政党。在这三个范式中，关于商业报纸如何吸纳情感性因素，新闻史研究已经产出了丰硕的成果。商业报纸接驳自西方大众化报纸，与西方大众化报纸的新闻理念、经营模式直接对接。如实行企业化管理，通过开拓广告和发行“二元产品市场”，维持经济上的独立；重视社会新闻、地方新闻，不排斥煽情主义新闻；追求新闻通俗易懂、平易近人；报价较为低廉；等等。因此，这类报纸包蕴的情感性因素无须赘言，且与西方有相近之处。

笔者认为，立足于中国新闻业的经验坐标，对新闻学情感转向作出回应，应当本着文化自觉的追求，将新闻情感性的命题“大胆假设”为一个多元话语结构，并“小心求证”在不同时代语境、文化传统、社会系统下所呈现的在地特征。具体的展开，有两个可通览并观的研究议程：一是创造性地运用和发展马克思主义新闻观；二是批判性地汲取中国历史文化孕育的情感传统。前者，新闻被纳入意识形态轨道，新闻传播与组织传播合二为一，体现的是政治力量对于新闻的征用。后者从文化分析视角切入，以历史连续性为根据，展开新闻与其文化母体的思考。这不是造成观念上的断裂，而是以马克思主义学说与中国传统知识体系的内在契合性为前提。

其一，在地地、过程性地重思新闻与情感的关系，为新闻学情感研究提供马克思主义新闻观的分析与回应。这里的情感，可以理解为一种基于共同阶级属性的社会心理和社会意识。从延安整风形成比较系统的党报理论起，马克思主义新闻观就确立起物质与意识、事实与价值、理性与情感均融贯统一的认识论。[②] 一方面，在事实问题上坚持唯物主义的科学态度，明确“事实是第一性的，新闻是第二性的”；另一方面，在价值问题上坚持党性与人民性的统一，“拿事实来说话”，反对客观主义，将情感和伦理规范纳入实践的轨道。

关于新闻情感性的讨论可溯源至经典马列主义的话语资源。马克思、恩格斯盛赞

---

① 李金铨.文人论政：知识分子与报刊[M].桂林：广西师范大学出版社，2008：15.

② 王卫明，米雅璐.新闻工作情感注入的中西方认知差异[J].青年记者，2023(12)：16-18.

英国宪章运动时期的《北极星报》，因为它同情全世界的民主主义者和工人，而且具有敢于批判、敢于讨论暴力的“硬气”。1843年，《莱比锡总汇报》被普鲁士当局封禁，马克思就此事发表评论，并阐述自己的“人民报刊”理念。人民报刊是“人民日常思想和感情的公开表达者，诚然有时这种表达是热情的、夸大的和失当的……报刊生活在人民当中，它真诚地和人民共患难、同甘苦、齐爱憎。它把它在希望与忧患之中从生活那里倾听来的东西，公开地报道出来；它尖锐地、激情地、片面地对这些东西做出自己的判决”①。马克思提出，人民报刊是对当权者孜孜不倦的揭露者，是人民千呼万应的喉舌，是社会动员的“极其强大的杠杆”。尽管人民报刊关于事实的报道可能存在差误，但这种真诚反映了人民的思想和情感。

中国共产党高度重视情感在无产阶级及社会主义新闻事业中的基础性作用，将阶级情感纳入新闻学原理的建构中。陆定一《我们对于新闻学的基本观点》一文将情感实践与新闻真实相勾连，推演出“新型记者”情感改造、专业记者和非专业记者合作进行新闻生产的理论架构。② 1942年《解放日报》改版，由不完全的党报变成“真正的战斗的党的机关报”。延安整风期间，通过“批评与自我批评”“思想改造”“再教育”等一系列高度组织化的举措，新闻工作者“衷心地想要投入到一种高度情感化的正义事业中去”。这就是改版时编辑部的知识分子完成主体重塑之后的“新型记者”。从身份意识来说，他们是党的喉舌和耳目；从新闻操作来说，以政治为原则，“用事实说话”；在办报队伍的建构上，反对“记者办报”，奉行“全党办报”，消除办报者的专业意识，走向工农结合并改造自己。③ 毛泽东在《在延安文艺座谈会上的讲话》中表示，只有自觉“感情起了变化”“和工农兵大众的思想感情打成一片”，才有可能真正平等地反映群众、学习群众。1946年，新华社总社元旦给各地总分社及分社下发指示信《把我们的新闻事业更提高一步》，进一步明确“新闻写作必须贯注思想和情感。写作以前，预先应考虑到要达到什么目的，有什么感想，把新闻中主人翁的喜怒哀乐流注到笔锋上，事情本身的气氛溶和在叙描中，以引起读者的共鸣”④。由此，经验性报道和典型报道，成为中共党报最有创造性的两种报道样态。它们的共同点是以正面宣传为主，把握前进的方向、反映光明的一面，在新闻文体上表现为有声有色、情理并重的通讯。

马克思、恩格斯以及中国共产党的新闻观念缘何都充分重视情感的前置作用？其

---

① 陈力丹，支庭荣.马克思新闻观经典文献研究[M].北京：中国人民大学出版社，2020：136.

② 齐爱军.“理想型”视域下的延安新闻学再认识[J].青年记者，2022(13)：77-82.

③ 黄旦，周叶飞.“新型记者”：主题的改造与重塑：延安《解放日报》改版之再考察[M]//李金铨.报人报国：中国新闻史的另一种读法.香港：香港中文大学出版社，2013：325-354.

④ 张之华.中国新闻事业史文选[M].北京：中国人民大学出版社，1999：307-308.

根源在于马克思主义的人民性,这是马克思主义最鲜明的品格和赓续不变的传统,是予以置顶强调的元命题、元话语。无产阶级政党是动员型的政党,代表着一种旨在高效动员的政党类型,重视报纸的宣传和组织动员功能。列宁"报纸不仅是集体的宣传员和集体的鼓动员,而且是集体的组织者"的主张更是被中共认可和延续。从意识形态宗旨来看,无产阶级政党"是为民族、为人民谋利益的政党,它本身决无私利可图",其理性基础是人民立场,感性基础是人民情感。这样的政治理想,必然要求政党密切联系群众,同情群众的疾苦,切实解决群众的问题。而具体到新闻领域则表现为"群众办报",要求新闻工作者有自己的情感倾向和价值立场,发扬生动活泼、尖锐鲜明的文风。在与一切非马克思主义新闻观的较量中,马克思主义新闻观展示了其与人民群众融为一体的"在"与"思"。① 为实现新闻与人民力量的嵌合,就必然要获得他们的心理认同和情感支持。从对新闻职业工作全身心投入的报职激情,到对党的革命事业高度忠诚的革命热情,再到对人民群众的厚意深情,情感在无产阶级新闻工作者的职业心路中丰盈厚重。

其二,期待超越新闻研究的内部视角,引入此前被相对忽视的文化分析视角,对新闻情感性展开重访文化基源的思考。中西方新闻何以形成不同的情感观念之网?除政治的规定性外,对新闻与文化的关系持续纵深发问,也可觅得对新闻风貌的某些合理解释。如伯伦鲍姆所言:"理解中国新闻业不能忘掉中国传统文化。中国新闻哲学和惯例是新旧观念的融合物。"②中国传统社会具有深厚的感性文化传统和广泛的感性文化基础。中国新闻业对于情感的包容和提倡,扎根于对情理关系的本土认知。如果说"认识你自己"形塑了西方理性主义的价值偏好,那么儒家的哲学关切则不同。蒙培元指出:"与西方哲学将情感与理性对立起来的二元论哲学以及视情感为纯粹私人的、主观的、非理性的情感主义伦理学相比较,儒家重视情感的共同性、普遍性。"③这个理解在一定范围内渐成学者共识,李泽厚在近二十年时间里反复言及"情本体"。

以生命安顿和心灵超越为旨归的重情传统,谨密渗入中国新闻实践的旅程中,形成了一道饱蘸感性文化的新闻话语风景线。清末民初以来,伴随着国人对新闻观念的本土化探索,从中国近代报业先驱王韬到梁启超、于右任、邵飘萍、张季鸾等一批报人,普遍秉持并践行了中国诗学传统中抒发主体情感的自觉,使新闻偏向于感时忧国、文以载道的教化功能。爱国救国、以报为器是中国近代新闻工作者的总目标,其出发点

① 支庭荣.马克思主义新闻观:理论视角,内在逻辑和价值关怀[J].新闻与传播研究,2022(13):11-29.

② 单波.中西新闻比较与认知中国新闻业的文化心态[J].学术研究,2015(1):32-46.

③ 蒙培元.情感与理性[M].北京:中国人民大学出版社,2009:2.

是知识分子对国家兴亡的关注和他们以天下为己任的襟怀与抱负。张季鸾在社评《本社同人的声明》中说:“中国报,有一点与各国不同。就是各国的报是作为一种大的实业经营,而中国报原则上是文人论政的机关,不是实业机关。”这一中国新闻业特有的现象,一方面延续自儒家士大夫的清议传统。“天听自我民听,天视自我民视”“一言而兴邦,一言而丧邦”,论证者臧否时事、月旦人物、坦陈时弊,符合“立德、立功、立言”的三不朽。从两汉、宋代的太学生,到明代的东林、复社诸君子,此种风气不绝于史。另一方面,与古代知识分子以书、疏或结社为论政载体不同,近现代自由知识分子以报刊为文章报国的平台,针砭国事。这与近代新闻从业者群体的特殊形成过程有关。在中国传统社会结构中,“士”处于中心的地位。他们所受的道德和知识训练使他们成为唯一有资格治理国家和领导社会的人选。自 1905 年科举制度废止后,中国的知识阶层逐渐边缘化并逐渐转型为“自由浮动”的知识分子。① 科举既废,但他们“吾曹不出如苍生何”的士大夫心态却没有因此稍减,而是透过报刊、大学和学会干预政治。

当近代知识分子带着“江湖”“庙堂”的自我期许投身报业,面对一个沉疴已极的国家,自然以“报人报国”的国家主义和民族主义观念为鹄。自梁启超始,“以饱带感情之笔,写流利畅达之文”的抒情传统,就与报人身上感人至深的爱国情感互为表里、贯穿始终。徐铸成谈到张季鸾在武汉《大公报》发表的社评时说:“张先生的白话文,还有裹过脚的痕迹,但字字句句,质朴沉痛,写出了中国人民心底的悲忿和沉痛。”“唤醒了多少意志本来并不坚定的人,使国家一时免于陷入‘瓦解土崩’之局。他的一声棒喝,应该说关系不小。”1941 年,太平洋战争爆发,《大公报》香港版被迫停刊,胡政之在社论中言志:“我们吃下砒霜,毒死老虎,以报国仇。”悲壮爱国之情,曾感染万千读者。继张季鸾之后主持《大公报》笔政的是王芸生,其社评写得有才气,有骨气,有锐气,“常能打入读者的心坎”。王芸生在《新闻记者怎样立言》中自白:“要热情,才能使‘笔端带有感情’,才能在笔下表现文字的生命和活力。”近代中国新闻工作者的体用之辩、道器之见,是以挽救国运为体,以职业选择为用;以民族主义为道,以专业主义为器。马克思在《路易·波拿巴的雾月十八》中评论“就像一袋马铃薯”的法国小农——“他们不能表述自己,一定要别人来表述他们”。文化自信的前提是文化自觉,为了避免中国新闻业因为不能再现自己而成为被再现的“他者”,或可以近代中国救亡图存的新闻实践作为新闻情感研究的基点。

---

① 余英时.中国文化与现代变迁[M].台北:三民书局,2015:34-36.

三、启示与讨论:情感与新闻认识论重申人文的可能性

意义并非总是自明,须在时代中开显,在历史中致知。在重访中西方新闻情感性的历史经验后,一个更为根本的问题摆在面前:情感入场到底为新闻学带来了什么?在新闻的采撷经历中,新闻人的情感如何安放、何以面对当事人的情感,是新闻作品和新闻学绕不过去的主题。新闻学纳入情感的根本意义也许在于,以一种迂回的方式重新将目光投向了人文主义意义上的人和主体。

为了克服"头脑中的主观性",客观性作为替代方案在现代新闻业中历史性地出场。但是作为一套依循职业通行的操作规范,客观性方案仍停留在程序主义范畴,仰赖某些具体规则和程式,就此真理问题倒退为僵化的方法问题。所谓"价值无涉",指的是新闻实践操作的手段和工具。这实质上形成了一种话语霸权——它理所当然地将"手段合法性"置于"结果正当性"之上,却无法提供作为一种手段的合法性在经验领域的依据。① 这是因为工具理性的程序正义无法生成对实质之善的承诺。其中隐藏着新闻人的主体性问题,即假设新闻工作者只是对方法论程序负责,收敛甚至放弃自身情感取向的均质主体,看不到他们各自不同的认知图示、价值主张、生存背景等。主体的整全性、鲜活性、诗性生存状态被放逐。新闻认识,是人类认识事实世界、认识人类自己的一种具体方式,它关注的是事实世界中最新的有意义的变动,实现的是人类对于自己生存、生活、发展最新信息的需求。如果新闻事业的合法性来自许诺一个更为晓畅、民主的信息生态,那么显然不能不假思索地认为这一使命能仅借由理性来完成。

"世界不是处在我们的理论和观察彼岸遥不可及的东西。只有介入世界,我们才能发现世界是什么样的。"②采访不仅是对事的还原,也是对人的抵达。只有当我们抵达了人,我们才可能真正地抵达新闻。马丁·布伯认为,理想的交往状态不应该是把周围的人和事物都当成是与"我"相分离的对象、相对立的客体,用理性和因果性把它们放到时空网络中把握,而是以"我"整个的存在、全部的生命来与"你"相遇,这是一种"我—你"关系。如果人为地把新闻采编的程序与规则神圣化与绝对化③,而对访受关系、传受关系中人的交遇漠然,将丧失"新闻是人,新闻学是人学"的根本旨归。历史已

---

① 常江,王雅韵.作为故事的新闻:观念,实践与数字化[J].新闻大学,2023(1):16-27.

② 姜红,印心悦.作为"实践"的新闻:一个后科学知识社会学的视角[J].国际新闻界,2023(6):41-53.

③ 陈信凌,陈可新.新闻职业伦理逻辑下的专业迷狂:对一个新闻伦理经典案例的再解读[J].编辑之友,2019(3):63-67.

经再度行至让人重思理性有限性的时刻。不论是新闻情感性的历史经验还是数字实践,都提醒着我们,新闻更像是海德格尔的意义上"上手的工作世界中经过深思熟虑的把握",充分依托"你"与"我"的情感共在。事实上,数字化(digitization)是加深而非妨碍了中西方新闻在情感议题上的汇通,双方的对话空间大大扩展。置身于逻辑同构的媒介技术环境,情感转向在全球新闻业实践中兴起,在诸多结构性问题上"环球同此凉热"。在现阶段,重思新闻的情感性议题,包孕着对人的整体关怀和融贯解释,有助于丰益新闻学作为人文学科的价值效用。

〔王卫明,南昌大学新闻与传播学院教授,博士生导师;米雅璐(通讯作者),南昌大学新闻与传播学院新闻传播学专业博士研究生〕

〔特约编辑:赵希婧〕

"人工智能+"背景下主流媒体自建平台的社会嵌入逻辑与实践面向*

The Logic and Practical Orientation of Social Embeddedness in Mainstream Media's Self-Built Platforms Under the "AI+" Background

◎ 刘日亮

Liu Riliang

摘要:平台是当下和未来社会中的核心基础设施和关键社会操作系统,发挥着连接社会、服务社会、参与社会运行和治理的嵌入作用。随着"人工智能+"首次在政府工作报告中被提出,大模型等人工智能技术将成为引领数字平台变革的核心力量。作为全媒体传播体系的重要构成要素,主流媒体自建平台将不可避免地深度嵌入社会和国家的高质量发展进程,而主流媒体的"人工智能+"平台建设也将重塑其社会嵌入逻辑和实践,主流媒体自建平台或将由"新闻+"数字服务综合体朝向"人工智能+"数字世界平台加速迭代。

关键词:"人工智能+";主流媒体自建平台;社会嵌入;媒体深度融合;全媒体传播体系

Abstract: Platforms serve as the foundational infrastructure and a pivotal social operating system within modern and prospective societies, integral to connecting, servicing, and actively engaging in the societal functions and governance. The inception of "AI+" within the government work report marks a significant milestone, heralding the emergence of large-scale models and advanced artificial intelligence technologies as the central catalysts for digital platform evolution. As a crucial element of the comprehensive media communication framework, the platforms developed by mainstream media are poised to be deeply integrated into the fabric of societal and national high-quality

* 本文获中国传媒大学中央高校基本科研业务费专项资金资助,系项目"全媒体传播视域下主流媒体自建平台的数字化嵌入研究"(项目编号:CUC23WH010)的阶段性研究成果。

development. The establishment of "AI+" platforms by these media giants is set to redefine the logic and practice of their societal integration. Consequently, the self-developed platforms of mainstream media are likely to undergo a rapid transformation, evolving from "news+" digital service ecosystems to "AI+" digital world platforms, reflecting a progressive shift in the media landscape.

Keywords: "AI+", mainstream media's self-built platforms, social embeddedness, deep media convergence, comprehensive media communication system

2024年是媒体融合上升为国家战略的第十年,也是实施"十四五"规划的关键一年,政府工作报告首次提出开展"人工智能+"行动,象征着大模型等人工智能技术成为引领新一代产业变革的核心力量。随着人工智能技术,尤其是生成式人工智能正在成为社会运行的新兴技术基座,智能媒体研究成为热点课题,平台化成为智能媒体发展重要趋势[①]。"十四五"规划提出,要"推进媒体深度融合,做强新型主流媒体"[②],其中的一个关键就是发展主流媒体自建平台。主流媒体的深度融合是智能化、平台化、生态化的交织互构,新型主流媒体建设是平台生态系统、全媒体传播体系构建的关键环节。当前,主流媒体自建平台嵌入社会的逻辑正在重塑,新闻生态构建的实践业已发生转向,作为全媒体传播体系的重要涵括要素,可以预见,主流媒体自建平台或将由"新闻+"数字服务综合体朝向"人工智能+"数字世界平台加速迭代。

一、"人工智能+"平台:嵌入全媒体传播体系的内容生产供给侧改革

随着数字技术、虚拟技术、人机交互的纵深发展和应用拓展,有学者提出,未来的现代化社会发展趋势一定是平台社会。平台是当下和未来社会中的核心基础设施和关键社会操作系统,作为全媒体传播体系的重要构成要素,主流媒体自建平台将不可避免地深度嵌入社会和国家的高质量发展进程,而主流媒体的"人工智能+"平台建设也将成为内容生产供给侧改革的关键引擎,优化全媒体传播体系要素配置,催动新闻生产高质量发展。

---

① 赵子忠,王喆,郑月西.原子力与平台化:智能媒体的发展理论与模式[J].青年记者,2023(1):12-17.

② 新华社.中华人民共和国国民经济和社会发展第十四个五年规划和2035年远景目标纲要[EB/OL].(2021-03-13)[2024-02-27]. https://www.gov.cn/xinwen/2021-03/13/content_5592681.htm?eqid=ea4146760009083400000046471d253.

(一)智能中台实践:技术驯化早期掌控阶段的统筹调试

智能技术对于主流媒体平台化发展的驱动作用已是不争事实,但在讨论社会层面技术的事实性之前,学者们也注重思考人们是如何采纳、掌握和使用不同技术的,由此,驯化理论被提出,莱斯利·哈登指出事务和服务进入人们的生活后产生的驯化现象并不是一蹴而就的,而是经历了一定时间段的驯化周期①。在技术驯化周期的早期掌控阶段,可以观察到清晰的社会形塑要求的出现,使用和呈现事物、对象或服务的方式使我们有机会对技术及其使用打上我们自己的印记②。而面对实际使用时,人们可能需要临时就其影响生活的方式作出判断,或寻找创新的方式将其安置于所处环境中,惯习随着技术的确立得以建立,使用行为也会随着动态发展和演进日渐明确③。而对于主流媒体自建平台的深度融合发展而言,智能中台技术的引入目前处于技术驯化的早期掌控阶段。

中台起初是互联网商业平台在业务体系扩展、组织不断膨胀过程中进行资源集约化整合、平台业务一体规划的问题解决模型。近年来,随着主流媒体平台资源的持续扩大和业务拓展,搭建中台"新基建"成为主流媒体智能管理创新中的热门话题,主流媒体纷纷入局尝试打造人工智能中台、业务中台、数据中台等。总览全国,央视网近年一直致力数据中台、安全中台建设;湖南广电则借助集团整体数字化建设主导组织变革,通过搭建数字智能中台管理系统,推动企业资产财务、人力资源、产权管理、版权管理、审计分析等集团管控信息系统的集成应用④。进一步聚焦智能中台对于主流媒体内容生产的实际应用,以省级媒体四川新闻网的中台管理体系为例,内容中台运用人工智能、大数据等技术手段,使得媒体可以根据用户画像进行内容产品的细分策划与个性定制,进而促进主流媒体自建统一指挥、智能分发、精准推送的新闻传播平台。在运营效果上,川网传媒通过全媒体传播矩阵智能中台实现一次采集、多元生成、多端传播、强化适配,让内容生产和传播的产品能够通过智能手机、平板电脑、个人电脑终端等多元化移动端口实现用户获取信息的便捷高效,同时通过精准、集约化的管理设计,

---

① HADDON L. The contribution of domestication research to in-home computing and media consumption[J]. Information society, 2006, 22(4): 195-203.

② MACKENZIE I S, KOBER H, SMITH D, et al. Letter wise: prefix-based disambiguation for mobile text input[C]// 14th Annual ACM Symposium on User Interface Software and Technology. Toronto: Dept of Computer Science York University, 2001.DOI:10.1145/502348.502365.

③ 林.习以为常:手机传播的社会嵌入[M].刘君,郑奕,译.上海:复旦大学出版社,2020:18.

④ 国家广电智库.【启航新征程】湖南广电聚力建设主流新媒体集团[EB/OL].(2021-08-05)[2024-02-05]. https://mp.weixin.qq.com/s/yGtKNFevWFW3i9HOD4De2w.

实现了内容产品的差异化生产和定制化传播。

主流媒体需要智能中台满足资源整合配置、内容生产赋能、数字产业升级等方面系统能力提升的要求，但智能中台作为新质生产力的主导要素、主流媒体智能管理机制的创新抓手，目前还处于部分中央媒体和省级媒体进行探索尝试的试点状态，其建设逻辑和经验推广需要在智能技术、管理机制、管理者理念等多方面动态发展的过程中日渐明确。在现阶段，智能中台可被视作技术赋能主流媒体自建平台管理创新的新生模式加以借鉴和考察。

总而言之，智能中台是主流媒体朝向未来媒体发展的积极尝试，作为技术新基建、管理机制的创新，提升了主流媒体自建平台一体统筹、资源整合、扁平运转、高效联动的能力。但是智能中台并非适用于所有主流媒体自建平台建设。第一，智能中台建设需要主流媒体自身强大的智慧和资源支持，相对更适于资源丰富、需要发挥内外联动作用、机制改革已走入深水区的头部媒体、先锋媒体；第二，智能中台不是遮掩形式主义数据大屏的新名词、新概念，而首先是一种数据化统筹思维、平台化管理机制的创新，进而逐渐引发具体实践的“人工智能＋”行动探索，主流媒体应避免重蹈照搬“中央厨房”式的一刀切建设误区。

（二）规范秩序营造：平衡泛信息环境中内容生产的行业生态

在互联网信息环境的发展演化过程中，数字技术、智媒技术对于主流媒体自建平台而言是前进的推动力量，技术的可供性为主流媒体的创意实现提供动力和物质基础，促进了信息社会的分布式生产。全媒体传播语境下的信息内容生产是公共性与私人性的混合，以主流媒体、政务新媒体账号为代表的公共内容与以自媒体账号、用户个人账号为代表的私人内容并存于数字舆论场中，而互联网信息的泛化趋势也造成了数字舆论场中的信息无序，尤其是生成式内容在世界模拟能力上的革命性突破，以及其赋能创新驱动和创作可及的强势劲头，将愈发强化数字内容的真假难辨、数字空间的情绪煽动。比如，2023 年 2 月 16 日，一则题为“浙江省杭州市政府 3 月 1 日取消机动车尾号限行”的“新闻稿”在网上疯传，后经警方证实，该“新闻稿”是杭州某小区一位业主在微信群里讨论 ChatGPT 时用其生成的假新闻，由于稿件语气措辞基本符合官方通报的形式，其他业主不明就里截图转发，导致错误信息大规模传播。

身处互联网泛信息、泛主体的内容生成环境，在“造谣一张嘴，辟谣跑断腿”的后真相现实中，新闻的定义和价值判断正在经历数字化、智能化带来的变革，主流媒体自建平台作为社会行动者，在行业生态中的角色定位和内容生产的价值尺度也需要在深度了解“人工智能+”背景的前提下重新锚定,实现内容生产行业生态平衡、规范引领、价值共创、多元全面。

主流媒体自建平台对社会的嵌入不仅体现在外在媒介生态关系中,也体现在内在的行业生态系统循环中。在内容生产行业生态的泛信息环境中,内容生产主体分布于各个结构化平台,信息内容交互次生,公共新闻内容被稀释同时进行着大流动,主流媒体也是散布在平台森林、账号森林中的组成部分,在内容生产行业生态欣欣向荣、内容生产秩序总体稳定、内容主题关注分散的时候,主流媒体自建平台与平台森林中的其他主体一样,共同维持着内容行业生态的动态平衡。但是在内容行业生态失衡、内容生产秩序受到环境和主体因子影响而出现混乱或者遇到突发舆情和社会事件的时候,主流媒体自建平台主动发挥引领、规范和平衡内容生产行业生态的作用就显得尤为重要。比如,GPT-4 与早期的 GPT 模型有类似的局限性,它本身并不是完全可靠的,存在偏见、虚假信息、隐私过度依赖等风险。其中的偏见既包括价值观偏见,也包括政治、经济、差异文化态度上的偏见。这充分说明人工智能在生成内容时是有预设价值取向的,看似“中立”的回答背后可能存在人为干涉,这极大地加剧了其所潜藏的舆论风险,也更加呼唤主流媒体自建平台积极参与社会治理、行业秩序规范,承担起维护社会稳定和引领舆论生态健康发展的义务和责任。

二、生成型媒体:数字化综合服务生态圈的逻辑进路

作为平台的媒体在当下已经成为很多人生活日常及常规仪式的构成部分,媒体以及网络平台已经不单纯是实现某些实际功能——比如获取资讯和娱乐休闲——的技术工具,它们通过平台化的发展逐渐演化成一个完整的媒介体验环境,正在构建着数字化的综合服务生态圈,而这一过程也被部分学者归纳为社会的媒介化。随着智能技术越来越深地介入媒体和人们的日常生活,指向 Web 2.0 时代强调社交价值的“新媒体”一词已经不能够准确描摹不断迭代更新的未来媒体样态,因此指向动态发展过程和交互建构的“生成型媒体”被学界提出,它指的是尚未完全普及,但已经出现了大众化苗头的媒体。具体来讲,以计算机、大数据、物联网等技术所搭载的媒体形式都可以说是生成型媒体[①],同时,生成型媒体也指向主流媒体从“新闻+”数字服务综合体向“人工智能+”数字世界平台的发展,主流媒体自建平台成为未来数字化综合服务生态圈建设的重要主体之一。

---

① 杨璐.互联网消灭的 40 件事[J].三联生活周刊,2022(3):32-39.

(一)信息社会特征:数字生态环境马太效应明显

在工业社会到信息社会的演进过程中,媒体平台可以被视为连接一切的信息工厂[①],它不是一个孤立系统,而是深度嵌入社会系统。当前,信息环境呈现出内容、用户资源不断向头部平台集聚,观念、行动影响的组织力向小范围的垂类社区或圈层下沉的两极化马太效应,平台越大,声量影响越大,圈层越小,个体组织力越强。荷兰学者 José van Dijck 等人在《平台社会:连接世界中的公共价值》(*The Platform Society: Public Values in a Connective World*)中提出了"平台社会"概念,她认为在当下的世界中,平台已经成为人们生活的基础设施,且对当下的社会运作与制度安排实现了深度渗透。所以在平台社会中,政府、平台与用户之间的关系产生新的张力,这不仅包括政府与平台之间的监管之争,还涉及平台生态系统之间的市场竞争,当然还有平台与用户之间围绕数据隐私归属权的争论。

当前,深度介入大众生活的多元平台已经重构了社会的运行方式,互联网商业平台巨头不断吸引着资源和用户的持续入场。比如,在内容信息领域中,短视频平台呈现出抖音和快手双巨头引领发展的情况,社交平台则是微信、微博深度介入人们的日常工作与生活。内容平台对于社会整体的信息环境和舆论舆情议程设置都产生着强大影响,比如,社交平台中话题热搜榜单的人为控制可以左右舆论场信息的生态平衡,算法推荐的偏好设置无形中塑造着用户的内容消费习惯和认知观点取向,以及所谓网红大 V 或者具有流量效应的内容创作者也是依托平台而存在,平台对个体的销号就意味着一个自媒体账号、品牌或者个体的消失。所谓"意见领袖"的个体影响力是对于其平台用户的强影响,比如被称为直播带货"一姐"的薇娅,本是依托淘宝平台而获取流量的网红主播,其对于自身关注者群体的消费号召力与组织力很强,但随着浙江省杭州市税务局稽查局对薇娅作出追缴税款、加收滞纳金并处罚共计 13.41 亿元的决定,薇娅全平台账户被封后,影响力也销声匿迹,平台社会中的马太效应显著。

(二)生成式发展趋势:日常生活服务的数字化嵌入

从生成型媒体的角度来看,主流媒体自建平台的未来将会进一步增强内容产品和平台的时空沉浸体验和社交关系架构,这也符合 Web 3.0 时代人们对于高质量、高水平、高智能互动关系的追求期待,人们希望能够在社交和游戏的氛围中得到有价值的

① 谭天.媒介平台论:新兴媒体的组织形态研究[M].北京:中国人民大学出版社,2016:212.

信息回报、情感回报甚至经济回报，因此，社会日常生活的数字化嵌入趋势会越来越明显。当前，各级主流媒体都在探索“新闻＋政务服务商务”的自建平台架构模式，这也是数字化综合服务生态圈建设的基础一步，主流媒体通过数字化多元服务介入用户日常生活，逐渐弥合线下生活圈与线上生活圈的生态差异。比如，四川发布客户端打造的“发布系”政务新媒体生态，就着力于通过“发布系”的关联，为用户提供更细分的区域化“新闻＋政务＋服务”多功能融合服务平台。基于此，该平台构建了一个更具未来感的“新闻＋政务＋服务”发布模型：市民刘先生通过媒体查看了“小学生就学”相关政策，政策原文关联引导用户点击，大数据“中台”检测到该信息，立即对刘先生的所在地区、性别、年龄、工作、阅读习惯、喜好等进行人物画像，有针对性地推送相应办事服务、生活服务功能等深度叠加服务，无限增强用户黏性，提升媒体在用户端的打开率。此外，湖南广电正在计划实施“文化＋科技”系列行动，组建 AIGC 创新应用团队，加强 AI、VR 等新技术应用研发，整合湖南卫视、芒果 TV 及国际 App、小芒电商、风芒短视频、5G 智慧电台等平台矩阵，布局下一代交互平台芒果幻城，建立数字文博大平台。通过生成型媒体建设，主流媒体自建平台既能通过数字化技术赋能资源整合、内容生产、服务协作、用户吸引，同时可以探索“主力军全面挺进主战场”的新路径，构建主流媒体平台更好地服务社会治理、打造数字化综合服务生态圈的新示范。

三、产业价值重构：平台品牌效应与经营机制的创新实践面向

经济基础决定上层建筑，随着“增强造血机能”明确成为媒体深度融合发展的要求之一，主流媒体的产业价值重构、产品变现和平台造血成为转型发展的关键。目前部分主流媒体在自建平台运营上出现了只顾眼前利益，以服务名义透支自身公信力的情况，这种追求短平快效益的方式严重损害了新型主流媒体的形象，制约了新型主流媒体的价值提升和长远发展，而要实现产业价值重构，就要在“人工智能＋”背景下寻求社会价值与经济价值的长远统一。

(一)打造品牌集群，以平台优势和资源引流扶持品牌成长

为了顺应全媒体传播时代用户圈层化、社交化生存的网生习惯，在当下互联网内容生产与传播环境处于去中心化、分布式生产的现状背景下，打造专业优质、趣缘垂直、用户聚焦的内容工作室品牌，成为主流媒体既有样板示范又有推广可能的有益实践。比如，《人民日报》主打财经内容的“麻辣财经”，主打时政新闻解读的“侠客岛”等

54 个融媒体工作室；安徽广电主打美食的“新视点”，主打健康服务的“江淮名医帮”；《荆州日报》主打生活类直播的“荆女郎”等。但主流媒体打造自主品牌不能仅满足于融媒体工作室的从无到有、从 0 到 1，要做到从 1 到 100 的创新，也就是市场化、社会化的推广实践，通过品牌运营，与人建立圈层化、社群化的情感连接，与社会建立媒介化连接，提升自我造血能力和参与社会治理能力。比如，获评国家广电总局“全国广播电视媒体融合典型案例”的安徽广电融媒体工作室，其主要就是得益于构建了针对激励融媒体工作室发展的政策保障体系和服务支撑体系，实现了发挥平台优势和进行资源引流以孵化品牌集群，扶持品牌成长。

而对于刚开始建设自主品牌集群的主流媒体而言，也可通过借鉴商业平台的运营模式对自身取长补短。比如，小红书曾发起“安福路在线”活动，以“好设计、闭眼入”为理念，集结站内上千家设计师品牌发售春季新品，帮助设计师打通从内容到售卖链路，同时推出设计师扶持 IP“RED Label”，联合 SHUSHU/TONG 等 30 多个知名设计师品牌，进行“独家设计款新品首发”，通过强资源点位曝光、千万级流量倾斜等方式扶持设计师及其品牌成长。这场商业品牌集群运营活动为新兴的小微品牌提供了平台支撑和用户引流的宣传机会，为成熟品牌进一步增强用户黏性、提高曝光度凝聚了市场力量。同时，打造自主品牌集群也是符合市场优胜劣汰模式、促进竞争合作的积极尝试，对于主流媒体自建平台品牌集群打造的借鉴意义而言，一方面，有益于主流媒体优化资源分配、集中投融资方向、测试用户喜好、优化运营机制；另一方面，也有助于主流媒体内容品牌及时调整运营策略、聚焦目标用户、促进与市场的交流融合，实现主流媒体自主内容品牌良性生态的长久维护。

(二)市场机制借鉴引入，“内补外调”压实平台造血机制

“发挥市场机制作用，增强主流媒体的市场竞争意识和能力”是媒体深度融合顶层设计中对主流媒体的明确要求，提升主流媒体的投融资能力、增强自我造血机能需要“内补外调”两手抓。

1.“内补”：增强内容生态与增值服务的双重吸引

主流媒体平台可以通过增强内容产品、社区风格、经营活动、品牌周边等内部优势资源的增值服务变现能力，尤其是提升独家资源、优质内容产品的付费吸引力，进而实现产业价值的升级。参考商业平台的内容付费营收成效可以发现，这一路径是可以借鉴尝试的。B 站公布的 2023 年 Q4 和全年未经审计的财报显示，2023 年 B 站总营收

225 亿元,其中,第四季度总营收达 63.5 亿元[①],减少亏损成效显著。这得益于 B 站对于社区商业化生态的多元运营——充电、付费课堂、直播等多元新形态产品成为增值服务业务的新抓手,创作者与用户共创共建持续不断产出高质量内容则给予平台源源不断的生命力,使其可以收获长线价值反馈。此外,得益于内容产品优势的用户带动效应,另一长视频平台爱奇艺 2023 年全年总营收 319 亿元,同比增长 10%,其中,爱奇艺的会员服务营收为 203 亿元,[②]广告收入也因此迎来转机。目前,在内容生态建设这一常规业务之外,爱奇艺也在探索研发生成式人工智能与长视频的结合,寻找可孵化第二增长曲线的新业务。

因此,主流媒体通过发挥专业内容、优质资源优势进行运营策划,尤其是视频内容的运营策划,是可以实现内容变现、平台造血的,而且也出现了央视频以东京奥运会全媒体内容产品制作为契机试水会员制运营的示范案例,虽然奥运会内容具有周期性,但单个周期产品的引流能力往往能够为自建平台造血打开市场,众多商业平台也将未来的运营重点放在单个产品的精细化、先锋性宣传运营上,以产品带平台、带品牌、带口碑。

2."外调":延展垂直合作品类和服务能力范畴

主流媒体与商业平台的底层逻辑存在本质不同,但在互联网信息市场中,二者要根据所处情境切换竞合关系,在不影响社会效益底线的基本原则前提下,主流媒体必须以产业化思维和对市场机制的最大化利用,谋求与商业平台竞争的优势。随着媒体深度融合发展、"人工智能+"行动的不断推进,新型主流媒体想要增强市场竞争意识和能力,首要的是要增强对外合作的选择能力和运营能力,实现优势资源的置换共享,进而延展主流媒体自建平台的垂直合作品类和服务能力范畴。比如对于广播电视为主要业务的主流媒体而言,可以发挥广电优势和当地资源特色优势,采取移动端的广电+电商直播、广电+行业活动、广电+文旅、广电+云上文博、广电+云上书屋、广电+车展、广电+金融、广电+线上教育、广电+养生健身等垂直类目合作实现造血营收。

同时,当前,女性群体、00 后以及老年群体成为智能移动消费环境下的主力用户,主流媒体要掌握她群体、Z 世代、银发一族的用户信息获取习惯,善于和聚焦此类用户

① B 站 2023 年第四季度及全年财报来了![EB/OL].(2024-03-07)[2024-03-07].https://www.bilibili.com/video/BV1tr421H7sH/? spm_id_from=333.999.0.0&vd_source=b470f434d6f6f03a5aa0577df6e99130.

② 爱奇艺发布史上最佳年度业绩!2023 年总营收 319 亿元 核心财务指标均创新高[EB/OL].(2024-02-28)[2024-02-28].https://tech.cnr.cn/techph/20240228/t20240228_526612024.shtml.

群体喜好的品牌、平台开展合作。例如，北京冬奥会期间，光明网联合小红书开设《冬奥有我——冰雪志愿者日记》新媒体专栏，通过北京冬奥会青年志愿者的第一视角，记录志愿者生活点滴，展现青春力量，小红书是聚焦年轻人生活方式的新兴互联网商业信息和消费平台，平台用户垂直且黏性高，该新媒体专栏通过Vlog、手绘漫画、图文日记等形式展示志愿服务之旅，不仅是聚焦垂直用户、提升信息触达效率的运营尝试，也为之后延展运营产品和消费群体奠定了基础。

四、合纵联盟：全媒体传播体系主体间关系再造模式

梳理我国媒体融合的宏观战略政策并抓取关键词句可以发现，平台构建始终贯穿我国主流媒体融合转型的进程。从媒体融合上升为国家战略时的“推动传统媒体和新兴媒体在内容、渠道、平台、经营、管理等方面的深度融合”，到中共中央政治局在人民日报社进行第十二次集体学习时提出“打造新型传播平台，建成新型主流媒体”，再到《关于加快推进媒体深度融合发展的意见》明确“以开放平台吸引广大用户参与信息生产传播”，主流媒体平台构建的逻辑层层深入，经历了从主流媒体应势而动进行新旧融合的观念转变，到主动重塑自身组织架构打造新型平台的“壮士断腕”，再到全媒体平台构建模式逐渐成形并不断因地制宜完善的深度发展。尤其是在《关于加快推进广播电视媒体深度融合发展的意见》中，针对市场机制的拓展为主流媒体平台深度构建赋能，自主可控的要求明确了主流媒体平台建设的安全标准，而对平台服务能力的深描则是对主流媒体引领主流意识形态这一基本责任定位之上的“媒体＋”功能的高质量延伸。当前，我国全媒体传播体系的战略布局已经初建，未来必将是围绕主流媒体自建平台持续做深、做准、做细的全面推进，需要传统端与移动端、垂直平台与横向平台、差异化平台矩阵之间的多元联动。

（一）小屏反哺大屏：媒介使用场景的交互引流与惯习养成

无论是传统媒体端还是移动端，主流媒体的各个自建平台都是全媒体传播体系的构成要素，不少地方主流媒体的一把手、管理人员都会担心全员转向新媒体对于传统渠道和阵地带来不可逆的损失，尤其是传统端收益仍未到山穷水尽一步的广电媒体。但在大小屏共存的全媒体传播时代、智能传播时代，相比于用户自主选择性强、场景切换随意、内容包罗万象、信息及时、社交丰富的移动小屏，代表客厅文化的电视大屏大多数时候已经成为大众消闲陪伴的背景音、老年用户的自留地、媒介仪式的展演舞台，

当然这不意味着电视端就已经完全落后、被时代淘汰,电视内容的严格生产规范、高质量输出,以及权威意义和仪式属性都没有被小屏取代,智能电视带来的大屏审美体验、在线教育应用、家庭交互场景拓展也是移动端小屏无法实现的。在大小屏各有优势、并存共生的现实环境下,以小屏反哺大屏成为促进平台间联动的试验性办法。正如本研究的访谈对象①所说:"在传统媒体中,融合发展目前是主流,我单位也不例外,过去的传统媒体思维碰见新的形式、新的趋势,难免在思想认知上存在各种不同的看法。为何要融合?最大的原因是用户的转移,央媒承担国家宣传政策,必然要把宣传阵地转移到新媒体中,在那里继续引导舆论。新媒体在于速度,电视端在于沉淀,在于长专题持续报道,用新媒体的内容形式先去吸引用户,再把用户引导到电视端,在电视端再引导用户互动,小屏大屏联动起来。"

此外,以短视频反哺移动长直播也是主流媒体遵循以小向大引流联动关系的路径体现。以央视新闻微信视频号国庆节升旗的主题新闻报道策划为例,央视新闻视频号就采取了截取直播中精彩片段做成短视频发布,并在短视频界面插入"正在直播,进入观看"的点击按钮这一以短小精悍、亮点突出的短视频向完整叙事的移动直播引流的反哺方式,实现媒介使用场景、多元内容体裁的交互引流和丝滑切换。

(二)细化体系联动:点线结合提升平台使用率和用户活跃度

全媒体传播体系建设是遵循互联网开放连接逻辑而设的方向目标,其关键就在于主流媒体自建平台之间的联动能力。一方面是体系内不同层级自建平台的纵向融合联动能力,这也是适应现代化社会治理、遵循我国上下连通的传统组织架构的布局模式;另一方面是体系内同层级或同一经济区域自建平台横向协作的联动能力,比如京津冀、长三角、大湾区等区域协作。

在主流媒体自建平台的纵向联动上,省市县一体统筹、层级联动的平台协作机制较为普遍。正如本研究的访谈对象②所在的主流媒体自建平台垂直体系联动样态:"在县级融媒体中心建设过程中,省平台全面支撑各区县建好一个'采编中心',提供'一县一端'全媒体解决方案。"目前其所在省级媒体平台已接入128家区县融媒体中心、为89个区县App提供技术支撑,建成新闻通联、内容生产、政务服务等16个功能模块,已注册用户近千万,为全省亿级别用户提供通用计算能力资源池,且支持资源弹性伸缩。在平台联动和使用效果上,"一县一端"到达率也在不断提高,成为引导群众、

① 访谈对象为男性,就职于中央媒体新闻采编岗位。

② 访谈对象为男性,就职于省级媒体新闻管理岗位。

服务群众的重要抓手，更与客户端日活相辅相成。

在主流媒体自建平台的横向合作上，以经济圈打造、区域经济发展为连接纽带的内容产品联动生产和运营更为突出。在今年全国两会的报道中，已经出现多家主流媒体一改过去单打独斗的方式，以多元形式联动策划推出多组重磅系列报道，聚焦热点话题，发挥地域特色，展现平台优势，形成跨区域报道“朋友圈”。比如，川观新闻将AIGC技术深度融合到内容生产当中，通过川报全媒体4位不同的数字记者与大众日报、福建日报、浙江日报、湖南日报、新华日报等各地多家媒体的数字记者接力，与参加全国两会的代表委员进行跨省联动，[①]整组视频产品用虚实结合、科技感十足的设计打破时空场景，为用户带来全新视觉体验。区域主流媒体的联动策划与内容运营已经成为平台间合作的基本路径，未来，平台间合作的发展趋势将是愈发深耕政务、服务、商务、文旅、教育等社会资源，以资源共享拓宽平台间的联动和运营渠道。

(三)差异立体布局:矩阵意识下的大众化与专业化双轮驱动

互联网公司在发展过程中大多致力于建立自身品牌的树状产品生态体系，布局多元赛道和差异化产品矩阵，已经出现了字节系、阿里系、腾讯系等互联网商业巨头。以字节系为例，其产品以用户覆盖率最广的抖音、今日头条领衔，平台布局涉及互联网新闻资讯、视频直播、在线教育、拍摄剪辑、线上办公、知识问答、网络文学、交通出行、生活消费等多领域赛道，既有主打大众化内容、用户广泛参与生产和社交的内容信息平台，如抖音、今日头条等，也有定位于垂直内容领域的专业化平台，如深耕汽车领域的懂车帝，专做网络小说和趣缘社群运营的番茄阅读等。

主流媒体近年来也不再“把鸡蛋放在一个篮子里”，而是“因地制宜”，对自建平台采取垂直拆分或同类聚合的深度融合变革。观望媒介化社会的未来趋势，在互联网信息传播环境和用户的媒介使用场景中，新媒体平台是逐渐淡化单位组织意识而逐渐增强平台的个性特征和用户针对性，其内容属性和使用体验会成为优势吸引力。因此，主流媒体要突破以组织架构划分移动平台的固有模式，建立内容平台矩阵化布局意识和风险投资意识，以兼顾打造大众化、专业化平台的双管齐下、双轮驱动路径，完善主流媒体自建平台的内容矩阵布局。其实中央和各级主流媒体已经开始了矩阵布局的尝试，只不过受资金、人才、技术等资源条件限制，大部分主流媒体内容矩阵布局的第一步都是建立多元平台的差异化新媒体账号，少数资源比较充盈的中央主流媒体建立

---

① 观媒智库.AI！AI！AI！一份全国两会智媒体报道样本[EB/OL].(2024-03-13)[2024-03-13].https://mp.weixin.qq.com/s/kjHhiVSJKHiJtuHGIqu3oQ.

起了多元平台矩阵布局,如中央广播电视总台先后推出侧重新闻资讯的央视新闻客户端、主打视频社交的央视频客户端等,《人民日报》先后上线人民日报、人民视频、视界等客户端。相比于互联网商业平台在垂直领域的精耕细作,主流媒体的平台矩阵差异化布局并不突出,基本围绕新闻内容进行形式体裁的划分,但这也是由主流媒体的事业属性和社会效益为主所决定的,其垂类平台矩阵、差异定位体系的打造需要未来很长一段时间的持续探索。

五、结语

人工智能领域的加速发展不断突破着大众认知,从元宇宙、虚拟数字人到ChatGPT、Sora,新产品的层出不穷展现了人工智能世界模拟、推理预测、人机协同、群智开放、自主开发的能力迭代,技术对社会媒介化的加速也带来了平台社会的智能化加速。平台是进行规则、协议、标准等逻辑构建的底层框架,是当下和未来关键的社会操作系统,也是打造主流舆论新格局的重要主体和场域空间。而主流媒体自建平台想要实现内容生产立体生态的建构、主流舆论新格局的引领,便离不开更加深入地实现"人工智能+"协同的社会服务延展、个性生成化的内容创新、集约特色式的资源建设、点阵交互式的节点连接,在新质生产力提升、媒介生态嵌入、产业价值重构、关系体系再造等实践方面重塑自身,通过打造模拟甚至超越物理世界的"人工智能+"数字世界平台,进而重建主流媒体自建平台的社会嵌入逻辑。

〔刘日亮,中国传媒大学电视学院讲师、师资博士后〕

〔特约编辑:付晓光〕

图书在版编目(CIP)数据

中国新闻传播研究：中华文化传播力影响力研究/高晓虹主编.--北京：中国传媒大学出版社，2024.8.

ISBN 978-7-5657-3717-6

Ⅰ. G219.2

中国国家版本馆 CIP 数据核字第 2024LG1897 号

中国新闻传播研究：中华文化传播力影响力研究

ZHONGGUO XINWEN CHUANBO YANJIU：ZHONGHUA WENHUA CHUANBOLI YINGXIANGLI YANJIU

主　　编	高晓虹		
副 主 编	刘　宏　赵淑萍　曾祥敏　秦瑜明		
策划编辑	沈　悦		
责任编辑	沈　悦		
封面设计	拓美设计		
责任印制	李志鹏		
出版发行	中国传媒大学出版社		
社　　址	北京市朝阳区定福庄东街 1 号	**邮　　编**	100024
电　　话	86-10-65450528　65450532	**传　　真**	65779405
网　　址	http://cucp.cuc.edu.cn		
经　　销	全国新华书店		
印　　刷	唐山玺诚印务有限公司		
开　　本	787mm×1092mm　1/16		
印　　张	18		
字　　数	343 千字		
版　　次	2024 年 10 月第 1 版		
印　　次	2024 年 10 月第 1 次印刷		
书　　号	ISBN 978-7-5657-3717-6/G·3717	**定　　价**	89.00 元

本社法律顾问：北京嘉润律师事务所　郭建平